高职院校
多元联动班级共同体构建研究

GAOZHI YUANXIAO
DUOYUAN LIANDONG BANJI GONGTONGTI
GOUJIAN YANJIU

张华敏 / 著

重庆大学出版社

图书在版编目（CIP）数据

高职院校多元联动班级共同体构建研究／张华敏著. --
重庆：重庆大学出版社，2024.3
ISBN 978-7-5689-4389-5

Ⅰ.①高…　Ⅱ.①张…　Ⅲ.①高等职业教育—班级—
学校管理—研究　Ⅳ.①G718.5

中国国家版本馆 CIP 数据核字（2024）第 051418 号

高职院校多元联动班级共同体构建研究

张华敏　著

责任编辑：王　波　　版式设计：王　波
责任校对：王　倩　　责任印制：赵　晟

*

重庆大学出版社出版发行
出版人：陈晓阳
社址：重庆市沙坪坝区大学城西路 21 号
邮编：401331
电话：（023）88617190　88617185（中小学）
传真：（023）88617186　88617166
网址：http://www.cqup.com.cn
邮箱：fxk@cqup.com.cn（营销中心）
全国新华书店经销
POD：重庆新生代彩印技术有限公司

*

开本：720mm×1020mm　1/16　印张：13.75　字数：211 千
2024 年 8 月第 1 版　2024 年 8 月第 1 次印刷
ISBN 978-7-5689-4389- 5　定价：59.00 元

本书如有印刷、装订等质量问题，本社负责调换
版权所有，请勿擅自翻印和用本书
制作各类出版物及配套用书，违者必究

前　言

高等职业教育与国家经济社会发展紧密相连,承担着为我国社会主义现代化建设培养数以亿计高素质技术技能人才的重要职责。为了提升高职院校人才培养质量,国家先后出台了"中国特色高水平高职学校和专业建设计划"(简称"双高计划")和"职业教育提质培优行动计划(2020—2023年)"。但是作为高职院校基层组织的班级却存在着生命活力不足的问题,如班级成员之间关系松散、学生厌学、教师厌教、辅导员厌岗、师傅厌徒弟等。如果作为高职院校基层组织的班级缺乏生命活力,那么高职院校的整体活力也必然下降。"双高"何来?必然从学校的基层组织——班级中来。因此,本研究试图从共同体的角度来解决班级生命活力不足的问题,且做了相应的试点研究。

首先,从系统论、需求层次理论、场动力论和实践共同体理论出发,对班级要素协同、班级目标锚定、班级成员身份感应、班级发展动力等方面进行了深入分析,为高职院校班级共同体建设提供理论支撑。而后,研究者通过问卷访谈等方式调研后发现,由于当前高职院校班级主体缺乏群体意识、目标同构和行为互嵌,故而导致班级主体间信息交互少且频率低、行为交互范围小且互嵌性差、主体间的作用力弱等问题。同时,研究者还发现有多种力量都在作用于班级。由于这些力量缺乏有效的组织,因此并没有发挥出这些力量的最大效能。有时这些力量还彼此抗衡,这就使得班级主体间的关系更加松散。因此,为了更好地提升班级的生命活力,班级主体需紧紧围绕服务学生发展的班级目标,自觉调适自己的班级行为。辅导员应聚焦班级组织建设,加强学生思想引领;专任教师应立足于专业和课程建设,指导学生知识学习;企业师傅应立足于生产实践,增强学生解决实际问题的能力;学生要立足于个人发展,提升职业道德修养和实践能力。为了更好地整合这些育人力量,形成最大育人合力,这就必然要求对多种育人力量的多元需求进行统整，通过多场域管理力量的协同联动和实践行为的多重嵌入，构建一个共生共荣的生命有机体。于是，研究者提出了班级共同体的理想样态。在分析了高职院校班级共同体的表征、运行机理的基础上，初步构建起高职院校班级共同体的多元联动模式。该联动模式为高职院校班级共同体建设指明了路径。随后，研究者展开了高职院校多元联动班级共同体构建的试点研究。为了让试点对象更具有代表性和典型性，研究者选取了"双高"院校双高专业群的卓越人才班作为试点班。通过构建多元联动的班级共同体，有效扭转了学生厌学、教师厌教、辅导员厌岗、企业师傅厌徒弟的被动局面，班级成员呈现出获得感强、身份认同感强和归属感强的"三强"状态。试点结果表明，多元联动班级共同体能有效激活班级的生命活力。最后，研究者提出了多元联动班级共同体的构建策略。通过班级育人力量的角色管理、目标管理，通过创设多元育人力量协同的联动场，确保多元育人力量之间的高效联动，进而确保高职院校班级共同体的生命活力。

班级是学校育人的基层组织，也是高职院校人才培养的基本单元，因此高职院校必须注重班级建设。一旦高职院校班级出现大面积的"坏死"，那么高职院校也将失去应有的活力。因此高职院校必须注重班级问题的解决。高职院校人才培养质量为何难以得到提升？虽然影响因素有很多，但忽视班级建设是其中一个非常重要的原因。研究者认为，只有找准了影响高职院校人才培养质量的病根，找准了问题，并及时采取有效措施，才能真正推动高职院校人才培养的高质量发展。

目 录

绪　论

一、背景与问题

　　高等职业教育(以下简称"高职教育")是"面向市场的教育,是与产业伴生的教育"①,是一种与经济社会发展紧密结合的教育。高等职业教育是与普通高等教育同等重要的国民教育类型,占据着高等教育的半壁江山。教育部数据显示,2019 年,全国高职院校扩招 116 万人。这是继 2009 年后专科招生人数再次超过本科。同时,高职教育和中职教育招生人数也呈现稳步上升趋势②。

　　高等职业教育承担着为国家培养高素质技术技能人才的重要职责。工业革命依靠科学技术发展,通过提升工人的技术技能水平来推动社会的快速发展③。2011 年,德国提出的"工业 4.0 战略"拉开了第四次工业革命的序幕。新一代信息技术与产业发展的深度融合,引发了新的产业变革,催生了新的生产方式和产业形态。工业革命所带来的先进技术,促进了社会生产力的快速提升,重塑着社会经济结构和行业发展;工业革命呼唤着与之相适应的技术技能型人才的出现。由于工业产业的转型升级最终要依靠劳动者来完成,因此只有

---

① 吴岩.新工科:高等工程教育的未来:对高等教育未来的战略思考[J].高等工程教育研究,2018(6):1-3.
② 陈立鹏.提升新时代职业教育现代化水平[N].人民日报,2021-06-22(18).
③ 李玉静.第四次工业革命背景下的职业教育发展[J].职业技术教育,2016,37(7):1.

将劳动力与科学技术进行有机的结合才能真正推动工业 4.0 时代的发展[1]。第四次工业革命对技术技能型人才培养提出了新需求,高职教育的人才培养面临着巨大挑战。

社会是一个庞大而复杂的巨系统,教育系统是社会系统中的一个子系统。教育的统一性是由社会的统一性所给定的。因此,当社会发生根本性变革时,教育也要随之改变[2]。班级是高职院校人才培养的最小单位。高职教育能否有效满足我国工业发展对高技术技能人才的需求,班级育人模式至关重要。高职院校只有构建起有效的班级育人模式,才能提升人才培养质量,才能提升高职学生的实践能力、创新能力,才能激发学生、教师、学校、企业、社会发展的活力。那么,如何构建与时代发展相匹配的班级育人模式就成为亟待解决的问题。

(一)时代驱动: 经济社会发展呼唤高技术技能人才

国民经济和社会发展需要高职教育为其提供人才支撑。一是科技革命带来生产方式变革,企业转型升级迫切需要高技术技能型人才做支撑。新一轮科技革命引发生产方式的转变,生产力得以快速提升,加速了我国经济产业结构调整。旧的生产方式被淘汰,新的生产方式、新的产业形态正在悄然形成。新兴产业发展顺应了科技革命发展的趋势,各种新技术引发的新兴产业正成为推动国民经济发展的重要力量。据统计,2020 年我国数字经济持续快速增长,规模达到 39.2 万亿元,总量跃居世界第二;数字经济规模连续三年实现增长[3]。与传统产业相比,新兴产业通常具有高技术含量、高附加值、资源集约、对经济增长带动力强等特点。对新兴产业而言,产业链条的构建和运行,都依赖一支技艺精湛的产业人才队伍。因此,新兴产业的发展,需要以高技术技能人才为支撑。新兴企业更加青睐复合型人才,更加看重员工的学习能力、创新能力、分

① 郭正涛,覃礼媛.工业 4.0 背景下职业教育发展路径的文献综述[J].韶关学院学报,2018,39(1):69-72.
② 卡尔·西奥多·雅斯贝尔斯.什么是教育[M].邹进,译.北京:生活·读书·新知三联书店,1991.
③ 2021 中国互联网大会《中国互联网发展报告(2021)》[EB/OL].(2021-07-13/2021-12-28)[2022-06-11].中国互联网协会.

析问题和解决问题的能力。这就要求作为高技术技能人才主要供应端的高职院校要主动适应产业发展需求，优化人才培养模式，为经济社会发展输送充足的高素质技术技能人才。二是国家经济高质量发展需要高职教育为其提供智力支持和技能支撑。职业教育与经济社会发展联系紧密而直接①，高职教育为社会经济发展源源不断地输送着高技术技能人才。当我国经济步入高质量发展阶段时，高职院校应主动对接经济高质量发展需求，优化专业设置，提升人才培养质量。市场需求和产业发展需求倒逼高职院校调整自己的人才培养定位和人才培养目标，增强自身服务市场发展、产业发展的能力。经济高质量发展要求高职院校要积极培育高素质技术技能人才，解决当前人才短缺的问题。在人才培养过程中，高职院校不仅要强化学生技术技能的提升，还要注重学生创新能力的提升，加强创新型人才的培养。高职院校要加强人才培养的过程监控，将高质量人才培养要求落实到高职教育的具体环节中去。高职院校通过统整教育教学资源，优化人才培养模式，提升高职教育人才供给质量和供给能力，为我国经济转型发展提供坚实的人才支撑。三是我国社会主要矛盾的解决依赖高职院校社会服务能力的提升。党的十九大报告指出，我国社会主要矛盾已经转化为人民日益增长的美好生活需要和不平衡不充分的发展之间的矛盾。而高职教育是直接服务民生的教育，高职院校培养的学生技术越好、技能越强就越能满足最广大人民群众对美好生活的需要，就越有利于社会主要矛盾的解决②。

综上可知，我国经济社会发展亟须高职院校提升社会服务能力。通过为社会提供高素质技术技能人才，提升高职院校的社会服务能力，实现客户需求的个性化定制，为客户提供满意的产品，创造性地满足人们日益增长的美好生活需要。高职院校社会服务能力的提升，能更好地彰显职业教育的价值和作用，满足人们对教育类型多样化的需求。高职教育作为与产业相伴而生的教育，也是培养高技术技能人才的摇篮。高职院校要主动顺应国家经济发展的需求，以

---

① 谢俐.补短板激活力强内涵增效益努力办好公平有质量的职业教育[J].中国职业技术教育,2020
(27):5-11.
② 张祺午."十四五"新发展格局中的职业教育使命[J].职业技术教育,2021,42(6):1.

培养高素质技术技能人才为己任,优化人才培养模式,增强人才服务经济发展的能力。

(二)政策牵引: 国家政策催生高职教育向高质量发展

2010 年至 2018 年,国家陆续出台了一系列职业教育改革发展的规划性文件,提出了技能强国战略。2010 年 5 月,国家审议并通过了《国家中长期教育改革和发展规划纲要(2010—2020 年)》。该文件指出职业教育是推动经济发展、促进就业、改善民生、解决"三农"问题、优化调整劳动力供给结构的重要途径,明确提出职业教育要"把提高质量作为重点",实行"工学结合、校企合作、顶岗实习的人才培养模式";明确了职业教育的目标,"着力培养学生的职业道德、职业技能和就业创业能力"满足经济社会对高素质高技术技能人才的需要。2015 年 5 月,国务院印发《中国制造 2025》,宣布实施制造强国战略。文件明确了职业教育在国家制造强国战略中的支撑作用,要求职业教育要顺应时代发展,健全多层次人才培养体系,加大实训基地投入,以培养创新人才为重点加大技能人才培养力度,建设一支技艺精湛的技术技能人才队伍,助力中国制造业转型升级,重塑中国制造业的竞争优势。

2018 年至今,国家就如何提升职业教育人才培养质量密集出台了一系列指导性文件。2018 年 1 月,国家印发《中共中央、国务院关于全面深化新时代教师队伍建设改革的意见》。该文件明确了职业院校教师在培养高技术技能人才中的重要地位,要求加大对职业教育教师的培养和培训工作,完善职业院校教师资格标准,将技能水平和专业教学能力纳入职业院校教师考核;强调要重视辅导员专业发展。2019 年 1 月,国家印发了《国家职业教育改革实施方案》。该文件明确了职业教育为我国经济社会发展和国家教育现代化提供的支撑作用,要求严格贯彻落实立德树人根本任务,健全德技并修、工学结合的育人机制,通过完善"专业设置与产业需求对接、课程内容与职业标准对接、教学过程与生产过程对接"的课程标准,通过加快育训一体化建设,深入推进校企双元育人,增强职业教育在人才培养过程中的适应性和前瞻性,切实推进高职教育的高质量发展,让高职教育培育出更多大国工匠、能工巧匠等优质人才,满足企业在技术研发、产品升级等方面的需求,服务经济社会发展,提升国家竞争力。2019 年 2 月,国家印发《中国教育现代化 2035》。该文件明确了职业教育在建设人力资源强国和人才强国中的重要作用,对创新人才培养提出了新要求。该文件要求加快推进现代职业教育发展,推动产教深度融合,加大应用型、复合型、技术技能型人才培养力度,着力培养创新人才尤其是拔尖创新人才,切实增强职业教育服务社会的能力。2019 年 3 月,教育部、财政部发布《关于实施中国特色高水平高职学校和专业建设计划的意见》(简称"双高计划"),通过建设 50 所左右高水平高职学校和 150 个左右高水平专业群引领新时代高等职业教育改革。文件要求高职学校通过产教融合运行模式,提升高职学校服务产业转型升级的能力,推动高职学校与行业、企业形成命运共同体,为增强企业核心竞争力提供有力支撑;通过健全德技并修、工学结合的育人机制,提升高职院校的社会服务能力,为地区支柱产业发展提供人才支撑;通过打造技术技能人才培养高地和技术技能创新服务平台,服务新时代经济高质量发展,为中国产业走向全球产业中高端提供高素质技术技能人才支撑。2020 年 9 月,国家出台《职业教育提质培优行动计划(2020—2023 年)》,提出了"提质培优、增值赋能、以质图强,加快推进职业教育现代化"的总体要求①。该文件丰富了高质量人才培养的内涵:一是要求高职学校要严格落实立德树人根本任务,在健全德技并修育人机制的基础上,强化辅导员专业化、职业化发展,推进新时代职业学校思想政治工作改革创新;二是要求高职学校要推进"三教"改革,提升课堂教学质量;三是要求将信息技术有机融入教育教学过程,让信息技术更好地服务高职院校人才培养工作。《职业教育提质培优行动计划(2020—2023 年)》是《中国教育现代化 2035》政策的持续,进一步释放出《国家职业教育改革实施方案》的政策红利,显示了国家强力推进职业教育发展的信心和决心。2020 年 10 月,中共中央、国务院印发《深化新时代教育评价改革总体方案》。该文件要求健全职业学校评价体系,立足于职业学校高质量人才培养搭建职业教育评价的基本框架。该文件

---

① 陈群. 提质培优背景下增强职业教育适应性的出发点、难点与突破点[J]. 教育与职业,2021(11):5-12.

明确要求将德技并修、产教融合、育训结合、学生职业技能提升、"双师型"教师队伍建设等作为评价职业学校的重要指标,引导其培养高素质劳动者和技术技能人才。该评价体系破除了传统的职业教育是高等教育低配版的价值导向①。该文件要求以学生职业道德提升、职业能力增值为核心,聚合企业、学校、教师等教育教学资源,提升教师实践技能水平、专业教学能力,以及引导学生的能力。该文件对高职院校如何培养高质量人才指明了方向和路径,是助力国家"双高计划""提质培优行动计划"落地落实的一份重要性文件。2021 年 3 月,国家印发《中华人民共和国国民经济和社会发展第十四个五年规划和 2035 年远景目标纲要》。该文件以高质量发展为主题,坚持创新驱动发展,强调职业教育在人力资源开发中的作用;通过加强创新型、应用型、技能型人才培养,实施技能提升行动,切实提升劳动者技能,增强职业教育的适应性;充分激发人才创新活力,建设创新型国家。高技术技能人才是推动国民经济和社会高质量发展的主力军,高职院校作为高技术技能人才的主要供应端,要进一步深化教育教学改革,优化人才培养模式,更加注重"培养学生的创新精神和实践能力"②,培养全面发展的时代新人。2021 年 10 月,国家印发了《关于推动现代职业教育高质量发展的意见》。文件明确指出,职业教育在全面建设社会主义现代化国家的新征程中起着举足轻重的作用,担负着多样化人才培养、技能技术传承、就业创业提质扩容的重要职责。文件要求通过五个坚持,即坚持德技并修、坚持产教融合、坚持面向市场、坚持面向实践、坚持面向人人,以立德树人为核心,健全德技并修、工学结合的育人机制,培育高技术技能人才;通过技能助力实现人生价值,增强职业教育的吸引力,营造"人人努力成才、人人皆可成才、人人尽展其才"的社会氛围;同时国家将职业教育工作纳入省级人民政府履职督导评价,各省将职业教育高质量发展纳入地方经济社会发展考核。

纵观国家出台的职业教育政策,有如下几个特点,一是政策出台密集程度越来越高。从 2018 年到 2021 年连续出台了多个重磅级职业教育文件。一方

---

① 龚方红,刘法虎.彰显类型特征的职业教育评价新蓝图:《深化新时代教育评价改革总体方案》解读[J].国家教育行政学院学报,2020(11):26-33.

② 张祺午."十四五"新发展格局中的职业教育使命[J].职业技术教育,2021,42(6):1.

面说明职业教育与经济社会发展越来越密切,社会对技术技能人才的需求程度越来越高;另一方面显示了国家大力发展职业教育,坚决破除职业教育发展瓶颈的信心和决心。二是职业教育高质量发展的目标更加清晰。职业教育高质量发展越发聚焦于"立德树人""双师型教师队伍建设""产教融合""增强职业教育社会服务力"等关键点①。三是政策关照从外在条件转为内涵提升。从构建现代职业教育体系确立职业教育的四梁八柱,到建设高技术技能人才创新实训基地提供硬件设施保障,到"双高计划"打造一批职业教育示范引领标杆,再到提质培优加强"三教"改革构建高质量教学生态,进一步丰富了职业教育高质量发展的内涵。由此可见,高职教育高质量发展是建设技能型社会的迫切要求,是实现教育现代化的必由之路②。高职院校作为国家高素质技术技能人才供给端,要积极响应国家职业教育高质量发展的要求,优化职业教育人才培养模式,打通高质量人才培养的最后一公里。

(三)问题提出:对高职院校班级缺乏生命活力的追问

班级是高职院校人才培养的最小单位,是落细落小落实国家职业教育高质量发展政策的重要载体。班级是师生工作、学习、生活的主要场所,是高职教育发展的现实样态。但在当前高职院校班级的教育教学活动中却出现了学生不愿学、教师不愿教、辅导员职业倦怠等不和谐现象。

首先,高职学生厌学现象突出③。相对普通高校而言,高职学生厌学情况相对严重④。高职院校学生上课迟到、早退、旷课现象较为普遍⑤,不少高职学生有不同程度的厌学情绪⑥。有的学生觉得"教师教学枯燥、无趣""学习没有意

① 陆宇正.政策工具视角下我国现代职业教育高质量发展的政策研究——基于《关于推动现代职业教育高质量发展的意见》的文本分析[J].中国职业技术教育,2022(1):12-18,27.
② 蔡文伯,田璐.高等职业教育高质量发展:路径粘性、迟滞效应与引导策略[J].职业技术教育,2022,43(4):11-17.
③ 陈水生.不同生源类型高职生学习状态的调查与思考[J].职业教育研究,2006(6):36-37.
④ 潘春胜.高职学生学业倦怠影响因子与对策研究[J].中国高教研究,2014(7):107-110.
⑤ 宜素环,单秀丽.关于高等数学教学的改革:针对学生的厌学问题[J].职教论坛,2012(26):24-25.
⑥ 周丽娟,陈新.高职教师职业倦怠现状调查与分析:以北京农业职业学院为例[J].中国职业技术教育,2017(27):51-56.

思、上课没劲"①,极度厌烦学习,宁可在宿舍睡觉也不愿意去上课;有的学生勉强来上课,进教室不带课本、不做笔记,要么和同学讲话,要么趴在课桌上睡觉;有的学生下课即走人,完成课后作业的态度比较消极②;有的学生课后从不主动复习功课,即便临近期末考试也不主动复习,因此期末考试成绩不及格的学生也比较多。

其次,高职专任教师厌教现象明显③。2015 年,腾讯—麦可思"大学教师职业倦怠"调查数据显示,在受访的高职院校中,有 86% 的教师表示有厌倦教学工作的经历,且职业倦怠发生的频率与从教时间成正比④。当前高职院校教师职业倦怠主要表现为:专任教师不愿意参加教师实践能力提升培训,不愿意到企业参加顶岗实践⑤;不愿意钻研教材,无心加强自己的技能学习,被动参加教研活动;踩着铃声进课堂,在课堂上照本宣科、自说自话,与学生几乎零交流,疏于对学生的培养,对学生学习的关注度低,甚至漠视学生的存在⑥;下课后第一时间离开教室。与单纯的专任教师相比,担任班主任工作的任课教师更容易产生职业倦怠⑦。

再次,高职院校辅导员厌岗现象较为普遍⑧。一项调查显示:39% 的辅导员认为,从事学生思想政治教育工作是自己"走错了路"⑨,大多数高职辅导员将自己现有的工作视为"跳板"或"临时性职业"⑩,无心钻研学生工作,满门心思

---

① 杨小青.广西四所高职院校学生厌学现象之调查与分析[J].中国职业技术教育,2008(26):45-46,52.

② 张宏,涂玮,郝玲,等.高职院校学生学习基本现状调查及策略研究[J].职业技术教育,2013,34(35):30-33.

③ 王庆超,孙芙蓉.我国高职教师研究热点和演进[J].职业技术教育,2017,38(7):52-57.

④ 麦可思研究院.一项问卷调查显示,超半数教师有倦怠感:当大学教师遭遇职业倦怠[N].中国教育报,2015-10-21(05).

⑤ 袁华英.产业转型升级背景下高职教师实践能力培养探析[J].中国成人教育,2015(15):114-116.

⑥ 张可.高职院校教师职业倦怠的消极影响与自我调适[J].教育与职业,2011(6):57-58.

⑦ 张晓芳,胡维芳.高职教师教学效能感与职业承诺的关系研究[J].中国职业技术教育,2017(18):82-86,91.

⑧ 董慧."双创"时代高职辅导员队伍专业化培养和职业化发展探究[J].教育与职业,2021,995(19):99-103.

⑨ 刘德强,陈学工.高职辅导员职业倦怠的成因及干预对策[J].职教论坛,2011(8):92-93.

⑩ 郑柏松.高职院校辅导员职业化发展的瓶颈及对策[J].中国成人教育,2014(16):69-71.

都花在了转岗上。高职院校辅导员对学生缺乏热情,态度冷漠,不愿意主动与学生接触。在学校管理制度的要求下,被动巡查学生课堂,被动走访学生宿舍。在处理学生问题时,常常是应付了事。即便对学生进行个别谈话,也当成例行公事;在处理学生事务时经常抱怨、发牢骚。高职辅导员不愿意主动设计或参与班级活动,按部就班地完成学校的工作安排,工作缺乏主动性和创新性。高职辅导员不愿意与任课教师进行沟通交流,觉得专任教师对班级学生的信息反馈会增加自己的工作负担。

最后,企业师傅也不太愿意参与高职班级的教育教学活动。在高职院校的班级教学过程中,部分企业师傅并没有尽心竭力地培养学生,也不太愿意将精力放在高职学生身上。一项调查显示,超过一半的企业师傅认为,学生学不好,是学生自己的责任,与企业师傅无关;学生则认为认真负责的企业师傅约占 39.2%,认为敷衍了事的企业师傅约占 10.5%[①]。

古人云,师者传道授业解惑。教师教学态度是影响高职院校人才培养质量的关键因素之一[②]。高职教师不愿意教,阻断了高职学生理论知识学习和实践能力提升的有效路径。正如教育家德沃肯(Dorkin)所说,如果教师产生职业倦怠,那么教学质量就难以保证,学生是最终的牺牲者。高职院校辅导员出现职业倦怠,不研究班级教育教学中的学生,就无法引导学生完成从"思想"人到"思想人"的转变[③],无法帮助学生提升职业道德,难以为学生的思想健康保驾护航。企业师傅不愿意参加教学活动,阻塞了学生及时提升实践能力的通道。高职学生厌学,更是直接关闭了学生职业能力提升的大门。高职院校就难以培养出德技并修的学生,难以实现高职院校高质量发展的目标,难以为国家经济社会发展提供人才支撑,难以为社会主义现代化建设提供人力资源保障。

国家经济社会转型发展要求高技术技能人才与之匹配,因此国家出台了一

---

① 钮丽.高职院校现代学徒制利益实现机制探究[J].教育与职业,2021(8):45-51.

② 戴延寿,徐镇辉.高职院校人才培养质量的影响因素:基于福建部分高职院校的调查[J].职业技术教育,2016,37(6):62-67.

③ 吴井泉,孟庆楠.从"思想"人到"思想人":高职院校辅导员核心素养的生成路径[J].职业技术教育,2020,41(8):63-67.

系列政策推动高职院校提升人才培养质量。高职院校为了响应国家政策也积极展开教育教学实践探索,但目前的育人效果并不理想。影响高职院校高质量人才培养的因素有很多,其中一个非常重要的原因在于没有意识到班级建设的重要性。班级是高职教育人才培养的最小单位,是落实国家高职教育政策的最底层支撑。当前高职院校班级成员关系松散,学生厌学、教师职业倦怠、企业师傅不愿意教学生的现状十分突出,已经严重影响到高职院校人才培养目标的实现。高职班级是人才培养的基本单元,只有班级成员拥有共同的目标、相互支持、相互合作,将班级建成一个共同体,才能吸引、调动所有班级成员的主体性,才能激发班级成员的活力,才能促进班级成员的共同成长,进而保证学校人才培养目标的实现。但是,当前学界在理论方面还缺乏对高职院校班级共同体构建的系统研究,在实践方面还未形成行之有效的班级共同体构建模式。那么,高职院校班级共同体的内涵是什么? 高职院校班级成员的内在诉求是什么? 这些诉求又对班级共同体的构建产生着什么样的影响? 在高职院校班级系统中,这些影响因素应以何种模式组织起来,才能形成联动效应产生更强的育人合力呢? 高职院校班级共同体构建中存在的问题又该如何解决呢? 本文将围绕这些问题逐一展开研究。

二、核心概念界定

(一)高等职业学校

关于职业教育,1998 年联合国教科文组织在《国际教育标准分类法》中将其定义为,引导学生掌握在某一特定的职业或行业或某类职业中从业所需的使用技能、专门知识和认识而设计的教育。2022 年国家修订通过了《中华人民共和国职业教育法》,该法将职业教育界定为"为了培养高素质技术技能人才,使受教育者具备从事某种职业或者实现职业发展所需要的职业道德、科学文化与专业知识、技术技能等职业综合素质和行动能力而实施的教育,包括职业学校教育和职业培训"。国内学界把职业教育分为广义、中义和狭义三个层次。广义上，与普通文化教育相对应，囊括了与职业有关的所有教育，包括高等教育；中义上，是技术教育、职业教育和职业培训的总称，不包括普通高等教育；狭义上，专指职业培训[①]。本研究主要在中义层面研究职业教育，认为职业教育是指采用专门的学校教育方式，有组织有计划有目标地对学生进行思想政治教育和职业道德教育，引导学生掌握在某一特定技术技能类职业或职业群中从业所需的实际技能、知识和认识的教育服务；按照人才培养方案，学完并通过相关课程测试后，可获得相应的从业资格或被授予相应的文凭。

关于高等职业教育，依据 2022 年国家修订通过的《中华人民共和国职业教育法》，该法将职业学校教育分为中等和高等职业学校教育。高等职业教育是指承担职业型高等教育任务，以培养技术型高级专门人才为目标的高等教育类别[②]，是高等教育中具有较强职业性和应用性的一种特定的教育[③]。中国冶金教育学会学术部认为，"高等职业教育是职业教育的高层次，是高等教育的组成部分，是对受教育者进行思想政治职业道德教育、传授职业知识、培训职业技能、进行职业指导、实行'双证制'（毕业证书和职业资格证书）的高等学历教育和就业教育"[④]。本研究采用该概念来定义高等职业教育，并在研究中将高等职业教育的对象界定为职业教育专科层次的中国学生。

高等职业学校，一般也称为高等职业院校，简称高职院校，具有职业教育和高等教育的双重属性。高职院校是一种通过校企合作、工学结合等方式提升学生职业能力，促进学生就业的学校类型。从人才培养目标来讲，高职院校的教育任务是为社会培养德技并修的高技术技能人才，满足学生个人发展和经济社会发展的双重需求。在个体培养方面，高职院校既要提升学生的职业技能为其就业做准备；同时也要培养学生的职业情操，培养其积极向上、精益求精的职业

① 欧阳河.试论职业教育的概念和内涵[J].教育与职业,2003(1):24-26.
② 陈厚丰.高等教育分类的理论逻辑与制度框架研究[M].广州:广东高等教育出版社,2011:9.
③ 潘懋元,王伟廉.高等教育学[M].2 版.福州:福建教育出版社,2007:86.
④ 中国冶金教育学会学术部.对高等职业教育发展的几个基本问题的认识[J].中国冶金教育,1998(1):52-53.

态度。在服务社会方面,高职院校要对接经济社会发展需求,以工作任务为导向,切实提升学生的生产实践能力和岗位适应能力。高等职业教育是职业教育的高级阶段,与中等职业学校学生相比,高职院校培养出来的学生应达到更高的技术技能水平,应具有对接国家高端产业和新兴产业的发展[1],更好地服务社会的能力。从培养的模式来讲,高职院校更加强调工学交替、产教融合。高职院校在人才培养过程中,一方面注重人与物的协同,即人与环境、资源设备等的协同,通过人与物协同,提升学生高效处理事务的能力;另一方面注重人与人的协同,即学生、教师、企业师傅之间的协同,通过人与人的协同、提升学生分析、解决实际问题的能力。从培养的场所来讲,培养高职学生的场所更加开放和多元,教室已然不是高职院校人才培养的唯一场所。培养场所是指教育活动发生的地方[2],能够支撑、承载高职院校开展正式教学活动的地方都是其人才培养的场所[3]。由于职业教育的实践性、跨界性,高职院校的人才培养场所已经从校内的教室、实训室拓展到校外的企业车间。

(二)班级与班级共同体

1. 班级

从语义学的角度来讲,班级一词是由"班"和"级"组成。班级,指学校里年级和班的总称[4]。然而,在中国,"班级"是一个偏义词。当"班级"两字连用时,一般仅指"班"而不指"级";需要表达"级"时,一般用"年级"来指代。班级是旨在开展学校教育,为使之从制度上成为一定的教育单位所编制的校内团体[5]。班级是学校按照一定的教育任务或原则,把年龄、文化程度相近或所学专业相同的学生结合在一起实施教育管理的基层群体单位,也是学生共同学习、共同

---

① 周登超. 高职院校高端技能型人才培养的思考与探索[J]. 湖北社会科学,2013(6):181-183.

② 齐军. 教学空间的内涵与邻近概念的关系摭论[J]. 上海教育科研,2011(4):12-14.

③ 吴虑. 职业教育学习空间重设逻辑[D]. 重庆:西南大学,2020:12.

④ 现代汉语规范词典[Z]. 北京:外语教学与研究出版社 语文出版社,2004:30.

⑤ 钟启泉. 班级管理论[M]. 上海:上海教育出版社,2001:218.

生活、自我教育的基层群体单位①。班级是学校教育、教学活动的基本组织形式，是班级成员的一种生活样态。因此，本研究中班级是指学校为了实现其人才培养目标，按照一定的教育任务或原则，以学生的学龄和学习水平为标准编排而成的群体；通过群体成员的相互交往、共同行动，促进群体成员的个人发展和班级共同目标的实现。

由此可知，班级具有教育性、系统性和生成性。

首先，教育性。班级建设的对象是学生，学校对学生进行班级编排是为了实现其人才培养目标，促进学生成长、成事、成人、成才，提升学生的生命质量②。班级的教育性体现在以下三个方面：第一，班级建设的目的是唤起班级成员的自我觉醒。班级成员是班级建设的主体，通过班级活动，调动班级成员的积极性、主动性和创造性；通过班级活动，班级成员可以见证班级群体的力量，对班级中的自己有更加清楚的认识，唤起班级成员的发展需要。第二，尊重和满足班级成员个体的发展需求。在班级建设过程中，坚持以班级成员的成长需求为中心，围绕该中心组织班级活动。遵循成员发展的心理规律，满足其成长需求。第三，以提升班级成员生命质量为班级建设成效的评价标准。

其次，系统性。贝塔朗菲、苗东升等学者认为，"系统是相互联系、相互作用的诸元素的综合体""两个或两个以上的组成部分相互作用而形成的统一整体就是系统"③。据此，本研究认为，班级是由教师、学校、家长、社会等相互作用的整体，班级就是一个系统。班级建设的系统性主要表现在以下三个方面：一是班级目标的系统性。班级建设是为了实现学校的人才培养目标，学校人才培养目标的系统性决定了班级目标的系统性。二是班级人际关系的系统性。班级是一个人际关系系统，是学生与学生、学生与教师、教师与教师、教师与家长、家长与家长、学生与家长之间相互作用、动态联系而形成班级团体的过程。因此，班级人际关系具有系统性。三是班级组织方式的系统性。班级目标的系统性和人际关系的系统性决定了班级组织方式的系统性。为了实现学生全面发展

① 朱德全，易连云.教育学概论［M］.重庆：西南师范大学出版社，2003：239.
② 李伟胜.班级管理［M］.上海：华东师范大学出版社，2010：7.
③ 苗东升.系统科学精要［M］.北京：中国人民大学出版社，1998：19-20.

的目标,促进学生社会化,班级紧紧围绕人才培养目标,组织教育教学资源,有计划、有步骤、有目标地开展教学活动,系统提升学生的理论知识、技能水平和职业道德修养。班级建设既是一种促进学生学习知识的活动,也是一种促进学生进行生命实践的活动。因此,班级组织方式具有系统性。

最后,生成性。班级建设的对象是学生,而学生发展是一个动态的、不断生成的过程。学生发展是学生与班级、学校、社会等各种因素协同作用下生成的复合体,是学生自身知识不断演化、不断澄清的过程,是学生个人成长目标与学校人才培养目标等之间不断竞争与合作的过程。班级是学校为了实现其人才培养目标,根据一定的要求编排而成的学生团体。因此,在班级组建之初,便带有他组织的特征。但随着班级内学生团体的思想意识、知识能力和行为的变化,班级特征将不断生成和出现。班级建设是一个由量变到质变的发展过程,是一个从他组织到自组织,从简单组织到复杂组织的演化过程。同时,由于演化过程中时间的永前性,高职学生班级建设也是一个不可逆的过程。

在明晰班级内在特点的基础上,结合高职院校班级成员的特殊性,本研究认为高职院校班级应具有以下四个组织特征:

一是高职院校班级应具有教育性。立德树人是高校的根本任务,培养德技并修的高技术技能人才是高职教育的重要使命。班级是高职院校落细落小落实立德树人根本任务的基本单元,促进高职学生发展,促进其职业道德、职业能力提升是高职院校班级建设的根本价值指向。高职院校作为国民教育体系中高等教育的一种类型,教育性是高职院校班级最明显的组织特征。以学生为中心,关照学生需求,满足学生需求,服务学生发展,促进学生成长成才,是高职院校班级发展的根本目标,也是班级存在的价值所在。以学生为中心,意味着促进学生发展是班级活动的出发点和归宿。学校根据高职学生的需求,配备、整合班级多种类型的教育力量,共同作用于班级学生的发展。无论是教师的配备、教学资料的准备、教学场地的安排等,都应根据学生的成才需求来进行组织。也正因如此,高职院校为班级配置了辅导员(班主任)、专任教师和企业师傅,让多种类型的教育力量作用于学生,引导学生自我教育、自我管理,服务于学生的成长成才。当然,在此过程中,高职学生也不是被动参与班级活动或被动接受班级成员的帮助。教育的本质是促进人的发展,班级活动的安排、课程的设置等都是为了服务学生成长。以学生为中心,意味着学生是班级活动的主体。他们不是班级活动的被动参与者、旁观者,而是班级活动的主体。要确立学生在班级中的主体地位,充分调动学生的主体性,充分调动学生的能动性、自主性和自为性。尽管高职学生在基础教育阶段学习基础比较薄弱,学习习惯不尽如人意,但这丝毫不影响其在班级中的主体地位,更不能因此而剥夺学生在班级活动中的主体地位。

二是高职院校班级应具有高度的合作性。高职教育是职业教育的高级阶段,与中职教育相比,高职学生所学的知识、技能更加复杂,单靠高职学生的个人能力很难把握。加之,学习行为常常是在不确定的情况下发生的,如学生的技术技能实践过程就充满了不确定性。也就是说,不能够完全预见或完全确定在什么样的情况下一定会有什么样的结果出现。这种实践过程中的不确定性就要求高职院校班级的师生要加强合作。第一,学生之间加强合作。一起分析、解决实践过程中存在的问题,促进学生技能的合理应用,保证项目的完成。第二,辅导员与学生加强合作。树立典型,提振学生克服困难的信心和决心。第三,教师与学生之间加强合作。共同探索实践中出现的新问题、新领域或者是新技术的应用,提升学生的创新思维和研究能力。第四,企业师傅与学生加强合作。提升学生将理论知识应用到生产实践的迁移能力。第五,辅导员、专任教师和企业师傅加强合作,形成多维教育合力,促进学生职业道德和职业技能的提升。通过辅导员与教师的合作,将职业道德、职业精神更好地融入学科教育,让精益求精、追求卓越的职业精神浸润班级学生的心灵。通过辅导员与企业师傅的合作,促进班级文化与企业文化的相互交融,让学生感知企业员工的身份和责任。通过专任教师与企业师傅的合作,促进理论向实践的转化。用理论指导生产实践,更好地提升学生在生产实践中的创新应用能力。合作意味着协商,意味着班级成员之间在平等对话中达成共识,以此调整、规范或约束班级成员的行为。只有尊重班级成员的主体性,在班级成员间开展平等对话,才能充分调动大家的积极性,才能在面对分歧时求同存异,积极寻找问题的最优解。诚然,合作与对抗相伴而生。虽然合作是高职院校班级最明显的特征之一,但在班级活动中,不乏竞争、对抗和冲突。为了减少班级教育资源的低效使用,就必须加强沟通,加强班级成员之间的协商,促进班级成员之间的合作,才能确保班级资源利用的最优化。

三是高职院校班级应具有很强的职业实践性。职业教育是与国民经济建设密切相关的一种教育类型。高职教育承担着为国家经济发展培养德技并修高技术技能人才的重要职责。因此,高职院校制定人才培养方案时,已将国家制定的职业标准、岗位要求和最新的技术技能标准融入专业课程体系,明确要求对学生展开职业生涯规划教育和职业技术技能实践。班级是学校育人的基本单元。人才培养方案是学校开展班级活动的依据,所以无论是从高职院校班级课程的设置,还是从班级活动的开展,都必须紧紧围绕学生技术技能的提升展开。因此,高职院校班级应具有鲜明的职业实践性。

四是高职院校班级更需获得情感支持。从高职院校班级的学生来看,由于他们在基础教育阶段因为学习成绩不太理想而或多或少受到老师的冷遇,甚至一部分学生还被贴上了"问题学生""学习困难户""差生"等标签。学生长期处于课堂学习、班级活动的边缘,内心非常自卑。因害怕再遭受老师和同学的冷言冷语,故非常敏感,也很孤单。他们渴望在班级里能够获得班级成员的理解和认同,渴望获得归属感。从高职院校班级的辅导员来看,虽然他们处理了很多班级事务,但仍被部分专任教师认为是打杂的人,无关轻重的人。辅导员为班级学生的发展付出了自己的努力,也渴望得到学生、专任教师的认同和情感支持。对于专任教师而言,由于当今社会对职业教育的认可度不高,因此与普通高等学校相比,专任教师的社会地位就显得比较低。他们也希望通过自己的努力,能够获得他人的认可。对于企业师傅来讲,虽然企业师傅的技能水平高,但学历一般比较低,因而在与高职学生、辅导员、专任教师的交流中,显得自信心不足。所以,相较普通高等学校的班级而言,高职院校班级成员更渴望获得其他班级成员的情感支持。

由此可见,高职院校班级建设是一个以学生发展为核心的复杂系统,学生的成长需求与学校的人才培养目标之间的矛盾是推动班级系统发展的原动力。在高职院校班级建设过程中,研究者应根据高职院校班级的组织特征,一方面要坚持以人为本,以促进学生发展为己任。根据学生发展过程表现出来的自组织性,找准学生发展过程中的序参量。参照学校人才培养目标,结合学生发展的实际情况,进行针对性的价值引导和及时的信息交流,确保学生成为班级建设的主体,确立班级成员共同的发展目标,确保班级发展方向。另一方面,要统筹整合班级建设过程中的各种资源,要理顺系统各个要素之间的关系,创造和控制建设条件促成多元联动,形成班级教育合力,共同助力学生成长。班级是学生在学校生活的基本样态,是学校教育教学的基本单位,是学校促进学生成长、成人、成才的重要阵地。班级建设的好坏,直接关系着学校教育的成败。

2. 共同体

共同体是本研究的核心概念之一。弄清楚共同体的概念对本研究有着举足轻重的作用。滕尼斯首次从社会关系的角度对共同体做了界定。他认为共同体是指建立在"相互扶持、相互慰藉、相互履行义务"情感一致的基础上,通过"紧密持久的、真实的联系""统一地向内或向外发挥作用",排他的社会关系或共同的生活方式,是"一个有生命的有机体"①。从广义上讲,任何人类群体都可视为共同体;从狭义上讲,共同体是指基于一定目的和需要,通过一定的形式结合在一起的共同行动和共同交往,并由此而结成具有一定共同性和稳定性关系的人的共在共处的组织化形式,它是人类存在的基本方式②。该定义表明,共同体是一个动态生成的过程。共同体成员的需求,成员间的交往互动,交往的环境等都在一定程度上影响着共同体成员之间的关系,进而影响到共同体的发展方向和发展样态。本研究认为,共同体就是将有共同目标、共同信仰等有共同点的人聚合起来,通过共同行动、共同交往,以成员发展带动共同体整体发展的具有共同性、稳定性关系的有机生命体。共同体与成员之间是共生关系,即共同体成员的发展需求决定了共同体发展的目标。共同体发展的目标就是为了满足其成员的发展需求;当成员发展需求得以满足时,共同体的发展目标也得以实现。

---

① 费迪南·滕尼斯.共同体与社会[M].张巍卓,译.北京:商务印书馆,2019:67-71.
② 胡群英.社会共同体的公共性建构[M].北京:知识产权出版社,2013:37.

3. 班级共同体

本研究认为班级共同体不同于班集体,班级共同体是班集体发展变革的方向。班级共同体是一种在班级成员平等交流与交往的基础上,追求一种道德伦理并关注班级共同愿景实现的组织,具有促进班级成员学会关心和发展学生人格、正确地理解人性、享受道德生活及有效实施班级道德领导的价值意蕴①。在目标上,既注重班级的组织目标,更要考虑学生的教育目标;在道德使命上,既注重集体主义等道德目标的达成,也充分开发班级公共生活的育人价值,因此班级共同体是人的共同体,强调学生的"在场"②。班级共同体是对班集体的一种超越,更加强调学生的参与,更加注重班级共同愿景对其成员发展的引导力和凝聚力,还尤为注重班级成员的个人发展对班级目标的基础导向作用。在班级建设过程中,强调班级成员都是班级建设的主体;强调班级成员的主体间性,即成员之间的相互尊重、相互交往、共织愿景、共同行动;强调班级建设的互惠性,即班级成员的共荣共生。因此,本研究认为,班级共同体是以班级愿景为引领,以实现班级成员共同目标为导向,通过班级教育教学实践活动将班级成员聚合起来,通过班级成员间的共同交往、共同行动带动班级发展,形成班级成员的身份认同,增强班级成员的归属感,促进班级成员成长的具有稳定性的生命有机体。

(三)多元联动

多元,是指在高职院校班级内部影响学生发展的不同类型的班级成员,包括学生、辅导员、专任教师和企业师傅。联动,是指在高职院校班级内部,班级成员之间相互关联、相互影响、相互作用,即一位成员或一种类型成员的行为会引发其他成员思想或行为的变化。多元联动,是一种在班级建设过程中,以班级目标为指引,多类型班级成员之间相互作用,共同致力于学生成长的班级建设路径。通过班级成员间的沟通、协调,整合班级教育教学资源,打通学生成长

---

① 徐金海. 对班级共同体的理性思考[J]. 湖南师范大学教育科学学报,2009(3):58-60.
② 王洪明. 从"管理"到"辅导":班级变革研究[D]. 上海:华东师范大学,2011:163.

过程中的瓶颈,满足学生发展的需求,从而实现班级的发展目标。多元联动包括三层含义:一是班级系统内部的有机联动。关注不同类型班级成员的行为,建立多类型班级成员之间的联系,消除班级成员间的信息孤岛。高职学生的发展是班级成员之间相互作用、相互影响的过程,班级里所有成员的言行都会对班级学生的发展产生不同程度的影响。因此片面强调某一位或某一类班级成员对学生的影响都是错误的。二是班级成员之间的有序联动。关注多类型班级成员之间的行为协同。在班级构建过程中,班级成员需求的多样性导致其行为的多样性。班级成员之间有合作行为,也有冲突行为,甚至是不相交的行为。合作行为产生合作关系,增强班级主体之间的凝聚力;而冲突行为产生竞争关系,减弱了班级主体之间的凝聚力;而不相交的行为,也会降低班级的凝聚力。因此,多元联动意味着要减少冲突,降低内耗,将所有的力量统一到一个方向上来。聚合班级发展的力量,增强班级的生命活力,增大有限教育资源的最大育人效能。三是要聚焦班级目标的实现。多元联动是以班级目标为指引的有序联动。虽然高职院校班级包含多种类型的班级成员,但所有的班级成员的行动或行为交互都不是无序的。无论学生、辅导员、专任教师、企业师傅,都是以达成班级目标、促进学生成长为己任,并据此调整、规范各自的行为。当班级成员在行为交互中产生冲突时,要自觉对照班级目标,调整个人目标,实现班级育人力量的最大化。

三、文献综述

(一)高职教育人才培养研究

1. 高职教育人才培养目标的研究

以"高职教育"和"人才培养目标"为关键词在 CNKI(中国知网)平台进行检索,截至 2022 年 6 月,一共有期刊论文 1 519 篇,且关于高等职业教育研究的学术论文数量整体呈先上升后下降的倒"V"形状。2011 年发文量首次超过 100 篇;

2012 年发文量达到最大值 128 篇。随后,年发文量呈现下降趋势,如图 0-1 所示。

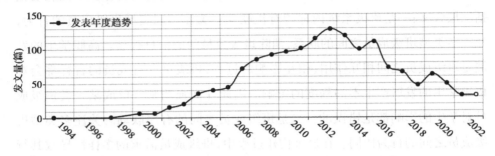

图 0-1 "高等职业教育人才培养目标"研究发展趋势图

　　总体上讲,高职院校人才培养目标经历了培养技术型、实用型、应用型、高技能型、高素质技术技能型人才五个阶段①。20 世纪 80 年代,在高职教育起步阶段,在参照普通高等专业学校的基础上提出了培养技术型人才的目标。1996 年召开了第三次全国职业教育工作会。会上将培养实用型人才作为高职教育培养的目标。2000 年,《教育部关于加强高职高专教育人才培养工作的意见》提出高职院校要培养适应生产、建设、管理、服务第一线需要的德、智、体、美等全面发展的高等技术应用型专门人才;2004 年《教育部关于以就业为导向深化高等职业教育改革的若干意见》将高职教育人才培养目标表述为,坚持培养面向生产、建设、管理、服务第一线需要的,实践能力强、具有良好职业道德的高技能人才。《国家中长期教育改革和发展规划纲要(2010—2020 年)》提出高等职业教育的目标为培养生产、建设、服务、管理一线的高端技能型专门人才。2011 年《高技能人才队伍建设中长期规划(2010—2020 年)》中,将高技能人才明确为具有高超技艺、精湛技能、创造性的高级技工、高级技师。所以按文件要求,高职教育人才培养目标的定位是培养适应市场变化和需求的创新型高端技能型人才②。2012 年,《国家教育事业发展第十二个五年规划》要求高职院校根据产业的需求,培养发展型、复合型和创新型的技术技能人才。高职教育被认为是一种教育类型,要关照受教育者的生命发展需求。因此高职教育是全面发展

---

① 　全守杰,谷陈梦. 从缺位到共治:基于利益相关者的高职院校人才培养模式建构[J]. 现代教育管理,2020(4):96-102.

② 　周登超. 高职院校高端技能型人才培养的思考与探索[J]. 湖北社会科学,2013(6):181-183.

职业人的教育①，和谐职业人是高职教育人才培养的目标，即培养出积极投入社会生产、追求高雅本真的职场生活、坚守责任、注重自我生命的完满的高职学生②。2019 年，国家"双高计划"提出了培养技艺高超的高技术技能人才的要求。这就要求高职院校在制定人才培养目标时要更加注重职业性，要以就业为导向提升学生的职业能力和工匠精神，要培养德技并修的技术技能人才③。

基于上述分析，研究者得到如下启示：

第一，社会发展是影响高职教育人才培养的重要因素。高职教育是与国家经济发展紧密相联的一种教育类型，高职教育要为国家经济发展提供人才支撑。国家经济社会的变化必然引发高职教育人才目标的调整。高职教育人才培养目标经历了"技术型""实用型""应用型""高技能""技术技能型"等发展历程，其实就是国家经济社会发展的表征。

第二，对高职教育本质的认识决定着高职教育人才培养目标的定位。我国高职教育发展的历史比较短，对高职教育本质的认识还不够深，高职教育与普通高等教育的区别还不够清楚，因此高职教育的人才培养目标更迭较为频繁。这就表明人们对高职人才培养目标的理解是一个不断深化的过程。

第三，职业能力培养是高职人才培养目标的核心。尽管高职院校人才培养目标的表述几经更迭，但对高职学生职业能力的培养始终是高职人才培养目标的核心。

第四，人的全面发展是高职教育人才培养目标的最终指向。高端技术需要人经过学习后才能掌握；关键技术的突破，最终也要依靠人的综合能力才能实现。高职教育的人才培养目标不再单纯指向技术层面，开始转向对人发展的反思。尽管高职教育中职业性和实践性非常强，但它始终是一种教育类型，因此人的发展是职业教育的出发点和归宿。通过人的发展促进国家经济社会的发展，国家经济社会的发展最后要落脚到人的全面发展。国家职业教育政策的转

---

① 高宝立. 高等职业院校的人文教育：理想与现实[J]. 教育研究，2007（11）：34-39.
② 俞步松. 刍议高职院校培养现代"和谐职业人"[J]. 中国高教研究，2013（12）：102-105.
③ 李梦卿，邢晓."双高计划"背景下高等职业教育人才培养方案重构研究[J]. 现代教育管理，2020（1）：107-114.

向也正是遵循了高职教育本身的发展规律。

2. 高职教育人才培养模式的研究

高职院校人才培养模式是在一定教育理念的指导下,为了实现高职院校的人才培养目标而采取的组织形式和运行机制[①]。由此可知,高职院校人才培养模式包括了人才培养的理念与目标、专业与课程设置、教学方法与教学手段、师资队伍与实训基地、质量监控与评价体系等要素[②]。在借鉴德国双元制模式、美国技术准备制度、英国工读交替等人才培养经验的基础上,围绕不同的人才目标进行要素组合后,我国高职院校提出了应用导向的人才培养模式[③]、校企双主体人才培养模式[④]、工学结合人才培养模式[⑤]、订单式人才培养模式[⑥]、现代学徒制人才培养模式[⑦]、"一中心、三融合"(即以专业为中心,促进课程与项目、实习实训基地与创新创业、教师与导师相融合)人才培养方式[⑧]、以通识教育为导向的"产教融合"人才培养模式[⑨]、高职院校"产教、专创"双融合的人才培养模式[⑩]、"教学—科研—创业"一站式人才培养模式[⑪]、"多元发展、项目学习、协同创新"人才培养模式[⑫]等。高职院校人才培养模式是一个复杂的系统,有着自身

---

① 全守杰,谷陈梦.从缺位到共治:基于利益相关者的高职院校人才培养模式建构[J].现代教育管理,2020(4):96-102.

② 邵文红.关于高职院校人才培养模式的思考[J].教育发展研究,2013,33(3):69-72.

③ 王向红."应用导向"的高职人才培养模式探索与实践:以温州职业技术学院为例[J].中国大学教学,2011(4):76-78.

④ 刘惠坚,李桂霞.对高职教育校企"双主体"人才培养模式的思考[J].黑龙江高教研究,2012,30(1):100-101.

⑤ 叶国丰.构建"工作室制"教学平台,培养创意产业高技能人才:高职艺术设计类专业"工作室制"工学结合人才培养模式的探索与实践[J].浙江艺术职业学院学报,2010,8(2):102-105.

⑥ 郭长华,刘建铭.对高职高专教育"订单培养"的理性探讨[J].中国高等教育,2005(08):39-40,18.

⑦ 王洪斌,鲁婉玉."现代学徒制":我国高职人才培养的新出路[J].现代教育管理,2010(11):83-85.

⑧ 万健,陈建军.构建高职院校"一中心三融合"人才培养模式[J].中国高等教育,2016(22):39-41.

⑨ 薛伟明.以通识教育为导向的高职院校"产教融合"人才培养模式[J].江苏高教,2020(12):148-151.

⑩ 徐美燕.高职院校"产教、专创"双融合的人才培养模式探索[J].中国高等教育,2022(S1):75-77.

⑪ 王建新.高职院校"教学-科研-创业"一站式人才培养模式的研究:以义乌工商职业技术学院产品造型专业为例[J].中国高教研究,2014(5):89-92.

⑫ 徐兵,盛丽梅,胥加美.高职院校"多元发展、项目学习、协同创新"人才培养模式实践研究[J].高等工程教育研究,2017(2):180-183.

的内在逻辑①。人才培养方案、师资队伍、学生生源、课程体系、教学组织形式等要素之间相互独立又紧密联系。对要素的种类认识不完全,对要素之间的联系理解不深,都可能导致运行过程中模式的改变。为了促进各要素之间的协调,有学者提出基于利益相关者的高职院校人才培养模式构建②。

基于上述分析,研究者得到如下启示:

第一,人才培养目标决定着高职院校人才培养模式的构建。人才培养目标确定了高职院校人才培养的方向和实施路径。人才培养目标不同内在决定了人才培养模式的不同③。人才培养目标的更迭需要及时调整人才培养模式,与之相适应。

第二,人才培养模式的逐渐转向。高职院校人才培养模式由原来重在对学生技术技能水平的培养,逐渐转向对学生创新协作能力的培养。

第三,人才培养模式是高职院校人才培养目标得以实现的有力保障。高职院校的人才培养是一个逐步展开的过程,如果没有与之相匹配的人才培养模式做支撑,就难以确保培养过程的连续性和教育教学方法的有效性,就难以实现高职教育人才培养的目标。

第四,人的发展需求是高职院校人才培养模式更迭的内在动力。人是高职院校人才培养模式运行的主体,只有通过人的主体性劳动才能协调整合人才培养模式的各个要素,保证其顺利运转。因此,如何满足人的需求,如何实现利益共享,是高职院校人才培养模式中要解决的关键问题。

(二)高职院校班级育人的研究

1. 班级育人模式研究

班级是践行高职院校人才培养模式的基本单元,班级建设要服务于人才培

---

① 刘松林. 高职人才培养模式研究—基于第一批国家示范性高职院校建设方案的分析[J]. 教育发展研究,2009,29(01):72.

② 全守杰,谷陈梦. 从缺位到共治:基于利益相关者的高职院校人才培养模式建构[J]. 现代教育管理,2020(4):96-102.

③ 邵文红. 关于高职院校人才培养模式的思考[J]. 教育发展研究,2013,33(3):69-72.

养目标。因此,有学者主张在班级课堂上进行专业知识的训练,课后将专业发展与班级管理相融合,营造良好的专业学习氛围①。高职院校辅导员或班主任以人才培养目标为依据设计育人方案,把人才培养的理念落细落小落实到学生的思想道德、知识学习和技术技能提升的各个方面②。订单班更加强调职业对应性,要求高职院校改变传统的班级组建方式,按合作单位、专业、岗位设置等组班,配置任课教师,以合作企业需求为导向,形成校企共同育人的合力③。高职教育是为了将学生培养成高技术技能型人才,因此对班级教师的专业实践能力也提出了要求,即教师应具备双师素质④。高职教育担负着培养社会主义事业建设者和合格接班人的神圣使命,因此高职院校要以班级为单位,创新党建新模式⑤,积极构建模块化班级特色管理模式⑥,切实增强学生思想政治教育的效果。高职院校在推进"教学—科研—创业"一体化人才培养模式的过程中,对班级进行公司化管理⑦;将企业管理要素嵌入班级学生管理,把班级环境升级为企业环境⑧;班上学生兼具学生和员工的双重身份,让学生在真实的职业情境中学习职业知识、职业技能和职业精神。

基于上述分析,研究者得到如下启发:

第一,高职院校人才培养目标决定了高职院校班级建设的方向和性质。高职院校班级建设既要体现教育性,也要体现职业性、跨界性等特征。

第二,高职教育人才培养的实现依赖于高职院校的班级建设。高职院校的班级建设是落细落小落实人才培养目标的最小单元,为高职院校人才培养目标的实现提供坚实的支撑。

---

① 胡爱娟. 高职酒店管理专业人才培养模式改革[J]. 职业技术教育,2008,29(29):68-69.
② 张必松. 高职院校目标导向的班主任育人方案设计[J]. 职业技术教育,2009,30(5):70,93.
③ 欧阳丽. 订单教育中的教学管理问题探讨[J]. 职业技术教育,2009,30(8):67-68.
④ 雍益华. 高职艺术设计课堂呼唤"双师型"教师[J]. 教育与职业,2011(33):90-91.
⑤ 李玉鸿. 立足高职教育新特点创新学生党建新模式[J]. 中国高等教育,2013(6):53-54.
⑥ 郑广峰. 高职院校中外合作办学中的思想政治教育[J]. 教育与职业,2013(20):53-54.
⑦ 王建新. 高职院校"教学-科研-创业"一站式人才培养模式的研究:以义乌工商职业技术学院产品造型专业为例[J]. 中国高教研究,2014(5):89-92.
⑧ 陆群,王从容,汤昕怡. 在高职院校学生教育管理中引入企业职业管理要素的探索[J]. 中国职业技术教育,2016(4):76-79.

第三,高职院校班级建设是一个复杂的系统。系统要素之间不同的组合方式会影响班级建设的方向,可能导致高职院校的班级建设与高职院校人才培养目标的不匹配。

第四,思想政治教育是高职教育和高职院校班级建设的生命线。高职教育、高职院校班级建设都担负着为党育人、为国育才的神圣职责,抓好高职学生的思想政治教育工作是高职教育、高职院校班级建设的应有之义。

2. 班级与学生发展的研究

人的本质是一切社会关系的总和①,人的存在需要与他人、与外在环境进行物质、信息、能量和情感的交流②,人通过构建、参与各种社会关系来实现自我发展。班级是大学生学习、生活的环境,班级是学生个体社会化的基本场所③,班级成员之间的相处需要遵守一定的社会规则,享受一定的权利的同时也应承担相应的义务。班级有助于学生建立规则意识,有助于学生形成向善的道德意识。因此,班级是大学生自我教育、自我管理、自我服务的平台和载体④。在班级中,年龄相近的学生群体有着相似的发展水平,有着相同的学习任务,这就为学生的共同存在、共同创造、共同学习提供了机会⑤;班级中教师的教学引导、同学之间的相互讨论有助于激发学生的学习潜能。加之,教师、同学等班级成员之间相处,可以帮助班级成员理解和认识同一性和差异性以及人与人之间相处的复杂性⑥。班级人员数量和类型的增加以及班级成员之间的冲突,有助于帮助学生多方位了解、认识和评价自己⑦。也正是因为班级成员的差异性,所以班级成员对所处关系的感知,会促成生命力的激发,或帮助旧关系的维持或生成新关系。班级成员相互学习、相互帮助、共同创造,班级成员的学习关系促成了

①　弗里德里希·恩格斯,卡尔·马克思. 马克思恩格斯选集:第1卷[M].北京:人民出版社,1995:57.

②⑦　科恩. 自我论[M].佟景韩,等译.北京:生活·读书·新知三联书店,1986:283,367.

③　吴康宁. 论作为特殊社会组织的班级[J].教育理论与实践,1994(2):10-13.

④　姜玉洪,刘艳春. 高校班集体建设与评价体系研究[J].学校党建与思想教育,2018(18):66-68.

⑤　李家成. 论学生发展在班级生活中的实现:基于中国学生与班级同学关系的视角[J].四川师范大学学报(社会科学版),2015,42(1):89-93.

⑥　HESSEL S,MORIN E. The path to hope[M]. New York:Other Press,2012:5.

学生作为整体的人的发展①。班级教学有助于提升学生的学业水平,但如果班级规模过大,则难以做到因材施教,不利于学生创造性的发挥②;如果实施小班教学,教师采用合作学习的方式,会更加注重学生的个体差异和深层体验③;小班教学为每一个学生充分发展创造了条件④。教育现代化的核心是人的现代化。班级是学校育人的最小单元,要实现人的现代化,就必须提高班级的育人水平,提升班级教学活动中教与学的质量;以生为本构建师生学习共同体,让师生共同发力,共同成长⑤。但加强班级建设,强化班级作为教学组织形式促进学生发展的文件直到2017年才出现⑥。

基于上述分析,研究者得到如下启示:

第一,班级成员关系对学生的发展产生重要影响。通过建构、参与或改变人员关系可以改变学生在关系节点中的位置,让学生实际感知周围人员、环境等的变化,从而促使学生对自己、他人或其他事物产生新的认知和深层理解。

第二,人是促进班级学生发展的核心要素。人是班级关系的创造者、维护者和发展者,既是班级学生发展的推动者也是班级学生发展的受益者。班级的教育教学活动均应紧紧围绕人的发展而展开。首先,人的发展主要指班级中学生的发展。要坚持以学生为中心,深度分析学生的发展需求;尊重学生个体差异,因材施教;以学生发展为导向,满足其成长需求。其次,人的发展也包含班级中教师的发展。要充分尊重教师的发展需求,充分调动教师的积极性和创造性,教师才能释放出巨大的育人能量,显示巨大的育人能力,才能更好地服务学生发展。

第三,班级目标对班级学生发展的导向性。学生的差异性是班级发展的起点,也容易造成班级成员之间的冲突。因此,为了让有限的班级资源更好地服

---

① 李家成. 论学生发展在班级生活中的实现:基于中国学生与班级同学关系的视角[J]. 四川师范大学学报(社会科学版),2015,42(1):89-93.

② 王策三. 教学论稿[M]. 北京:人民教育出版社,1985:279.

③ 和学新. 小班化教育的内涵与特征[J]. 教育评论,2002(1):28-30.

④ 沈晓雪. 国内外班级规模缩减研究的对比与反思[J]. 现代教育论丛,2010(11):31-33.

⑤ 瞿振元. 着力向课堂教学要质量[J]. 中国高教研究,2016(12):1-5.

⑥ 和学新. 从规范教学秩序到构建学生发展的有效教学机制:我国教学组织形式变革70年的回顾与展望[J]. 课程·教材·教法,2019,39(3):4-13.

务于学生成长,班级成员应就班级发展达成共识,确立班级目标。一方面以班级目标为统领,展开班级教育教学活动,促进学生信息交互、相互合作,统整、创生新的班级资源,为学生发展提供资源保障。另一方面,以班级目标为统领,加强制度建设,维护班级秩序,减少班级成员之间的冲突,减少、消除班级内耗,求同存异,增强班级凝聚力,为班级成员发展提供良好氛围。

3. 班级与人才培养的研究

十七世纪时,夸美纽斯在《大教学论》中提出了班级授课制,认为教育是"把一切事物交给一切人们的全部艺术"[①]。在教育资源短缺的时代,班级授课制提升了教育资源的利用率,扩大了教育规模,能用最经济快捷的方式帮助学生掌握专业知识和技能,在短时间内提升人才培养的数量。在班级授课制中,学生被动接受知识,缺乏对知识的主动探索,缺乏学习乐趣,不利于学生创新思维、创新能力的培养。班级成员之间缺乏有效的交流、沟通、合作,整个班级未能形成凝聚力,最终培养出"一批批缺乏集体主义精神的'精致的利己主义者'"[②]。也有学者认为,高校扩招后,大班、合班的班额过大,教师组织教学和课堂管理难度大,学生学习氛围不浓,影响人才培养质量[③]。尤其是职业学校,职校学生在学习习惯、自我管理能力等方面存在一些问题,如果班额过大,问题学生又多,就容易发生群体心理效应,不利于教师对其进行行为矫正;因此,班级规模成为影响职业教育人才培养质量的一个关键因素[④]。通过减小班额,实施小班化教学模式,选聘有专长的教师,改革教学内容和教学方法,将理论与实践相结合,激发学生潜能,培养学生创新精神、创新意识和实践能力,推动人才的个性化培养[⑤]。有学者在借鉴国外小班教学经验的基础上,提出通过控制班额,缩小

[①] 夸美纽斯.大教学论[M].傅任敢,译.北京:教育科学出版社,1999:15.

[②] 胡弼成,孙燕.打破传统班级授课制:大学教学治理的重点和突破口[J].高等教育研究,2015,36(7):81-86.

[③] 胡云祥.对高校"粗放式"人才培养的反[J].教育发展研究,2008,28(19):83-84.

[④] 徐国庆.职业教育人才培养质量的关键症结在哪里[J].职教论坛,2014(33):1.

[⑤] 朱友林,曹文华."三化、三制、三融合"拔尖创新人才培养模式的改革与实践[J].中国高等教育,2018(18):36-38.

生师比来改善人才培养质量①。为了提升学习资源的利用率,有学者提出高校培养研究生时实行跨专业混合编班;通过选派优秀教师做班主任,强化班级建设;通过班级成员之间跨专业的沟通与交流,提升人才培养质量②。也有学者认为,高校班级是培养大学生创新能力的重要载体③;班级凝聚力越强,班级成员之间就越容易围绕同一个目标展开积极的信息交互,产生思维碰撞和知识交互,就越容易形成创新思维和创新能力;主张通过树立班级愿景、增加任务交互、培育班级文化来增强高校班级凝聚力。学风是衡量高校人才培养质量的主要标志,只有学风优良,高校人才培养质量才能有保证④。通过班级民主制度建设,提升学生民主参与班级教育教学活动的意识,进而提升学生的批判思维和创新能力⑤。班级是发挥学生主体性德育作用的重要阵地,通过班级建设,可以丰富高校德育内容、夯实高校德育的根基⑥。

基于上述分析,研究者得到如下启示:

第一,班级的教育性。鲁洁教授认为,班级具有教育性,建立班级是为了教育人、培养人,促进组织成员的个性化发展⑦。由于班级具有教育性,因此班级的教育教学活动均应围绕学生的全面发展来组织。高职院校不仅培养知识型人才,更要培养具有批判思维、创新能力和有道德的人才。高职院校要树立全面发展、个性发展和持续发展的人才培养观念。

第二,社会对人才的需求决定着高职院校人才培养的定位,也决定着班级建设的方向。当前,随着科学技术的迅速发展,社会对人才的创新协同能力提出了新要求。因此,高职院校要主动顺应社会发展需求,调整班级育人的方法和手段,强化班级在创新人才培养中的作用。

第三,学界对班级在人才培养过程中所起作用的认识还不够全面。目前学

① 陈泽,胡弼成.生师比:人才培养质量的重要指示器[J].大学教育科学,2013(3):118-124.
② 石达友,陈晓梅.兽医学科研究生教育载体建设的实践与探索[J].黑龙江畜牧兽医,2018(5):258-260.
③ 庄园.高校班级凝聚力建设的困境与突破[J].江苏高教,2019(11):90-94.
④ 金国雄.高校班级学风评估与建设工作刍议[J].教育发展研究,2007,27(S2):124-125.
⑤ 马成荣.创业、创新、创优:职业教育的新视界[J].教育研究,2011,32(5):58-62.
⑥ 何璟炜,王世恒.发挥优势构建主体性德育模式[J].思想教育研究,2008(3):39-41.
⑦ 鲁洁.教育社会学[M].北京:人民教育出版社,2001:398.

术界认为,实现专业人才培养目标的主要载体是课程①;课堂是实施人才培养的重要抓手,抓好课堂教学就抓好了立德树人的第一关口②。片面强调课程和课堂对人才培养的作用,忽视了班级目标、班风、学风等因素对学生学习动力、学习态度的影响,忽视了班级建设对学生精神层面的滋养。

第四,对班级育人效果影响因素的分析呈现出由外及里的趋势。人是促进班级学生发展的核心因素。高校人才培养目标的实现归根结底依赖于班级中人与人之间的相互作用。控制班额、混合编班等方案属于外部因素,其最终目的在于增加班级成员之间的沟通和交流。但真正促进班级成员交流合作的是班级成员自身的需求、班级成员之间的关系、班级成员的构成等。所以在高职院校人才培养过程中,如何优化班级成员关系,如何调动班级成员的积极性和主动性,如何将班级成员凝聚在一起释放出更多的育人能量,是当前高职院校班级建设必须要思考和解决的问题。

(三)班级与职业教育发展的研究

职业教育具有跨界性,产教融合、校企合作是职业教育发展的必由之路。在推进校企合作的过程中,学校会根据企业的需求采取不同的组班模式和不同的教育资源配置③。比如说,一些高职院校通过与企业签订合作协议设立订单班。这是一种根据企业需求挑选一部分学生组建成特定的班级,对学生进行定制化培养、定向就业的人才培育模式④。组建订单班的初衷是为了实现学校人才培养与企业需求的精准对接,提升学生职业技能,减缓学生就业压力。但在实际运行中发现,订单班通常需要重新组班,从而增加了学校管理的成本;企业没有认真履行其应该承担的教学任务,"有岗无习,有工无学"的现象严重,且企业因为经营不慎"跑单""断单"的现象也时有发生;订单班的学生面临较大的

① 施晓秋,刘军."三位一体"课堂教学模式改革实践[J].中国大学教学,2015(8):34-39.
② 王利华.以课堂教学攻坚全面提升本科人才培养质量[J].中国高等教育,2019(12):19-21.
③ 余思瑶.高职院校校企协同育人模式的实践探索:以订单班人才培养为例[J].职教论坛,2018(6):138-141,147.
④ 陈慧.产教融合背景下高职院校订单班人才培养模式探索[J].教育与职业,2021(2):45-48.

就业风险①。通常企业为高职院校订单班学生提供的就业岗位偏中低端②,学生在订单班的学习中技术技能提升不明显。个别高职院校为了片面追求就业率,一味迎合企业的生产要求,忽视了对订单班学生职业精神、创新合作意识等方面的培养,学生的主体性受到压抑,违背了国家提出的"德技并修"的人才培养要求。

基于上述分析,研究者得到如下启示:

第一,高职教育兼具职业性和教育性的双重性质。因此,班级作为高职院校最小的人才培养单元理应承担起提升学生职业技能、促进学生全面发展的职责。换句话讲,班级在高职院校的人才培养过程中,既要对接社会发展的需求,还要满足学生个人发展的需求,二者缺一不可。如果高职院校订单班只是单方面满足企业的用工需求而没有满足学生个人发展的需求,那么学校花大力气组建的订单班也难以实现培养高技术技能人才的目标。

第二,提升高职院校班级内涵建设是实现高质量人才培养、服务社会经济发展的硬道理。高职院校订单班形式的出现,表明高职院校在推动校企合作、服务社会发展所做出的努力。但是在校企合作中,企业更看重高职院校学生的培养质量。而这个质量不是一纸合同可以圈定的,也不是组建一个特殊班级就可以达到的。它是班级成员间相互影响、不断生成的一个过程。班级成员的学习动机、学习态度、合作能力和职业精神等,都影响着班级成员技术技能水平的提升。因此,高职教育高质量发展必须落脚到高职院校班级的内涵建设上来。

第三,高职院校班级内涵建设是增强职业教育吸引力的重要手段。校企合作归根结底是一种自愿平等的合作。人才培养质量不高是职业教育吸引力不强的根本原因③。高职院校只有加强班级内涵建设,激发教师、学生、企业师傅的积极性和创造性,营造出良好的学习氛围,才能培养出职业道德优秀、职业技能水平高超的学生,才能吸引更多的学生学习技能、提升能力,才能赢得更多优

① 裴智民,朱平. 高职院校订单培养"扬利避弊"机制研究[J]. 中国职业技术教育,2016(22):63-66.
② 于强. 服务外包人才培养"订单班"运行中的风险及防范[J]. 职教论坛,2010(26):57-59.
③ 任占营. 职业教育提质培优的现实意义、实践方略和效验表征[J]. 中国职业技术教育,2020(33):5-9.

秀企业的合作机会,才能吸引更多的优质生源报考,才能赢得社会对职业教育的尊重,才能真正促进社会经济的向前发展。

(四)班级成员构成的研究

　　人是班级建设的核心要素,班级共同体是"班级成员间的平等交流与交往"的平台。鲁洁教授认为,班级建立的目的在于促进组织成员的个性发展[①]。在进行班级共同体研究时,首先必须弄清楚班级成员的范围,即班级成员到底包括了哪些人;而后才是如何促进成员发展的问题。吴康宁教授认为班级的成员是指担负着奠基性学习任务的学习者[②],学者程天君认为教师不属于班级成员[③]。所以,吴康宁教授和学者程天君认为班级成员就是指学生,不包括教师。这就引发了宗锦莲博士的疑问,如果教师不是班级成员,那么非班级成员(教师)的目标又如何成为班级目标的呢?[④]《中国小学教学百科全书·品德卷》认为,"班级是由班主任和全班同学组成"。在该书中,班级成员的范围由单一的学生扩展到了学生和班主任。班主任是学校教师群体中的一部分,如果将班主任纳入班级成员的范围,那么试问其他教师是班级成员吗?将班主任作为班级成员的原因是什么呢?如果是因为班主任在班级中与学生平等交流、共同学习、互促成长而成为班级成员的话,那么班级中的专任教师也理应成为班级成员。因此,苏霍姆林斯基认为学校班集体中的成员既包括学生也包括教师[⑤],谢维和教授也认为教师和学生是班级的基本成员[⑥]。

　　班级成员范围的争议,折射出学者们所持有的班级观的差异。如果将班级看作特殊的社会组织,看作学校的基层管理组织,那么教师是作为社会代表来管理约束学生。在此情况下教师和学生没有共同的发展指向,所以班级基本成

①　鲁洁. 教育社会学[M]. 2 版. 北京:人民教育出版社,2001.
②　吴康宁. 论作为特殊社会组织的班级[J]. 教育理论与实践,1994(2):10-13.
③　程天君. 班级社会学研究(下):新论初探[J]. 教育理论与实践,2008(25):27-31.
④　宗锦莲. 论作为社会群体的班级:一种社会学的视角[J]. 现代教育管理,2011(6):84-87.
⑤　苏霍姆林斯基. 培养集体的方法[M]. 安徽大学苏联问题研究所,译. 合肥:安徽教育出版社,1983:3.
⑥　谢维和. 班级:社会组织还是初级群体[J]. 教育研究,1998(11):19-20.

员就不应该包括教师。如果将班级看作教育组织,那么班级就是学校实施教育、教学、管理、服务的基本单位,班级中教师的教和学生的学均指向班级成员生命质量的提升,教师与学生在教学活动中结成了"有师必有生,有生必有师"的相互依存的共生关系。本研究认为班级是学校为了实现其人才培养目标,按照一定的教育任务和原则,以学生的学龄和学习水平为标准进行编排而成的群体;通过群体成员的相互交往、共同行动,促进群体成员的个人发展和班级共同发展目标的实现。因此,高职院校班级的基本成员应该包括学生和通过班级教学活动促进学生成长的辅导员(班主任)、专任教师和企业师傅。

(五)班级授课制与班级发展的研究

班级的起源:班级是授课制的产物。十六世纪,班级教育形制开始出现。十七世纪时,夸美纽斯在《大教学论》中提出了"班级授课制"。他认为,砖匠可以一次烧制多块砖,教师也可以一次教育很多学生,两者没区别[1]。夸美纽斯的班级授课制,从理论上论证了个别教育向班级教育转变的可能性,为班级发展奠定了理论基础。自英国工业革命以后,社会迫切需要大范围提高广大民众的知识和技术水平以适应社会生产力的向前发展。而班级授课制能提高教育效率,大面积培养人才,正好迎合了社会的这一需求。为此,社会生产力的发展助推了班级授课制的普及。十九世纪,赫尔巴特提出了班级教学的四阶段理论,完成了教学过程的理论体系架构,自此拉开了规模化、标准化教学的大幕。从表面上看,班级产生之初是一种完成教学目标的手段,是班级授课制出现后的"附属品"[2]。但从深层原因来讲,班级是社会生产力变革的必然产物,满足了社会生产力的发展需求。

从班级到班集体的发展:班级是高校思想政治教育的重要抓手。中华人民共和国成立以前,我国处于半殖民地半封建社会,社会生产力水平较低,对学校大规模教学和大规模人才培养的需求较弱。因此,与西方国家相比,班级在中

---

[1] 夸美纽斯.大教学论[M].傅任敢,译.北京:教育科学出版社,1999:124.
[2] 李娜.关于班级的多维逻辑分析及其对走班制改革的启示[J].中国教育学刊,2017(11):32-37.

国学校的发展较为缓慢。中华人民共和国成立以后,国家急需大批社会主义事业的建设人才。班级作为学校教育的基本单元,在此期间班级教育在我国得到了快速发展。其间,苏联的教育经验,尤其是集体主义教育理论对我国的班级建设产生了重大的影响。马卡连柯认为,集体教育就是"在集体中,通过集体和为了集体而进行的教育"①。马卡连柯认为教育的对象是学生集体而不是学生个人,主张把集体当作教育的目的和手段,主张强化班集体建设②,将班集体作为进行思想政治教育的基本单元③。但是班集体不是天然存在,而是一个从无到有的构建过程,班集体是班级成员经过互动而建立起来的关系集合。班级成员的主体意识、互动意识、主体行为等对班集体的形成和发展有着重要的作用。没有班级成员的互动,集体只能是形同虚设。而集体主义教育理论却没有将班级成员视为教育的对象,忽视了班级成员在班级关系建构中的主体性和创造性。这就必然导致班集体育人功能的形式化。集体的教育价值固然重要,但不能过度强调集体主义,不能用班集体的各项荣誉替代、掩盖个人对班级生活的真实需求④。正如学者李家成所说,班集体建设固然重要,但是个体、班级个性等都应成为班级建设中关注的焦点;班级建设不仅是建成一个"集体",也是建设一个丰富的生活形态⑤。只有在不断变化、不断形成的班级成员关系中,班级才能对其成员产生真正的影响力,才能达到引导、规范、约束班级成员行为的目的。

从班集体到班级共同体的转向:班级是人全面发展的载体。改革开放四十多年来,多元教育思想深入校园,以张扬个性、培育自我为特征的个性化教育逐渐成为一种思想倾向。这种思想倾向在很大程度上影响了我国班级建设的模式,形成了有别于班集体建设的一种新的教育趋势。在市场经济的大潮中,个体的自我意识逐渐觉醒,学校教育中"儿童中心主义""学生为本"的呼声日益

① 吴式颖.马卡连柯教育文集(上卷)[M].北京:人民教育出版社,2005:201.
② 张聪.班集体建设还有意义吗:对我国七十年班级教育的追问与审思[J].湖北社会科学,2019(12):160-166.
③ 卜玉华.班级生活与公共精神的养成[M].南京:江苏教育出版社,2008:84.
④ 李娜.关于班级的多维逻辑分析及其对走班制改革的启示[J].中国教育学刊,2017(11):32-37.
⑤ 李家成.论教育学立场下的"班级"[J].思想理论教育,2003(10):30-33.

高涨。班集体教育效果失灵,学生、教师等相关主体缺乏对班集体的认同,甚至不愿意接续建设班集体。教育是一项"成人"的事业,教育学乃是一种"人学"。人的问题,是教育学的核心问题①。因此,学校班级建设理应首先关注班级中的人,关注班级成员如何"活"、"活"得怎么样。如班级成员有哪些需求? 班级成员是如何实现其需求的? 在此过程中班级成员是如何与他人相处的? 班级成员之间的关系是竞争还是合作? 唯有通过关注班级中的人,才能对所有班级成员呈现出来的整体的生命样态有深刻的认识和理解。事实上,班级的整体风貌、班级所呈现出来的独特的精神气质均是班级中人的生活样态,是班级成员之间相互影响、动态生成的关系所呈现出来的整体样态。因此,班级建设不能仅停留在班集体建设层面,还需对班级共同体进行深入研究。班级共同体是班级变革的方向②,班级共同体模式必然成为班级组织改革的重要内容③。柴吉川,赵志毅认为,"走向'共同体'是班级建设的时代要求和必然趋势"④。由此可见,班级是一个动态的发展过程,班级共同体是班级建设的应然取向。

(六)共同体的研究

1.共同体的要素、结构研究

以"共同体"为关键词,在 CNKI 平台进行检索后发现,相关的学术论文一共有 859 079 篇,研究共同体的学术论文,年均发文量整体呈上升趋势,如图 0-2 所示。其中,1998 年以来,年发文量超过 10 000 篇,2006 年发文量超过 20 000 篇,2010 年发文量超过 30 000 篇,2020 年的发文量超过 50 000 篇。由此可见,共同体已逐渐成为学界研究的热点。

关于共同体的要素研究。对共同体的研究可以追溯至亚里士多德,他曾提

① 李家成. 论教育学立场下的"班级"[J]. 思想理论教育,2003(10):30-33.
② 毛景焕. 班级作为一个共同体:成员的相互平等和资源共享[J]. 教育研究与实验,2003(2):24-28.
③ 李甜,黄乃祝. 基于公正价值的班级共同体模式建构策略[J]. 清华大学教育研究,2016,37(2):59-63.
④ 柴吉川,赵志毅. 走向"共同体"班级建设[J]. 上海师范大学学报(基础教育版),2009(6):29-34.

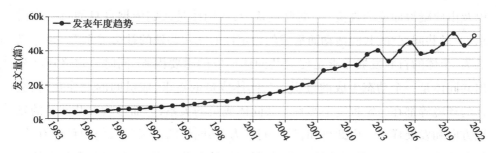

图 0-2 关于共同体的学术论文研究发展趋势图

出过城邦共同体,认为共同体形成的原因是对善的共同追求①。马克思认为,人与人之间的社会关系构成了真正的共同体②,并认为共同体是促进人发展的手段,对人的全面发展起着重要的作用③。诚然,亚里士多德、马克思都强调了共同体对个人思想行为的引领和促进作用,对个人的全面发展有着不可替代的作用。如果说亚里士多德、马克思是从整体的角度去看待共同体,将共同体看作人与人之间关系的结合,那么滕尼斯则是从个体的角度,强调个体对于共同体整体所具有的基础性和指向性意义。他认为,与"人工制品"——社会不同,共同体是一种生活方式,其建立的基础是一致的自然情感、紧密的社会联系或共同的生活④。滕尼斯就此指明了共同体成员通过相互作用、相互联系,助力共同目标的生成,促进成员的情感归属,进而促成了共同体的形成与发展。涂尔干认为,社会成员之间的联系可以分为"机械关联"和"协调一致",两者建立的社会基础不一样:"机械关联"主宰的社会建立在社会个体的高度同质化的简单劳动分工基础上,而"协调一致"主宰的社会建立在社会个体异质化的社会大分工的基础上。马克斯·韦伯在评述滕尼斯提出的共同体时强调,共同体存在与人的主观感受有关,当参与者主观感受到自己属于一个整体时,共同体才真的具有存在性;共同体也与主体的利益有关,在利益的驱动下参与共同体的行动,取得或维护自己的利益⑤。萨乔万尼认为,共同体的形成基础是共享的价值、观念

① 苗力田.亚里士多德全集(第9卷)[M].北京:中国人民大学出版社,1994:1.

②③ 弗里德里希·恩格斯,卡尔·马克思.马克思恩格斯全集:第3卷[M].北京:人民出版社,2002:
394.

④ 费迪南·滕尼斯.共同体与社会[M].张巍卓,译.北京:商务印书馆[M],2019:67-71.

⑤ 马克斯·韦伯.社会学的基本概念[M].胡景北,译.上海:上海人民出版社,2000:62.

以及由此凝聚而成的规范①。胡群英认为,共同体是人们依据自身的目的和需求,通过共同交往、共同活动而形成的稳定性的共在共处的社会关系②。该定义认为,个体的自我发展需求是促成共同体形成的重要因素,同时该定义还凸显出共同体是一个动态生成的过程。共同体成员的需求、成员间的交往互动、交往的环境等都在一定程度上影响着共同体成员的关系,进而影响着共同体的发展方向和发展样态。由此可知,学者们认为,共同体的形成与人们的目标有关,如对善的追求,对自我利益的追求;与紧密的社会关系有关;与参与者的自然情感有关;与社会分工等因素有关。学者张志旻等人在对共同体文献进行梳理后认为,共同的目标、身份认同与归属感是当代共同体生成的三个基本要素③。

关于共同体的属性研究。鲍曼认为,自由性是共同体的基本属性,没有自由的共同体意味着奴役④。马克思也认为,共同体是自由的共同体⑤。所以,共同体不是对个体自由的禁锢,共同体承认个体的主体性,个体可以根据个人的需求进行资源、机会、权利等的选择、决定和行动;但是由于人具有社会性,因此共同体的自由性也受到人的社会性的制约。吉登斯认为,现代共同体具有脱域性(dis-embedding),即受现代性的影响而产生的时—空相分离的要素重组现象,要素具有可以脱离当时的生活情境,通过时空重组的性质⑥。圣吉认为,共同体具有组织性⑦,即在社会生产力发展的影响下,自我维系、自我再生产的共同体逐渐瓦解,转而由具有理性组织结构所支配的共同体所代替。过度强调共同体的组织性,会使个人的特性逐渐被隐匿,情感被抑制,人的主体能动性降到最低水平。鲍曼认为共同体具有情感性⑧,马克斯·韦伯指出,是情感而不是理

① 萨乔万尼. 道德领导:抵及学校改善的核心[M]. 冯大鸣,译. 上海:上海教育出版社,1992:101.
② 胡群英. 共同体:人的类存在的基本方式及其现代意义[J]. 甘肃理论学刊,2010(1):73-76.
③ 张志旻,赵世奎,任之光,等. 共同体的界定、内涵及其生成:共同体研究综述[J]. 科学学与科学技术管理,2010,31(10):14-20.
④ 齐格蒙特·鲍曼. 生活在碎片之中:论后现代道德[M]. 郁建兴,等译. 上海:学林出版社,2002:142.
⑤ 保罗·霍普. 个人主义时代之共同体重建[M],沈毅,译. 杭州:浙江大学出版社,2010:132-146.
⑥ 安东尼·吉登斯. 现代性的后果[M]. 田禾,译. 南京:译林出版社,2011:14.
⑦ 彼得·圣吉. 第五项修炼:终身学习者[M]. 张成林,译. 2版. 北京:中信出版社,2018:30.
⑧ 齐格蒙特·鲍曼. 共同体[M]. 欧阳景根,译. 南京:江苏人民出版社,2003:5.

性驱动共同体内部的连接①,共同体充满着情感满溢关系②,情感是维系人们团结的根本保障。学者胡群英在总结已有研究成果后认为,人类共同体具有共同性、共在性、共生性和共意性的特征③。首先,共同性。人是一种类存在,无论是在生产、生活、学习中,人从来都不是孤独地一个人存在,而是多个人围绕着共同的目的,通过交谈、合作等方式创造着世界。共同性并不是否认个体的差异性,而是在承认差异性的前提下,通过协商求同存异谋求共同发展。其次,共在性。学者胡群英从共时的角度认为,共在性就是同时在场性。她认为人与人、人与物之间都是在交互关系中存在,相互依存;对人或物的理解,包括对人主体性的确认,都只能从其共处的社会关系中进行认识。但从位置上讲,共在不等于平均分布,在共同体中依然存在着中心与边缘位置;由于共在主体的差异性,共在可分为同质性共在和异质性共在。再次,共生性。原指生物界不同物种之间具有相互依存、相互联系的一种生命现象④。在共同体中,用以表明人类社会中的个体必须通过与他人、他物交往才能拥有自己的生存能力。尤其是随着生产力的发展,社会分工日趋精细,社会中的个体只有依赖于和他人的合作才能获得自己的生存条件,才能满足自我发展的需求,才能获取个体生命的意义和价值。共生是人生命存续的条件,是根据各自需求进行协商后的结果,要求成员平等享有资源的权利和共同承担责任与风险的义务。最后,共意性。共意性是指达成共识,拥有共同的看法、共同的价值观、共同的情感等。共识是维系共同体存在和发展的重要保障,但共识一定是建立在个体理解、个体间相互协商的基础之上,而不是其他。

关于共同体的分类研究。一是根据共同体社会连接纽带不同,滕尼斯把共同体划分为地缘共同体、血缘共同体和精神共同体⑤。二是根据人对共同体的

---

①　马克斯·韦伯.社会学的基本概念[M].胡景北,译.上海:上海人民出版社,2000:66.

②　周濂.政治社会、多元共同体与幸福生活[J].华东师范大学学报(哲学社会科学版),2009,41(5):11-19.

③　胡群英.共同体:人的类存在的基本方式及其现代意义[J].甘肃理论学刊,2010(1):73-76.

④　袁纯清.共生理论:兼论小型经济[M].北京:经济科学出版社,1998:2-4.

⑤　费迪南·滕尼斯.共同体与社会[M].张巍卓,译.北京:商务印书馆,2019:67-71.

期待内容不同,把共同体分为生命共同体、利益共同体和人格共同体①。生命共同体强调共生,即生命体之间的相互依存;利益共同体强调共赢,追求个体之间利益共赢,即根据各自的利益需求联合起来行动,追求利益的最大化;人格共同体强调共享,通过形成共同的精神物质产品,实现资源共享,在社会化中促进人的全面发展。三是根据共同体是否具有明晰的地域边界,将共同体分为实体共同体和虚拟共同体。赵健博士认为,通信技术的快速发展以及人口的快速流动,共同体的地域边界逐渐褪去,共同体也由实体共同体衍生出虚拟共同体②。四是根据共同体成员主要的活动范围,可将其分为班级共同体、学校共同体、社区共同体等。由此可见,根据不同的标准,共同体可被划分为多种类型,其划分的标准主要是依据研究者的研究需要;各种类型的共同体之间不是相互孤立,而是相互联系的有机整体。五是根据共同体的形成路径,可将其分为实践共同体和精神共同体。实践共同体主要是成员通过参与实践,与他人、活动、世界之间建立起一系列关系的共同体③。精神共同体是指由人的精神生活构建形成的共同体,是生活在同一精神家园中由共同利益所结合形成的群体④。六是根据共同体的功能,将其分为育人共同体、管理共同体等。

2. 班级共同体的内涵、构建方式研究

以"班级共同体"为关键词,在 CNKI 平台进行检索后发现,相关的学术论文一共有 1 534 篇,学界对班级共同体研究的论文数量整体呈上升趋势,如图 0-3 所示。其中,1978 年以来,年发文量超过 20 篇;2013 年发文量最高,有 58 篇。以"班级共同体""高职"为关键词,在 CNKI 平台进行检索后发现,截至 2022 年,一共查到 2 篇文章,分别为 2020 年赵陈萍等人撰写的论文《以社会主义价值观构建班级共同体的策略探索》和 2016 年高淑红撰写的论文《共同体视

① 曹刚. 共同善、共同体与法治[J]. 中国人民大学学报,2018,32(3):79-87.
② 赵健. 基于知识创新的学校组织发展:兼论学习共同体与学习型组织的异同[J]. 全球教育展望,2007,36(2):72-78.
③ 琼·莱芙,埃蒂纳·温格. 情境学习:合法的边缘性参与[M]. 王文静,译. 上海:华东师范大学出版社,2004:45.
④ 袁祖社,田野. 大数据时代优良精神共同体的培育[J]. 西安交通大学学报(社会科学版),2022,42(5):98-106.

野下高职院校班级建设的探索与实践——基于常州科教城五所高职院校的调查》。以"高职班级""共同体"为关键词,在CNKI平台进行查询,截至2022年,一共查到3篇文章,分别为2016年高淑红撰写的论文《共同体视野下高职院校班级建设的探索与实践——基于常州科教城五所高职院校的调查》,2017年孙士新、蒋祥龙撰写的论文《现代学徒制视角下高职班级管理模式创新研究》和2013年壮国桢撰写的论文《高职院校班级建设的路径选择》。

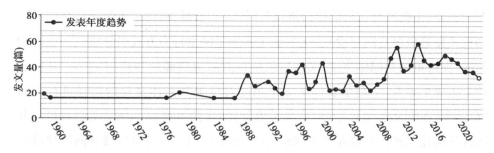

图0-3 关于班级共同体的学术论文发文数量统计图

关于班级共同体定义的研究。在梳理班级共同体的文献时发现,有学者将班集体等同于班级共同体。如唐迅教授认为,班集体就是按照课程目标和管理规范组织起来共同学习和直接交往的社会心理共同体[1]。龚浩然、黄秀兰认为,班集体是一个以崇高目标、亲社会活动为载体、合作关系为纽带促进成员发展的具有高度凝聚力的共同体[2]。然而,也有学者认为班级共同体不同于班集体,如学者代玉启、李济沅认为班集体有三个层次:管理载体、互助组织和微生态班集体;并认为班集体与班级共同体有共同之处,主张以共同体的理念对班集体本质进行拓展[3]。也有学者认为,班级共同体是对班集体的超越。如徐金海认为,班级共同体是班级成员(不仅包括学生,还包括相关的教师)在平等基础上建立的,以成员彼此之间有效交流与沟通为手段,以实现共同愿景为目的的组织;班级共同体是班集体在发展过程中的一种自我超越,是为了更好地实现自

① 唐迅.班集体教育实验的理论与方法[M].广州:广东教育出版社,2000:18.
② 龚浩然,黄秀兰.班集体建设与学生个性发展[M].广州:广东教育出版社,1999:7.
③ 代玉启,李济沅.高校班集体本质的时代拓展及其有效实现[J].思想教育研究,2019(3):110-113.

己教育价值目标而出现的一种有效的管理模式与行为①。

关于班级共同体构建方式的研究。在谈及班级共同体的构建方式时,学者代玉启、李济沅主张基于文化认同来引导班级共同体建设②。余维武认为班级共同体具有私域伦理和类公共社群的特征,主张用爱与公平来经营班级共同体③。曹艳菊主张通过划分成绩、才艺的方式,构建复合平等的班级共同体④。李甜、黄乃祝认为,传统班级管理具有科层制特征,而班级共同体模式是对科层制的扬弃,主张以公正价值建设班级共同体⑤。童慧、杨彦军主张通过多层次互动模式促进班级共同建设⑥。毛景焕主张通过民主行为方式引导成员产生心理认同,促进班级共同体建设,实现班级成员对班级资源的共建、共享⑦。从已有的学术成果来看,一是学者们从多个角度对班级共同体建设的路径进行了研究。但这些研究还比较零散,不太系统,可操作性不强。二是学者们对班级共同体的构建方式还停留在理论探索阶段,尚未找到学者们对班级共同体建设的实证研究文献。

3. 高职院校班级共同体的研究

赵陈萍等学者认为,班集体建设模式忽视了班级成员的个人情感,造成班级人际关系冷漠;而情感和价值观是班级共同体的纽带,主张以社会主义核心价值观指导高校班级共同体的构建⑧。高淑红认为班级共同体的构建就是要让学生产生认同感和归属感,自愿参加班级活动,自愿发挥自己的主体性,实现自我价值;主张通过树立共同目标,通过开展班级活动、建立班级相册、展示班级

① 徐金海. 对班级共同体的理性思考[J]. 湖南师范大学教育科学学报,2009(3):58-60.
② 代玉启,李济沅. 高校班集体本质的时代拓展及其有效实现[J]. 思想教育研究,2019(3):110-113.
③ 余维武. 爱抑或公正:论班级共同体经营的两种路向[J]. 教育理论与实践,2018,38(7):26-30.
④ 曹艳菊. 班级管理中的"复合平等"[J]. 教学与管理,2016(31):29-31.
⑤ 李甜,黄乃祝. 基于公正价值的班级共同体模式建构策略[J]. 清华大学教育研究,2016,37(2):59-63.
⑥ 童慧,杨彦军. 混合学习中的协作知识建构共同体研究[J]. 现代远距离教育,2016(2):56-62.
⑦ 毛景焕. 班级作为一个共同体:成员的相互平等和资源共享[J]. 教育研究与实验,2003(2):24-28.
⑧ 赵陈萍,陈兵,刘梅,等. 以社会主义价值观构建班级共同体的策略探索[J]. 中国多媒体与网络教学学报(中旬刊),2020(4):222-223.

成果等方式来构建高职院校班级共同体①。由此可见,国内学术界对高职院校班级共同体的研究成果还比较少,研究还不太深入。这与高职教育的重要性形成强烈的反差。高职教育担负着培养高素质技术技能人才的重要使命,担负着培养社会主义建设者和接班人的重要使命,担负着中华民族伟大复兴的重要使命。高职教育作为我国高等教育的一种类型,其班级成员的类型、特征等均不同于普通高等学校。因此,高职院校班级共同体的研究还亟待深入。国内学者对高职院校班级共同体的研究集中在近十年。这就表明学术界已经逐渐意识到高职院校班级共同体建设的重要性。班级是高职院校人才培养的细胞,是高质量人才培养的重要抓手。加强高职院校班级共同体研究,可以激发班级成员的主体性。构建高职院校班级共同体,可以促进班级成员之间的合作,提升班级成员的生存能力;可以促进班级成员的相互支持,提升班级成员的归属感;可以促进班级成员创造成果,提升班级成员的获得感。只有抓好高职院校班级共同体建设,才能真真正正提升高职院校人才培养质量。因此,加强高职院校班级共同体建设的研究刻不容缓。

(七)启示与不足

本研究紧紧围绕"高等职业教育""班级""共同体"等核心概念进行了文献梳理。通过文献梳理,合理分析现有的研究成果,为本研究提供了以下几方面的经验借鉴:

1. 关于高等职业教育研究的经验借鉴与不足

首先,通过对高等职业教育文献的学习和梳理,深化了对高等职业教育的理解,明晰了高等职业教育与中等职业教育之间的区别。虽然同属职业教育,但高等职业教育处于职业教育的高级阶段,担负着培养高技术技能人才的重任;而中等职业教育位于基础阶段,承担着中等技能人才的培养工作。其次,更加明晰人才培养目标在高职院校教育教学中的统摄作用。高职院校根据人才

---

① 高淑红. 共同体视野下高职院校班级建设的探索与实践——基于常州科教城五所高职院校的调查[J]. 职教通讯,2016,31(5):60-63.

培养目标,确定人才培养模式,制订人才培养方案,指导高职院校班级建设,选择与之相匹配的高职院校班级建设模式。其次,通过对高等职业教育文献的学习和梳理,深化了对高等职业教育的理解,明晰了高等职业教育与普通高等教育的区别。在我国国民教育体系中,职业教育是与普通教育具有同等重要地位的教育类型。虽然高等职业教育具有高等教育的特征,但同时还具备职业教育的特征,如跨界性、实践性等。这就要求高职院校的班级建设应凸显职业教育的特征。高职院校在班级建设中要合理利用职业教育中的教育资源,如校企合作、产教融合中的育人资源等,要更加凸显实践的育人作用。

2. 关于班级研究的经验借鉴与不足

通过梳理班级研究的文献后发现,班级是指学校为了实现其人才培养目标,按照一定的教育任务或原则,以学生的学龄和学习水平为标准进行编排而成的群体;通过群体成员的相互交往、共同行动,促进群体成员的个人发展和班级共同发展目标的实现。由此可知,班级的建设总是置于一定的社会背景之中,班级始终处于不断运动变化的状态。从宏观上讲,不同社会时期赋予了学校不同的历史使命,所以需要学校教育做出相应的调整并与之相适应。从中观上讲,由于不同时期学校要实现的人才培养目标不同,所以需要通过调整班级建设来与之相匹配。从微观上讲,由于班级是一个由多人通过多种方式构成多维关系的复杂系统,所以要根据不同成员的需求来调整班级建设的目标,才能实现班级的发展。所以,班级、学校、社会是一个紧密相连的复杂系统,班级需求与学校需求、社会需求具有同一性。学校需求、社会需求是班级发展的依据,而班级需求的满足则是社会需求和学校需求得以满足的基础。通过梳理学者们关于班级研究的成果,厘清了班级建设与社会发展的关系、班级建设与学生发展的关系、班级建设与职业教育人才培养的关系,摸清了班级发展的脉络,找到了班级建设的规律,诊断出当前高职院校班级建设的瓶颈问题,有助于找准高职院校班级研究的新视角。借鉴学者们的研究成果,立足本职工作,对高职院校班级共同体建设进行深入的研究与实践。班级是学校人才培养的重要抓手,是促进班级成员发展的重要场所。但是在已有的班级研究成果中,对班级如何促进高职院校人才培养的讨论非常少。而现在又适逢国家花大力气推进职业教育现代化,要求高职院校为国家社会经济发展培养出更多高技术技能人才的背景下,高职院校班级建设研究就显得十分重要了。

3.关于共同体研究的经验借鉴与不足

通过对共同体要素的文献梳理,明晰了共同目标、身份认同与归属感是当代共同体生成的三个基本要素。这就为高职院校班级共同体的构建提供了清晰的维度。通过对共同体属性研究文献的梳理,明晰了共同体一词中"共"的内在含义,即共同性、共在性、共生性和共意性。共同性要求高职院校班级共同体建设必须立足于班级成员的共同目标,即班级目标。班级目标必须是班级成员的共同意愿,而非少数人的意愿。如果班级目标不是班级成员的共同意愿,那么班级共同体建设就失去了根基。共在性要求高职院校班级成员要围绕一个目标展开行动。这里的共在不仅仅是时空意义上的共在,而是所有的人为了同一件事情而努力的一种行动共在。简而言之,在高职院校班级共同体建设过程中,所有的人都要围绕班级目标而努力。共生性要求高职院校班级共同体建设不是为了个别人或少数人的需求,也不能简单理解为学生发展的需求。高职院校班级是一个复杂的系统,是高职院校教育系统中的一个子系统。因此,高职院校班级的共生,既包括所有班级成员之间的一种共生,也包括与高职院校其他班级、其他部门之间的共生。共意性要求高职院校班级共同体建设时,要尊重和理解每个班级成员的感受,在班级成员之间形成一种强大的情感力量,让每个班级成员都有一种情感归属,都愿意为班级目标而自愿付出努力。通过对共同体种类的研究,明晰了共同体之间的分类标准,有助于识别班级共同体与其他共同体之间的异同。通过对共同体已有文献的学习和梳理,廓清了共同体与群体的区别。群体是多个人员在空间上的聚合。群体成员之间不一定有频繁的沟通交流,不一定有统一的发展目标。而共同体更加强调组织目标与成员个体目标的同一性。这就启发研究者从发展目标的角度思考班级成员之间的关系,尝试分析班级成员发展目标之间的关系,从而发掘班级成员间共同的发展目标。以共同目标为出发点,寻找满足班级成员共同目标的路径、资源等,充分调动班级成员的积极性和主动性;在满足班级成员发展需求的过程中,提升班级成员之间的凝聚力,从而避免了说教的尴尬。通过对共同体已有文献的学习和梳理,启发研究者探索共同体发展的根本动力。共同体更加强调内部矛盾是组织发展的动力。共同体不同于群体,因为它不再是单纯地强调人员的聚集,而是更加强调聚集的人员之间有着密切的沟通和交流,从而形成群体向前发展的推动力。这将有助于研究者不再停留于班级整体特征的研究,而是进一步深挖整体特征背后所潜藏的影响因素,精准定位班级发展的方向,深度发掘班级发展的内在动力。

4. 关于班级共同体研究的经验借鉴与不足

通过对班级共同体的文献梳理,对"班级共同体"概念有了深入的理解。一是廓清了共同体与集体之间的区别。共同体不同于集体之处在于,它除了强调成员的共同目标之外,还强调了成员的个体发展目标,即强调共同目标和成员个体目标之间的有机统一。在以往的班集体建设过程中,往往强调班集体目标高于班级成员的个体目标,强调个体对集体目标的绝对服从。正是由于班集体建设过程中忽视了个体发展的目标,忽视了个体发展的需求,割裂了班集体目标与个体目标之间的有机联系,因而导致班集体建设的形式化,班集体育人效果也因此欠佳。而班级共同体将班集体目标与班级成员的个体目标进行有机统一,强调班级成员之间、班级与学校之间的平等对话,形成一种学校与班级成员共商班级发展,共荣共生的关系。这将有助于提升研究者对班级目标形成规律的认识,有助于学校需求与班级成员发展需求之间的精准对接。二是澄清了班级发展的主体。在传统的班集体建设中,班主任辅导员和班干部常常被认为是班级建设的主体。而班级其他成员的主体作用没有得到充分地发挥,故而导致班级育人效果欠佳。正因如此,本研究拟从共同体的角度,充分尊重班级成员的主体地位,调动班级成员的主动性和创造性,共建班级共同愿景,共享班级成果,力争突破班级凝聚力不强的瓶颈。三是凸显了班级成员关系的系统性和生成性。班集体建设着重强调班级所呈现出的整体特征,忽略了班级成员内部关系的多向性、层次性、动态性和复杂性。这就容易引发辅导员或班主任在班集体建设过程中以固定不变的程式思维去处理班级事务,甚至将学校的管理制度、人才培养目标等一成不变地套用于班集体建设。为此,班集体建设常常流于形式。这就容易出现班级成员使命感不强、班级建设动力不足、班级成员关系松散、凝聚力缺乏等问题。借鉴共同体研究的理论框架,将班级视为一种成员为实现共同的班级目标而不断调整成员关系,不断寻找、开发创造各种资源满足班级发展需求的实践过程。在此过程中,班级成员的身份得以确认,班级建设的意义在班级成员的协商中得以认同,班级成员的归属感明显增强。这将有利于破解辅导员职业倦怠的瓶颈,有助于辅导员的专业化发展;对班级成员个体的尊重,还有助于升华班级成员对个体生命意义的理解,提升班级成员的生命质量。通过对共同体已有文献的梳理,启发研究者在"共同体"概念的基础上,厘清共同体中个体与整体之间的相互作用关系,形成高职院校班级共同体建设的研究框架。但是,已有的关于共同体研究的学术成果并没有深入讨论班级共同体的维度、班级共同体如何构建等问题。

四、研究设计

(一)研究目标

本研究聚焦高职院校的班级建设,旨在通过构建多元联动的班级共同体模式,全面激活班级活力,破解当前高职院校班级中存在的学生厌学、教师厌教、辅导员厌岗、企业师傅厌徒弟的现实困境,助力实现高职院校培养德技并修高技术技能人才的培养目标。研究者对该目标进行了如下分解:一是准确把握高职院校班级应有的组织特征,据此研究当前高职院校班级建设中存在的问题,分析其中的原因。二是分析各类型班级成员的需求,找到班级成员发展的契合点。三是以学生为中心,研究班级成员行为协同的联动模式,全面提升高职院校人才培养的质量,彰显高职院校高质量发展的教育理念,回应社会对高职教育的期望。四是通过高职院校班级共同体建设的试点案例,观察其育人效果,摸清建设过程中的难点问题。五是针对实际建设过程中出现的问题,提出高职院校班级共同体建设的优化策略。

(二)研究问题

本研究以高职院校班级共同体为研究对象,遵循以人为本、系统协同、实践共赢的价值诉求展开深入的研究。以问题为导向,遵循发现问题—分析问题—解决问题的研究范式,系统解决高职院校人才培养过程中的瓶颈问题。本研究尝试回答以下几个问题:

1.问题一:高职院校班级共同体是什么?

高职院校班级共同体的内涵是什么? 高职院校班级共同体的成员有哪些? 其建设主体是谁? 建设主体之间的关系是怎样构成的? 高职院校班级共同体的目标是如何形成的? 高职院校班级共同体成员的身份是如何构建的? 高职院校班级共同体成员的归属感是如何形成的? 即回答高职院校班级共同体的内涵和本质要求。

2.问题二:高职院校为什么要实施班级共同体建设?

高职院校班级建设的变迁是一个什么样的发展过程? 在当下的时代背景下,高职院校班级建设出现了什么问题? 症结在哪里? 即高职院校班级共同体建设因何而来? 又该为何而去? 当前高职院校班级建设面临困境,其背后的原因是什么? 为什么以前的方式方法效果不好? 为什么要从班级共同体的角度对其进行重新思考? 即回答加强高职院校班级共同体建设的必要性。

3.问题三:高职院校班级共同体应该怎么建设?

高职院校班级共同体建设的最终目标是要破解当前高职院校班级中存在的学生不愿学、教师不愿教、企业师傅不愿来、辅导员职业倦怠的困境,助力实现高职院校培养德技并修高技术技能人才的目标。因此,如何才能达到这个最终的目标? 应该构建什么样的框架? 怎么去设计制度? 需要使用哪些方法和手段? 需要提供哪些保障措施等? 即回答高职院校班级共同体如何建的问题。

4.问题四:高职院校班级共同体在实践中育人效果怎么样?

从理论上讲,高职院校班级共同体能促进班级成员达成一致的发展目标,促进其身份认同和情感归属,提升班级凝聚力和育人合力,有助于达成高职院校人才培养的目标,那么在现实中班级共同体的育人实效是怎么样的? 在实际建设过程中,还有哪些因素会影响班级共同体的育人效果呢？应采取哪些应对策略？即回答高职院校班级共同体实际效果观测和如何优化的问题。

(三)研究思路

本研究聚焦高职院校班级共同体建设,旨在整合班级成员的育人合力,提升班级的育人能力,培养德技并修的高技术技能人才,助力高职教育的高质量发展。本研究遵循"发现问题—分析问题—解决问题—反思问题"的实践逻辑,以"理论溯源—班级现状调查—班级成员需求分析—班级共同体育人模式构建—试点与分析—提出策略"为主线,开展班级共同体建设研究。首先,本研究以"高等职业学校""班级""班级共同体"为核心概念,并以此展开文献综述,梳清高职教育的特点、班级发展的脉络、高职院校班级的组织特征、共同体的特征等,寻找解决问题的突破口,寻找解决该问题的理论依据,为班级共同体的构建提供理论支撑。其次,通过高职院校班级建设现状的调查研究,发现其中存在的问题。然后,重新审视高职院校班级建设的内在价值诉求,关注高职院校班级中各种类型班级成员在班级发展中的需求。紧接着,分析高职院校班级成员联动的机理,构建班级成员多维联动模式。随后,通过高职院校班级共同体建设的试点案例分析,检视多元联动班级共同体模式的育人效果,发现班级共同体构建过程中的难点问题,提出相应的对策,优化建设路径。最后,反思研究的不足,展望高职院校班级未来的发展。本研究的研究思路与技术路线图,如图0-4所示。

按此研究思路,紧紧围绕"是什么""为什么"和"怎么办"三个层面分析解决问题,搭建起本研究的写作结构框架,如图0-5所示。

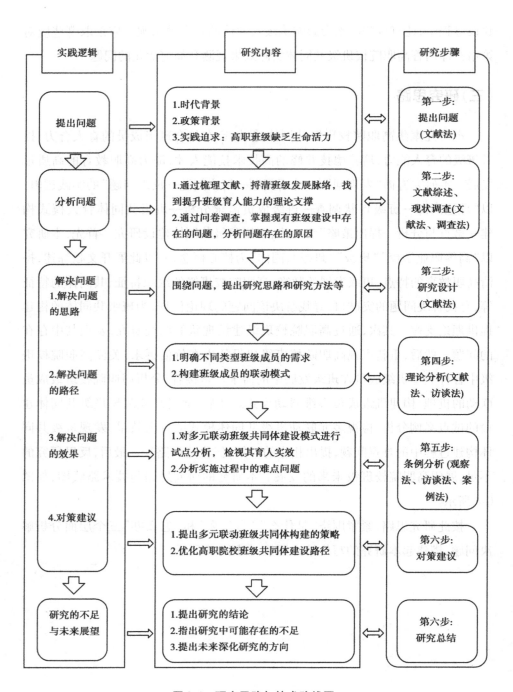

图 0-4　研究思路与技术路线图

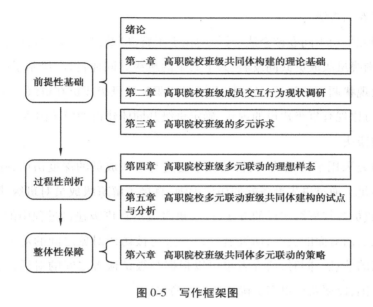

图 0-5　写作框架图

（四）研究方法

1. 文献研究法

文献研究法是一种十分重要的研究方法。高职院校班级共同体的构建研究必须建立在以往班级建设研究成果的基础之上,才能精准把握高职院校班级建设的发展方向,才能有效解决高职院校班级建设过程中存在的问题。利用文献研究法,一是弄清楚高职院校班级建设的发展历程,了解高职院校班级发展的总体脉络,把握高职院校班级建设的方向。围绕高职院校的班级建设,利用文献计量法,对现有的文献进行数量统计,从而探寻班级建设的发展趋势。二是对高职院校班级建设的已有经验进行总结,找到解决现有问题的突破口。通过对高质量文献的研读和梳理,快速聚焦班级建设中的核心问题、关键节点等,从已有的实践经验中找到新的突破口。三是对已有班级建设理论进行梳理,为解决现有班级建设问题找到理论支撑。在理论指导下对现有问题进行深层次的分析,明晰高职院校班级共同体建设的框架,提出班级共同体建设的策略。

2. 问卷调查法

本研究采用了问卷调查法,其目的在于了解高职院校班级建设中存在的实际问题,围绕班级成员共同发展、共生共荣的班级共同体目标,研制了高职院校班级建设现状调查的问卷,从整体上把握高职院校班级成员在班级建设中的实际需求,对比现有班级建设的现状,确定班级共同体建设的影响因素。

3. 访谈法

本研究采用了访谈法,其目的在于通过与班级成员的深度访谈,弥补问卷调查的不足。通过事先准备好的访谈大纲,直接了解班级成员对班级建设的态度,班级成员参与班级建设的方式,以及班级成员在班级建设过程中的收获等。由于访谈是面对面的交谈,研究者可以通过与被访谈对象之间的对话,获取更多更真实的信息。同时,研究者也可以根据与被访谈者之间的对话,调整访谈的内容范围,以便获得更多更确切的研究资料。

4. 观察法

本研究采用了观察法,其目的在于通过研究者的感官更加真实感受高职院校班级建设的现状,更加直观感受高职院校班级成员的生命样态,更加全面地观察班级成员的实际行为表现、班级成员之间的关系等,以便获取更多更全面的高职院校班级建设信息。

5. 案例分析法

本研究通过案例分析法,更加详细地分析了高职院校班级共同体建设的路径以及高职院校班级共同体建设的重点和难点。通过典型案例分析,更好地阐释研究者的观点,为高职院校班级共同体建设提供经验借鉴。

五、价值与创新

(一)理论价值

本研究从实践共同体的视角出发,借鉴教育学、心理学等多学科理论视点,重新梳理班级发展脉络,重新审视高职院校的班级组织建设和班级育人路径。从共同体的角度匡正了高职院校班级成员的范围,打破了班级成员仅为学生的旧观念,将学生、教师、企业师傅等班级成员的发展视为一个相互影响、密不可分的共同体。从共同体的角度重新检视了同伴关系的重要性,重新阐释了教学相长的内涵,重新审视了校企合作的路径和校企合力育人的效果。通过分析高职院校班级建设的内在诉求,探索其运行机理,进而构建起高职院校"多元联动"班级共同体模式,丰富和发展了班级共同体建设的理论研究。

(二)实践价值

高职院校班级共同体构建研究为高职院校班级建设指明了方向,为高职院校高质量人才培养开辟了新路径。在高职院校多元联动班级共同体模式的指导下,从班级实践中去唤醒、敞现、调适班级成员的主体需求,经相互协商后就班级目标达成共识;从实践关系中去构建、认识、协商班级成员的身份后明确自身的班级权利和义务;从实践合作中去寻求组织、学业、情感等方面的班级归属感后获得班级情感支撑。高职院校多元联动的班级共同体模式,凸显了高职院校班级职业性、实践性、合作性等组织特征,有效地调动了班级成员的积极性、创造性,充分激发了高职院校班级的活力。高职院校多元联动的班级共同体模式既指引着高职院校班级建设的方向,同时也为高职院校人才培养方案的落地提供了保障,对提升高职院校人才培养质量产生了积极效应。

(三)创新点

一是本研究的研究应用领域新。共同体原是社会学领域的专业术语,本研究将其运用到职业教育领域,并在梳理共同体文献的基础上,构建高职院校班级共同体的研究框架,着力探索高职院校班级共同体建设的规律和运行保障机制。可以说,本研究将社会学领域的概念应用到教育学领域,丰富了共同体的应用领域。将班级视为成员共生共荣的共同体,全方位调动班级成员的积极性,增强了班级育人的合力;通过成员间的相互介入,改变了现有班级因育人动力不足而出现被动育人的窘境;通过共同目标的引领,实现育人育己的同步;通过对共同体技艺库的理解、分享和再生产,将班级育人从表面走向深入。将共同体这一社会学概念用于高职院校班级建设领域,有助于班级落细落小落实高职院校的人才培养目标,合力助推高职院校的高质量发展。因此,高职院校班级共同体建设是研究领域上的创新。

二是本研究的研究方法新。本研究采用了案例分析法,将实践共同体理论用于指导高职院校班级共同体建设的实践,用以研究高职院校班级共同体构建的过程。通过案例分析,更加形象直观地呈现出高职院校班级共同体建设的路径,更好地阐释了研究者的观点,为高职院校班级共同体建设提供经验借鉴。

第一章　高职院校班级共同体构建的理论基础

国家先后出台了《关于实施中国特色高水平高职学校和专业建设计划的意见》《职业教育提质培优行动计划(2020—2023年)》《深化新时代教育评价改革总体方案》等一系列职业教育重磅政策,表明我国职业教育已由规模扩张转向内涵建设,职业教育已进入高质量发展阶段。教育的本质是育人,是促进人的发展。因此,高职教育的高质量发展归根结底是促进人的高质量发展。班级是高职院校人才培养的最小单元,想要增强高职院校班级的育人质量和育人实效,就必须在科学理论的指导下,重新认识班级,系统理解班级成员、班级资源、班级活动之间的关系;重新分析班级成员的发展需求,找寻班级建设的动力;重新聚合班级力量,营造良好的育人氛围;重新构建合作关系,促进班级成员的共生共荣。

一、系统论：班级共同体的要素协同

高职院校班级是一个为了实现高职院校人才培养目标,由教师、学生、企业师傅以及其他教育教学资源所构成的复杂系统。如何整合高职院校班级的教育教学资源高效实现学校人才培养目标,如何协调班级成员之间的关系促进成员之间的团结合作等问题,都需要在系统论的指导下才能有效解决。系统论可以帮助研究者树立科学的系统观,从系统的角度去看待班级目标在班级共同体构建过程中的统摄作用,从系统要素之间的相互作用去指导班级成员关系的构建,从系统发展的角度通过教育教学资源调配来调控班级建设的方向,提升班级的凝聚力,助力高职院校班级共同体的构建。系统论是关于研究一切系统的模式、原理和规律的科学,是有关系统的全部理论和方法。目前学术界公认的系统论是 20 世纪 40 年代由美籍奥地利生物学家冯·贝塔朗菲首先明确提出的。系统,是指由若干相互联系、相互作用的部分组成,在一定环境中具有特定功能的有机整体。组成系统的各个部分,被称为要素、单元或子系统。按照贝塔朗菲的观点,整体性、秩序性、组织性、目的性、演化性等,都属于系统性范畴①。其中,整体性是系统论的核心思想。贝塔朗菲用亚里士多德"整体大于部分之和"的名言来阐明系统的整体性,任何系统都不是各个部分的机械组合或简单相加,而是一个有机的整体。

(一)班级共同体要素的不可或缺性

高职院校班级共同体是一个复杂的系统,各要素之间存在着紧密的联系。受要素与要素之间关系的影响,系统呈现出不同的结构与规则,并逐步产生了整体与部分之间的关系。要素的增加或减少,要素之间关系的变化都会直接影响到系统的结构,甚至是系统的功能。班级目标、班级成员的身份认同和归属感是高职院校班级共同体的三个基本要素。在高职院校的班级建设实践中,如果只是单方面强调班级目标的重要性,而忽视了班级成员的身份认同和归属感,那就容易导致班级目标形同虚设。班级成员身份认同度低,归属感不强,班级成员就不愿意参加班级目标的讨论,更不愿意为实现班级目标而努力。所以,高职院校教育功能的发挥是整个高职教育系统功能的发挥,而不是单个要素的作用效果。在高职院校班级共同体构建过程中,建设主体要自觉树立整体观,充分考虑系统要素之间的关联效应。

(二)班级共同体结构的生成性

系统的结构,是指构成系统的元素的性质、数量、比例、空间排列及时序组

---

① 苗东升.系统科学精要[M].北京:中国人民大学出版社,1998:4.

合。系统论认为,系统各要素之间有着紧密的联系。要素间物质、信息、能量的传递和交流方式对系统结构产生着重要影响。高职院校班级共同体的构建过程是一个物质、信息、能量交互的过程。在此过程中,各要素所能获得的物质、信息和能量的多少是不同的,各要素之间物质、信息和能量交互的频率和处理能力是不同的。这势必会造成各要素之间发展的不平衡。在高职院校班级共同体建设过程中,如果某一要素的增长过快或者过缓,那么就可能出现该要素与整个系统发展不合拍,就可能带来系统结构的变化从而引发系统结构或功能的改变。以高职院校辅导员发展为例,辅导员是高职院校班级共同体建设的核心力量,对班级发展起着重要的组织引领作用。可是,目前很多高职院校对辅导员个人发展的支持力度是明显不够的。辅导员常常面临着工作强度大但收入待遇差,职称评定困难等尴尬局面。辅导员获得的能量少,就会影响和改变其在高职院校班级建设中的地位和作用,其育人效果势必大打折扣。那么学校就应当及时调配资源,向辅导员适度倾斜。抓住辅导员发展的关键点,制定有利于辅导员个人发展的政策,激发其内生动力,提升其育人能力;同时,通过资源调配,保障辅导员在高职院校班级共同体建设过程中的核心地位,助力学校人才培养质量的提升。

(三)班级共同体功能的整体性

美国著名的哲学家 E・拉兹洛指出:"科学现在不再像从前那样,在一个时刻观察一个事物,看它在另外一个事物作用下的行为。而是观察一定数目的不相同的、相互作用的事物。看它们在多种多样的影响作用下作为一个整体的行为。"[①]班级共同体建设要坚持以系统论中的整体性原理为指导。班级共同体建设要凸显班级成员之间的有机联系。班级共同体建设强调班级成员之间不是简单的聚合,而是一个有机的整体。每一个班级成员都是班级共同体的有机组成部分。通过班级成员之间的相互交流、相互沟通、相互接纳,形成一张关系网

①　拉兹洛.用系统论的观点看世界:科学新发展的自然哲学[M].闵家胤,译.北京:中国社会科学出版社,1985:5.

从而产生整体大于部分之和的效应。反之，如果整体被分解，成员之间呈离散状态，那么耦合关系就会变弱，班级共同体的功能也将式微甚至消失。要强调班级目标在班级共同体建设中的统摄作用。由于班级共同体是一个由班级成员组成的有机整体，所以班级目标对班级成员发展具有统摄作用。班级目标具有向心作用，将原本离散的班级成员紧紧聚合在一起。班级目标还具有凝聚作用，将班级成员凝聚在一起，形成班级共同体建设的巨大合力，推动班级共同体的向前发展。

（四）班级共同体运行的有序性

首先，班级共同体内部是一个有序的系统。班级共同体成员以班级目标为指引，围绕班级目标开展分工合作，并据此形成自己的生态位。通过不同生态位之间的协作，确保班级共同体内部成员之间物质、信息以及能量交互的有序性，从而呈现出班级的有序性。再者，班级共同体与学校之间构成了一个有序的系统。班级共同体是学校系统中的子系统，因此班级共同体理应共享学校发展的目标，并以此作为自己行动的指南。学校现有的资源是班级建设的基础。学校通过对班级共同体发展过程中的物质、信息以及能量的控制，调整班级共同体发展的方向、建设的速度和拓展空间的范围。在班级共同体建设过程中，利用信息反馈，促进班级成员对某一事物的理解并达成共识，为班级共同体的有序运行奠定认知基础。班级共同体中成员不是孤立地存在，而是时刻保持着相互沟通、相互交流、相互合作的状态。所以，从班级共同体成员对事物的认识和理解来讲，通过班级成员在沟通中的信息反馈，确认成员之间信息理解的一致性，从而调整班级成员的行为，确保班级系统运行的有序性。

二、需求层次理论：班级共同体的目标锚定

人才培养是大学的根本职能。高职院校是在分析国家需求、社会需求、市

场需求等的基础上,制定出自己的人才培养目标①。换句话讲,国家需求、社会需求、市场需求决定着高职院校人才培养的目标,决定着高职院校人才培养的类型、层次、规格和要求。由于班级是高职院校实施人才培养的基本单位,所以高职院校的班级建设必须满足高职院校人才培养的需求。同时,高职院校班级是由班级成员构成的复杂系统,班级的发展也须满足班级成员的发展需求。班级成员需求是否得以满足以及被满足的程度将直接影响着高职院校班级目标的达成度。高职院校班级成员的需求如何引领班级目标,如何根据班级成员的多层次需求确定班级发展的阶段性目标,如何根据主体的多样性需求协商班级目标等,这些问题的解决都需要用需求层次理论来加以指导。

(一)主体需求引领班级目标

1943 年,美国心理学家亚伯拉罕·马斯洛在《人类激励理论》论文中提出了需求层次理论。他认为,人类需求像阶梯一样从低到高按层次分为五种,分别是:生理需求、安全需求、社交需求、尊重需求和自我实现的需求。需求层次理论揭示了高职院校班级建设的最高目标,即促进学生自我价值的实现。根据马斯洛需求层次理论可知,学生的自主发展和自我价值的实现是学生需求的最高目标。而新时代国家发展教育也是为了实现学生的自主发展,促进学生自我价值的实现。2019 年 3 月 18 日,习近平总书记在主持召开学校思想政治理论课教师座谈会上强调,新时代贯彻党的教育方针,要坚持马克思主义指导地位,贯彻习近平新时代中国特色社会主义思想,坚持社会主义办学方向,落实立德树人的根本任务,坚持教育为人民服务、为中国共产党治国理政服务、为巩固和发展中国特色社会主义制度服务、为改革开放和社会主义现代化建设服务,扎根中国大地办教育,同生产劳动和社会实践相结合,加快推进教育现代化、建设教育强国、办好人民满意的教育,努力培养担当民族复兴大任的时代新人,培养

---

① 杨栩,顾修斌,肖薇.转型时期我国高校人才培养模式研究[J].黑龙江高教研究,2015,33(3):145-148.

德智体美劳全面发展的社会主义建设者和接班人①。新时代教育工作的基本方针统率着学校教育的目标,而班级作为学校系统的子系统理应共享学校教育的目标。所以,高职院校的班级建设要以促进学生的全面发展,促进学生自我价值实现为最高目标。

(二)主体多层次需求指明班级构建的阶段性

需求层次理论认为,人的需求不是一成不变的,而是一种动态发展的过程。由于人的需求具有动态性,人为了满足自己的需求而不断调整自己的发展目标。班级是学校为了实现其人才培养目标,按照一定的教育任务或原则,以学生的学龄和学习水平为标准进行编排而成的群体;通过群体成员的相互交往、共同行动,促进群体成员的个人发展和班级共同发展目标的实现。由班级的定义可知,班级建设的目的是满足班级成员个人和群体的需求。由于班级成员个体需求和群体需求具有层次性,班级为了满足不同主体不同层次的需求制定了不同时期的班级发展目标,进而呈现出班级发展的阶段性。而目前高职院校的班级管理只是满足了学生个人初级阶段的需求,这仅仅是班级建设的初级阶段。

在国家教育发展目标和目前高职院校班级管理现状之间,还存在着一个中级阶段,即满足学生归属需求和被尊重的需求的阶段。高职院校班级建设已基本满足了学生安全的需求,学生的归属需求和被尊重的需求作为更高一层次的需求就成为驱使其行为的动力。相应地,获得基本满足的需求就不再是一股激励力量。对当前整个高职院校班级建设而言,尚停留在满足学生的安全需求,即维持学生生活和学习的秩序,而没有满足学生的归属需求和被尊重的需求的阶段。表现为学生与学生之间、学生与辅导员之间关系较为冷漠,有甚者,少数同学同班学习一年之后,连班上的同学都不完全认识;寝室人际关系成为学生最苦恼的问题,直接影响到他们的学习和生活②。而班级建设的高级阶段应为

---

① 翟博. 新时代教育工作的根本方针[N]. 中国教育报,2019-09-01(01).
② 谢振旺,王坚. 高职学生寝室人际关系现状调查[J]. 教育与职业,2011(34):49-51.

班级成员之间产生良好交往互动、相互促进、共生共荣的班级共同体建设阶段。所以,需求层次理论指明了班级建设的阶段性,表明了班级共同体建设是班级发展的高级阶段。

(三)多样性需求的主体要求协商班级目标

常言道,"人上一百,形形色色"。高职院校的班级多由 40 到 50 名成员组成。他们来自不同的家庭,拥有不同的成长背景和兴趣爱好。加之,班级成员处在不同的发展阶段有着不同的发展需求,所以,尽管他们生活在同一个班级里,却有着各自的成长目标。从目标一致性的角度来讲,这些成长目标,有些看似是相近或相同的,有些看似是相互冲突的,还有些甚至看似是不相关的。从目标完成时间的长短来讲,班级成员有长期、中期和短期成长目标。从目标所涉及的范围来讲,班级成员的成长目标可分为学习目标、德育目标、情感目标等。面对有限的班级发展资源,面对班级成员千差万别的成长需求,如何才能满足班级成员的成长需求呢? 这就需要班级成员之间通过沟通、讨论、协商等方式达成发展共识。在组织班级成员协商班级共同的发展目标时,教师尤其是辅导员,要在充分发掘班级成员发展需求的基础上,共画班级成员发展需求的同心圆,找出班级成员发展需求的最大公约数。教师要营造民主的班级氛围,让班级成员对不同的发展目标进行讨论,明晰班级成员成长目标的异同点。目标的制定者同时也是目标的实施者。为了保证成长目标的实现,就要以班级成员的需求为引领,充分尊重班级成员的主体地位,鼓励其积极参与个人和他人成长目标的讨论。面对可利用的有限的班级资源,教师要给予学生自主选择、自我创造的机会让学生充分展示自己的主体性和创造性,充分表达自己的观点。所有的班级成员通过一起讨论自己和他人的成长需求,可以从多角度认识这些成长需求中所蕴含着的合理成分,扬弃其中不合理的成分。通过相互讨论,班级成员能够更深入地了解其他成员的发展需求,才能更加清楚其他成员的成长目标,才能更好地找到班级成员的合作点,进而为建立良好的班级成员关系打下基础。

三、场动力论：班级共同体成员的身份感应

高职院校的班级成员常常处在同一个时空。通过参与班级教育教学活动，通过不断地交流，班级成员之间相互合作、相互竞争、相互依赖，在班级内部形成了一个促进学生发展的强大的生命场。班级成员的发展需求给班级这个生命场注入了动力；班级成员之间的依赖程度越高，班级这个生命场就会产生越强大的张力和能量，就越能激励班级成员更加紧密地联系，班级成员的需求也就越能得到满足，此时班级就会表现出强大的凝聚力。反之，如果高职院校班级成员关系冷漠，班级就是一个松散的场，班级不能给班级成员带来更多生命的能量，班级也不能进一步满足班级成员的需求。那么如何激发班级成员个人发展的需求，如何促进班级成员之间的相互合作，如何让高职院校班级形成一个强大的生命能量场，这些都离不开场动力论的指导。

（一）班级环境影响班级成员行为

勒温认为人的行为是人与环境之间的函数，即"任何一种行为都产生于各种相互依存事实的整体，而这些相互依存事实具有一种动力场的特征"[1]。勒温进一步指出，"为了理解或预测人的行为，就必须把人及其环境看作一种相互依存因素的集合。我们把这些因素的整体称作该个体的生活空间，并用 B =（P，E）来表示。其中 B 表示人的行为，P 表示行为主体，E 表示环境"[2]。首先，场动力论为班级环境建设提供了理论支撑。勒温的场动力论认为，人的行为是人与环境之间的函数。那么高职院校班级共同体建设除了要着力调动班级成员的主体性，还需注重班级环境的建设。对于同一个学生而言，如果将其放在不同的班级环境中，学生在应对周遭环境时会表现出不同的行为。举个例子来讲，如果该学生长期处于学习氛围浓厚的班级环境中，那么潜移默化的他也会更加

① LEWIN K. Resolving social conflicts [M]. New York: Harper and Brother publishers, 1948:11.
② LEWIN K. Field theory in social science[M]. New York: Harper and Brother publishers, 1951:239-240.

专注于自己的学习。反之亦然,如果该生长期处于相互斗殴的班级环境中,那么他就很难专注于自己的学习。这就是所谓的"近朱者赤,近墨者黑"现象。其次,场动力论为班级环境建设指明了路径。由场动力论可知,一个人行为的发生源于其对生活空间的感知。处于不同的时空场域,和不同的人相处,都会影响或改变一个人的生活空间感知。在班级共同体建设过程中,可以通过改变班级成员所处的生活空间,进而改变其行为。这就是说,高职院校班级共同体建设可以通过班级实践活动,建立周围环境与学生心理之间的强相关关系,通过改变班级成员对生活空间的感知,从而影响或改变班级成员的行为。再者,提供了动态看待班级环境的角度。人的行为是人与环境之间的函数,那么班级环境也会随着班级成员需求的变化、班级成员行为的变化而呈现出动态变化的特征。所以,在高职院校班级共同体建设中,班级环境深刻影响着班级成员的行为,从而影响着班级成员社会关系的变化,进而深刻影响着班级成员对社会关系、对自己身份的感应。

(二)班级成员关系影响班级成员行为

勒温倾向于对行为动力作一种关系性的理解,把人的心理与行为的动力本质归结为包括人与环境在内的各种力之间相互作用而产生的心理紧张系统[①]。也就是说,相互作用关系的节点不同、作用的强度不同、作用的路径不同会引发不同的心理紧张程度,进而导致成员不同行为的产生。首先,在高职院校班级共同体建设过程中,班级成员关系影响班级成员行为的发生。如果班级成员之间相互作用的节点较少且作用的力度较小,那么这种关系几乎不会让班级成员产生心理紧张系统,进而也不会引发班级成员的行为。班级成员间松散的人际关系让班级缺乏行动的动力。其次,班级成员关系影响着班级成员行为持续的时间。如果班级成员之间有着持续的物质、信息、能量等的交互关系,那么班级成员便会思量如何获得这些物质、信息和能量。而持续思量的过程便是引发班级成员心理持续紧张的过程,也是持续引发班级成员行为的过程。最后,班级

---

① 申荷永.充满张力的生活空间:勒温的动力心理学[M].武汉:湖北教育出版社,1999:36-37.

成员的关系还影响着班级成员行为的方向。心理紧张系统会触发班级成员的行为,但这并不意味着班级成员的行为方向具有一致性。如果班级成员之间是一种冲突性关系,如竞争关系,那么班级成员之间的行为动力是一组对抗力,具有相反的行为方向。如果班级成员之间关系融洽,彼此为了同一目标建立合作关系,那么班级成员之间就形成了一组聚合力,具有相同的行为方向。因此,在班级共同体建设过程中,要在班级目标的统摄下采取有效的方式方法和谐班级成员关系,减少或降低班级成员之间的冲突,让班级成员感受到自己在班级社会关系网中的节点,增强身份认同。

(三)班级成员需求影响班级共同体构建的动力

勒温认为,引发人的行为发生变化的能量来源于意志或需要之压力的心理张力系统[①]。这就意味着,班级成员需求是班级共同体建设的动力。这就为班级共同体建设带来如下启示:第一,借助场动力论的指导,强化班级民主建设,找到高职院校班级发展动力的着力点。既然场动力论认为引发人行为变化的能量来源于人的心理紧张系统。那么就需要通过在班级中发扬民主,激发唤醒班级成员的心理需求,从根本上调动班级成员的积极性、主动性,为班级共同体发展提供不竭动力。第二,借助场动力论的指导,强化班主任和辅导员在班级中的主导作用,引领高职院校班级发展的方向。场动力论认为,班级发展过程中动力是一个动态变化的过程。随着班级成员需求的变化,班级发展的动力呈现出"非均衡—平衡—失衡—新的平衡"循环往复与螺旋上升的动态过程。所以,辅导员、班主任要及时洞察班级发展过程中的动力状态,尤其是在失衡状态下,要加强原因分析,及时进行思想引领。辅导员、班主任通过调整动力方向确保班级发展与学校发展同向同行。第三,借助场动力论的指导,改变教育教学资源等的投入,调控高职院校班级育人合力的大小。场动力论认为,外部环境的力可以通过作用于人的内部心理从而使人在行为上发生变化。所以,应通过制定班级发展的目标,明确班级成员发展的内在需求,找到班级发展的着力点

① 库尔特·勒温.人格的动力理论[M].王思明,叶鸣铉,译.北京:北京理工大学出版社,2014:34.

和发展方向,应通过评估班级目标的复杂性、可行性,调整教育教学等资源在班级建设中的投入,调控班级发展的速度和路径,调控班级成员的行为以及由此产生的社会关系,进而提升班级成员的身份感应。

四、实践共同体理论：班级系统中多元动力体系的宏观架构

高职院校担负着为国家经济社会发展输送高技术技能人才的重要职责,因此,高职院校的人才培养具有典型的职业性和实践性。由于高职教育是与经济发展紧密相关的一种教育类型,具有跨界性,所以高职院校需要通过与产业、企业等的紧密合作,才能促进人才培养目标的达成。高职院校班级是落细落小落实学校人才培养目标的重要抓手,那么围绕高职院校人才培养目标,如何在人才培养的实践中协调班级成员的关系,如何促成班级成员之间的合作,形成班级发展的合力,如何在人才培养实践中积累和分享班级技艺库等问题的解决,就需要以实践共同体理论为指导。

莱芙和温格在《情境学习:合法的边缘性参与》一书中首次提出了实践共同体这一概念。两位学者认为,学习不仅处于实践之中,学习还是栖居世界中具有能动性的整个社会实践的一部分;实践共同体是人、活动和世界之间的一系列关系,这些关系是跨时间的,并与其他相交、重叠的实践共同体发生联系;实践共同体是知识存在的内在条件,它为理解共同体传承的遗产提供了必要的内在支持[1]。他们认为,一个实践共同体包括了一系列个体共享的、相互明确的实践和信念以及长时间追求个体利益的理解[2]。实践共同体理论认为:个人的知识建构和身份形成都处于一定的实践共同体中,是一种人与人之间相互关系的发展过程;相互卷入、合作事业和共享技艺库是实践共同体的三个要素,它们构

① 埃蒂纳·温格.实践共同体:学习、意义和身份[M].李茂荣,等译.南昌:江西人民出版社,2018:5.
② 琼·莱芙,埃蒂纳·温格.情境学习:合法的边缘性参与[M].王文静,译.上海:华东师范大学出版社,2004:4.

成了实践共同体存在的必要且充分的条件,是实践共同体凝聚力的来源①。实践共同体具有自身的特点,即:共同的文化历史遗产,包括共同体的目标、协商的意义和实践;一个相互依存的系统,在这个系统中,个体成为更大的集合的一个部分和一个再生产的循环(主要是指共同体成员的身份再生产循环),新手通过这一循环成为专家,而实践共同体也能借此使本身维持下去②。任何知识的一般性力量总是在于,通过建构现有情况的意义重新协商过去和未来的意义③。

(一)实践形塑班级成员身份

实践共同体理论揭示了实践对班级成员关系的形塑作用,要求高职院校要强化班级实践关系的设计。实践共同体理论认为,身份是在实践中形成的人与人之间的社会关系。人的各种身份的产生、存续,甚至消亡,都与其参与的社会实践有关。高职院校根据教育主管部门的要求,将符合条件的学生招录入学后,进行编班。在班级建立之初,班上成员之间可能根本不认识,也谈不上相互之间有联系。班级成员之间的关系类型、关系种类尚未形成。这时,对于班上成员来讲,班级仅仅是一个文字符号。学者李家成认为,"与各种人的交往、与各种事物的关系、与各类活动的关系,全方位地影响着生命个体的成长"④。这就要求高职院校要按照学校人才培养目标,强化对班级实践关系的设计,引导班级成员关系的未来走向。

一是要区分不同类型的关系,以职业场景为导向,完善对班级成员实践关系类型的设计。随着教学活动、第二课堂活动等班级实践方式的展开,班级成员间逐渐建立起多样化的人际关系,从而生成多样化的成员身份。比如说,通过教与学的活动,建立起教授与学习的关系,教师、学生身份油然而生;通过一起讨论、完成学习任务,建立起相互学习的关系,同学身份得以生成;通过一起服务于班级教学,建立起教研合作的关系、形成同事关系等。但是,与普通高等

① 埃蒂纳·温格.实践共同体:学习、意义和身份[M].李茂荣,等译.南昌:江西人民出版社,2018:68.
②③ 琼·莱芙,埃蒂纳·温格.情境学习:合法的边缘性参与[M].王文静,译.上海:华东师范大学出版社,2004:5.
④ 李家成.论教育学立场下的"班级"[J].思想理论教育,2003(10):30-33.

学校不同的是,职业教育在本质上是一种跨界融合的教育。因此,除了教与学、相互学习、教学研讨等关系,还应该根据职业教育的特殊性,建立起劳动者(人)与劳动对象(物)之间的关系,建立起劳动者(人)与劳动工具(物)之间的关系,建立起劳动者(人)与劳动者(人)之间共同劳动的同事关系等,进一步完善高职院校班级成员实践关系的类型。

二是要区分不同性质的关系,以实践项目为导向,完善对班级成员实践关系的整体设计。总的来讲,班级成员的实践关系可以分为三种:个体性关系、竞争性关系和合作关系。个体性关系是指班级成员按照各自的目标、各自的实践对象而建立的一种人与物之间的关系。这种关系的建立,便于班级成员认识和了解客观事物,积累认识客观事物的经验。对于班级来讲,成员个体性关系是一种"利己不利人也不损人"的关系。竞争性关系是指班级成员之间的目标相互排斥,即别人的成功意味着自己的失败,是一种"利己损人"的关系。在我国传统的教学评价中,通常采用的是常模参照评价,热衷分数排队,比较强弱胜负。这造成了班级成员之间具有很强的竞争意识,从而产生竞争关系。竞争性关系是班级成员在班级实践中表现出来的最常见的关系。合作性关系是指班级成员之间的目标具有交集,成员间为实现共同的目标而形成的一种相辅相成、相互依赖的关系。合作性关系的建立意味着,自己的成功与他人的成功不是冲突的;自己的成功有助于他人的成功,他人的成功也有利于自己的成功。合作型关系是一种相辅相成、相互促进的关系,是一种利人利己的关系。

在现有高职院校的班级实践关系中,表现最为突出的是竞争性关系。究其原因有两个:一是经历过小学到中学的多次选拔性考试,竞争性关系意识根深蒂固;二是高职院校教育评价导向的偏航。当前,在高职院校评审奖学金、优秀学生等荣誉称号时,考试分数排名、专业成绩排名仍然是评审的重要依据。有限的获得者人数,加剧了班级成员间的竞争关系。也正是由于获得者的人数是有限的,无法获得这些有限资源的班级成员逐渐沉默,导致合作关系减弱,合作意识也逐渐消退,无形之中加剧了班级成员间的竞争意识。

那么,个体性关系、竞争性关系、合作性关系,这三种具有不同性质的关系能否整合在一起,用以丰富班级实践关系,帮助学生形成多样化的实践关系,促进学生多种身份的形成,进而促进学生的全面发展呢?个体性关系、竞争性关系、合作性关系,这三种不同性质的关系广泛存在于各个班级的实践中。其实,这三种不同性质的关系之间也不仅仅只有对立的一面,也有统一的一面。辩证唯物主义认为,矛盾就是对立统一,矛盾双方在一定条件下可以相互转化。这就需要高职院校在区分三种不同性质关系的基础上,对班级实践关系进行系统设计。举个例子,如果在班级教学中,教师将学生分成几个团队,规定在最短的时间内完成教师分配任务的团队获胜。从团队外部的角度来讲,由于获胜的团队只有一个,那么每个团队的获胜目标是相互冲突的。团队之间是竞争性关系。从团队内部来讲,为了在最短的时间内完成教师分配的任务,需要在团队成员内部进行分工。团队分工产生了成员之间的合作关系。团队成员在面临自己的任务时,需要自己去研究使用的工具,需要自己去了解生产的对象、客观存在的事物。此时,他经历的是一种个体性关系。团队成员将自己了解到的客观事物的信息分享给团队成员,帮助完成团队项目。此时,他体验到的是合作性关系。团队依靠团队成员的知识、经验、技能,经过分工合作,在最短的时间内完成了教师分配的任务。由上可知,以实践项目为载体,是能够将三种不同性质的关系有机整合在一起,丰富班级成员对实践关系的认识,引导和调适班级成员的实践行为,促进学生的全面发展。这就要求高职院校在班级共同体建设过程中要强化对班级实践关系的设计。

(二)在相互卷入中达成班级共识

实践共同体理论揭示了实践对班级成员身份建构的重要作用,高职院校要强化对班级实践活动的指导,引导班级成员积极参与班级实践。实践总是社会的实践。实践不仅意味着做,还意味着参与。参与既指加入活动的过程,也指该过程中与他人关系的构建。它表明行动与连接[①]。

参与表明行动,是人在特定情境下的行动。一方面,参与是人的参与。参与是人以实践为载体作用于客观世界的行动。参与易受到实践主体人的需求、

① 埃蒂纳·温格.实践共同体:学习、意义和身份[M].李茂荣,等译.南昌:江西人民出版社,2018:51.

情感等因素的影响。举个例子,当面对自己喜欢的活动时,人们就产生积极参与活动的渴望;当面对自己不喜欢的活动时,可能就不太愿意参与该活动,甚至拒绝参与这一活动。这就要求高职院校在设计指导班级实践时,要从班级成员的实际需求出发,吸引其参与班级实践;同时,在班级实践的组织形式方面,要以班级成员喜闻乐见的形式,来进一步调动他们参与的积极性和主动性。另一方面,参与是特定情境下的行动。参与是有目标的参与,参与是有条件的参与。参与总是实践主体在特定的社会结构、历史情境中的行动①。我国是社会主义国家,人民是国家的主人。教育法规定,我国的教育方针是:教育必须为社会主义现代化建设服务,必须与生产劳动相结合,培养德、智、体等方面全面发展的社会主义事业的建设者和接班人。职业教育作为建设人力资源强国和教育强国的重要抓手,必须站在党和国家事业发展全局的高度,将立德树人根本任务融入各处、落到实处②。高职院校的所有教育活动都必须遵循国家的教育方针。因此高职院校要强化对班级实践的指导,让班级实践紧紧围绕培养"德、智、体等方面全面发展的社会主义事业的建设者和接班人"而展开。

参与表明连接。人们通过参与,在实践中建立起与他人的联系。在这种相互关系的体验中,关系形塑着参与者的身份。因此,可以说参与是身份的来源,身份是通过参与才得以建构③。从连接过程上讲,参与,不仅表明实践主体与他人、他物之间的连接节点,同时也表明了连接的过程。根据实践主体参与的充分程度,可将其分为边缘性参与和充分参与。边缘性参与,意味着实践主体与他人、他物之间的连接还比较微弱,此时实践主体的身份刚刚建立,还不稳固。随着实践主体参与实践的频次增多,与他人、他物之间的连接越发紧密,其参与的范围会更大、参与的程度会更充分,那么实践主体对实践的理解就会更加深刻,就更能在多元实践关系中找到一种平衡,其身份也从边缘性的参与者转为核心成员,从新手逐步变为专家。从连接的性质上讲,连接有合作性连接,也有冲突性连接。也就是说连接不等于合作,连接有可能导致冲突。举个例子,在

---

①③ 埃蒂纳·温格.实践共同体:学习、意义和身份[M].李茂荣,等译.南昌:江西人民出版社,2018:44,51.

② 魏海政.为党育人为国育才 办好人民满意的教育[N].中国教育报,2021-03-07(2).

班级教学实践中,教师通过向王同学提问,让他参与课堂教学互动。王同学正好这个问题不会,他站起来后,没能回答上老师的提问,随后老师让他坐下。王同学可能就会在心里埋怨老师,认为老师的提问太难,没能回答上来问题让他在同学面前很丢脸。如此看来,尽管王同学参与了教师的班级教学实践,建立起了相应的连接,但这种连接却是冲突性的连接。

参与的过程不仅是一个连接的过程,还是一个对不断变化的实践的理解过程,也是一个形塑参与者身份的过程。由此可知,班级实践是班级共同体建设的重要抓手。高职院校在班级共同体建设过程中,要强化对班级实践活动的设计与指导。一是根据参与的历史性和条件性的特征,依照党和国家的教育方针、教育政策,依照高职院校的育人目标,准确定位班级共同体建设的方向。二是根据参与主体的心理特点,精心设计班级实践活动的内容和形式,吸引班级成员积极参与班级实践。三是根据参与的动态特征,对班级实践进行全程指导,切实保证班级成员充分参与班级实践、全面参与班级实践,在实践中理解班级建设对自己成长的意义,理解自己参与班级实践对班级建设的意义,理解班级建设对学校发展的意义。班级成员只有通过多维度、全方位参与班级共同体建设,才能建立多维实践关系;在处理多维实践关系中,班级成员的认知、理解能力才能得到全方位的培养;在处理多维实践关系中,班级成员才能全面认知、理解和形塑自己的身份。

(三)共享技艺库的班级凝聚作用

实践共同体从实践的角度阐释了物化的内涵,要求高职院校要正确认识班级实践中的物化现象,引导班级成员生成、展示、传承和发展班级物品。实践共同体理论认为:物化是指通过把体验凝结为"事物"的客体生产,从而让形式赋予我们体验的一种过程[①]。由此可以看出,物化包括过程和产物两个方面。物化是指实践主体在实践体验的基础上,将自己的体验进行反思、总结、凝练后,以客体形式展现出来的过程。马克思认为,实践是人有目的地进行现实的、感

---

① 埃蒂纳·温格.实践共同体:学习、意义和身份[M].李茂荣,等译.南昌:江西人民出版社,2018:55.

性的自觉活动,是主体见之于客体的能动的"对象性的活动"。实践是一种实践主体有目的性的活动,所以,实践体验也是一种有目的性的体验。受不同实践目的的影响,面对同一实践活动,实践主体的关注点也可能是不同的。这就容易导致实践主体在物化的对象范围、物化的焦点等方面有差异。除此之外,受实践主体认知能力的影响,即便实践主体选择了相同的物化形式和物化客体,但对物化客体意义的理解也是存在差异的。但这种差异并没有成为实践主体间交流时不可逾越的鸿沟。相反,它为实践主体全面认识客观事物提供了不同的视角。面对这种差异,实践主体可以在实践过程中通过协商,扩充或缩小物化客体的意义,调整物化客体意义的焦点,让物化客体的意义得以重生。

　　高职院校在班级共同体建设过程中,在物化班级成员的实践经验时,一定要正确认识物化的内涵。一是要充分认识到物化是实践主体的一种有意识的行为。物化是对实践主体经验的有目的的表达或展现。物化过程不是实践主体被动接收客体或符号的过程。在物化客体的生成过程中,实践主体一直占据着主动。实践主体会主动选择经验聚焦范围、主动协商意义、主动选择展现形式、主动生成客体和不断丰富客体的意义。故而物化的客体、物化的实践意义不是一成不变的,而是随着实践主体的行为改变呈现出动态的特征。只有充分意识到物化是实践主体有意识的行为,才能充分尊重实践主体的主动性、能动性,才能杜绝将"学生视为'物'的存在"[1]的错误观点,杜绝以物化的幌子禁锢学生思想,剥夺学生在班级实践物化过程中的主体权利。二是要充分认识到物化也塑造着实践主体的体验。物化凝聚了实践主体的实践经验,是对实践主体经验的聚焦。这种聚焦影响着实践主体的注意力,进而改变着实践主体的实践行为,改变着实践主体对世界的体验。高职院校在班级共同体建设过程中,要充分运用物化的这一特性,引导班级成员物化其实践经验,充分展示班级成员关注的焦点;借此统一班级成员的思想认识,规范和引导班级成员的行为,助力班级目标的实现。同时,也可以通过物化后的客体唤醒班级成员的实践经验,增强班级成员之间的经验交集,助力共享技艺库的形成。

---

[1]　王剑. 对"物"化班级管理的反思[J]. 教学与管理,2006(34):22-24.

五、本章小结

　　班级是落细落小落实高职院校人才培养目标的基本单元。在国家要求职业教育高质量发展的背景下,高职院校要积极加强班级建设。只有在科学理论的指导下,才能增强高职院校班级的育人质量和育人实效。本章着力阐释了系统论、需求层次理论、场动力论和实践共同体理论对高职院校班级共同体建设带来的启示。系统论从班级共同体要素的不可或缺性、结构的生成性、功能的整体性和运行的有序性等角度,强调了班级共同体的要素协同。需求层次论从主体需求引领班级目标、主体多层次需求指明班级构建的阶段性、多样性需求要求协商班级目标的角度,强调如何锚定班级共同体目标。场动力论从班级环境影响班级成员行为、成员关系影响班级成员行为、成员需求影响班级建设动力的角度,指导如何增强班级共同体成员的身份感应。实践共同体理论从实践形塑班级成员身份,在相互卷入中达成班级共识以及共享技艺库对班级凝聚作用的角度,对班级共同体的宏观架构进行指导。由此可知,系统论、需求层次理论、场动力论和实践共同体理论为高职院校班级共同体建设提供了坚实的理论支撑。

第二章 高职院校班级成员交互行为现状调研

　　班级是高职院校落细落小落实人才培养目标的基本单元,是培养德技并修的高技术技能人才的摇篮。班级是班级成员共同生活、共同学习的场所,班级成员的发展需求、班级成员之间的关系等都会影响高职院校班级的育人效果。为了更好地了解高职院校班级建设的现状,研究者采用问卷和访谈的形式对高职院校班级现状进行调研,并诊断班级建设中存在的问题,剖析其背后的原因,以便更好地提升高职院校班级育人的实效。

一、调查问卷的设计

(一)问卷设计

　　在编制问卷的过程中,调查的维度和问题是问卷设计的重点①。研究者以"高职教育""班级""班级建设"为关键词,对国内外学者的理论和实践研究进行梳理,尚未发现被学界广为认可的高职院校班级建设测试的量表。于是,研究者以切斯特·巴纳德提出的组织三要素,即明确的目标、协作的意愿、良好的沟通为借鉴,结合高职院校班级"教育性""高强度合作性""职业实践性""情感脆弱性"等组织特征,初步构建起高职院校班级运行现状调查问卷的三个维度,即共同的目标、行为交互和归属感。同时,结合国家、地方对高职院校人才培养

---

① 杨鸿.教师教学知识的统整研究[D].重庆:西南大学,2010:55.

质量的相关政策和要求,以及高职院校班级中学生发展的实际需求,整理出高职院校班级问卷的问题,初步完成了高职院校班级建设现状调查问卷的编制。而后,研究者邀请了职业教育领域的 4 名专家、2 名博士、5 名高职院校专任教师、3 名高职院校辅导员和参与校企合作的 3 名企业师傅组成 17 人的专家小组,对班级的共同目标、行为交互、归属感等维度所涵盖的具体表征进行征询,初步确定了高职院校班级建设现状调查的问卷条目。

(二)问卷结构

调查问卷分为基本信息和高职院校班级建设现状两个部分。问卷中的基本信息部分包括学生的姓名、就读的年级和学校类型三个方面。高职院校班级现状问卷的题目一共涉及三个一级维度,分别是班级成员的共同目标、行为交互和归属感。在预调查阶段,除去基本信息以外,研究者一共编制了 45 个题目。问卷中问题的答案采用李克特五点量表计分形式。每一道题目下面均有五个选项,即"非常不同意""比较不同意""一般同意""比较同意""非常同意",依次赋值为 1 分、2 分、3 分、4 分和 5 分。

(三)问卷检测

《高职院校班级建设现状调查问卷》初次制作完成后,研究者在重庆市高职院校的班级中进行了问卷检测。根据初试数据,对研究项目进行分析,检测所编制量表的信度、效度等以确定该量表的适切性和可靠性。本次共计发放问卷 1 000 份,其中向教师发放问卷 170 份,向学生发放问卷 800 份,向企业师傅发放 30 份。实际回收问卷 1 000 份,其中有效问卷 980 份,有效回收率98%。

首先对问卷进行高低组平均数差异检验。对问卷进行高低组的独立样本 t 检验。一般来说,对于断绝值(CR)未达到显著水平的题项,即显著概率 p 大于 0.05 的项目,一般考虑删除①。项目分析结果如表 2-1 所示。

---

① 邱皓政. 量化研究与统计分析:SPS 中文视窗版数据分析范例解析[M]. 重庆:重庆大学出版社,2009:285.

表 2-1　独立样本 t 检验表

题项	t	题项	t	题项	t	题项	t	题项	t
A1	−104.413***	A10	−127.855***	A19	−248.340***	A28	−144.676***	A37	−260.304***
A2	−120.238***	A11	−151.823***	A20	−222.599***	A29	−232.083***	A38	−258.163***
A3	−123.214***	A12	−181.466***	A21	−212.685***	A30	−222.862***	A39	−236.708***
A4	−12.256***	A13	−179.947***	A22	−200.358***	A31	−222.277***	A40	−246.878***
A5	−110.814***	A14	−187.125***	A23	−209.639***	A32	−253.436***	A41	−246.511***
A6	−125.557***	A15	−201.229***	A24	−223.620***	A33	−237.463***	A42	−250.384***
A7	−113.413***	A16	−208.098***	A25	−239.163***	A34	−228.826***	A43	−230.455***
A8	−127.072***	A17	−199.725***	A26	−224.113***	A35	−223.109***	A44	−238.716***
A9	−53.257***	A18	−224.636***	A27	−238.774***	A36	−248.609***	A45	−223.885***

注:表中*表示 $p<0.05$,**表示 $p<0.01$,***表示 $p<0.001$。

从分析结果可以看出,45 个项目的 p 均小于 0.01。经过高低组极端值比较之后,研究者对《高职院校班级建设现状调查问卷》进行了题项与总体水平的相关性分析。其测试结果如表2-2 所示。

表 2-2　项目与总体水平的相关性分析表

题项	r	题项	r	题项	r	题项	r	题项	r
A1	0.638**	A10	0.642**	A19	0.889**	A28	0.790**	A37	0.905**
A2	0.703**	A11	0.715**	A20	0.818**	A29	0.876**	A38	0.880**
A3	0.745**	A12	0.786**	A21	0.861**	A30	0.881**	A39	0.832**
A4	0.669**	A13	0.829**	A22	0.860**	A31	0.861**	A40	0.864**
A5	0.691**	A14	0.822**	A23	0.877**	A32	0.885**	A41	0.864**
A6	0.681**	A15	0.842**	A24	0.882**	A33	0.894**	A42	0.897**
A7	0.717**	A16	0.823**	A25	0.864**	A34	0.890**	A43	0.843**
A8	0.706**	A17	0.859**	A26	0.854**	A35	0.876**	A44	0.842**
A9	−0.305**	A18	0.834**	A27	0.876**	A36	0.879**	A45	0.825**

注:表中*表示 $p<0.05$,**表示 $p<0.01$,***表示 $p<0.001$。

根据测量学的观点,题项与总体水平的相关性越高,题项的鉴别力越高,反之鉴别力越低[1]。如果题项分与总分的相关系数低于 0.4,表明该题项可能与总体量表的同质性低,应予以删除。在本次数据分析中,项目 9 和总分的相关系数低于 0.4,应予以删除。

其次是问卷的信度测试。问卷的信度,即问卷量表的可靠性。克隆巴赫阿尔法系数(Cronbach's alpha)是检验信度最重要的指标,α 系数介于 $0 \sim 1$,一般认为,克隆巴赫阿尔法系数应至少不小于 0.5,如果克隆巴赫阿尔法系数大于 0.7,则被认为理想[2]。研究者对《高职院校班级建设现状调查问卷》进行了可靠性测试。其测试结果如表 2-3 所示。

表 2-3　项目及整体的可靠性分析表

题项	α	题项	α	题项	α	题项	α	题项	α
A1	0.981	A10	0.982	A19	0.981	A28	0.981	A37	0.981
A2	0.985	A11	0.981	A20	0.981	A29	0.981	A38	0.981
A3	0.981	A12	0.981	A21	0.981	A30	0.981	A39	0.981
A4	0.981	A13	0.981	A22	0.981	A31	0.981	A40	0.981
A5	0.981	A14	0.981	A23	0.981	A32	0.981	A41	0.981
A6	0.981	A15	0.981	A24	0.981	A33	0.981	A42	0.981
A7	0.981	A16	0.981	A25	0.981	A34	0.981	A43	0.981
A8	0.981	A17	0.981	A26	0.981	A35	0.981	A44	0.981
A9	0.986	A18	0.981	A27	0.981	A36	0.981	A45	0.981

注:α 为删除项后的克隆巴赫阿尔法系数。

从表 2-3 可以看出,项目 2、9 的 α 系数大于整体量表的 α 系数 0.982,需要删除。

再次是探索性因素分析。由于在查找国内外文献的过程中尚未发现公认的、有权威性的关于高职院校班级建设现状的测试量表,研究者只是在现有文献的基础上进行问卷编制。因此,为确保问卷的严谨性,研究者对问卷进行了

① 王重鸣.心理学研究方法[M].2 版.北京:人民教育出版社,2001:134.
② 张厚璨,龚耀先.心理测量学[M].杭州:浙江教育出版社,2012:191.

探索性因素分析。研究者对问卷初始数据进行 KMO 值和 Bartlett 球形检验,本研究的 KMO 值为 0.975,大于 0.900,说明本研究取样的足够性适当。Bartlett 球形检验中其卡方值为 282 430.467,并且 $p<0.05$,表示问卷题项之间存在共同因素,适合进行因素分析。为了明确本问卷的维度并形成最终的正式问卷,研究者采用主成分分析方法,多次对初测问卷数据进行探索性因素分析后提取出 3 个因素,包含 21 个项目,贡献率占总方差的 76.97%,每个项目的共同度和每个因素的特征值如表 2-4 所示。

表 2-4　高职院校班级建设现状调查问卷探索性因素分析结构表

	1	2	3	共同度
a45	0.960			0.862
a44	0.959			0.882
a43	0.920			0.859
a39	0.928			0.845
a41	0.869			0.865
a40	0.872			0.870
a38	0.754			0.837
a5		0.886		0.754
a7		0.846		0.775
a4		0.843		0.729
a3		0.764		0.771
a8		0.773		0.658
a1		0.714		0.552
a23			0.940	0.879
a22			0.919	0.848
a28			0.884	0.750
a21			0.829	0.797
a24			0.813	0.828
a30			0.699	0.801
a17			0.683	0.751
a34			0.666	0.800
特征值	17.66	2.12	1.01	总贡献率
贡献率	65.39	7.85	3.73	76.97

维度 1 归属感包含题项 38、39、40、41、43、44、45

维度 2 行为交互包含题项 1、3、4、5、7、8

维度 3 共同目标包含题项 17、21、22、23、24、28、30、34

综上可知,高职院校班级建设现状调查问卷共有 3 个维度,分别为归属感、行为交互和共同目标。

为了验证高职院校班级建设现状调查问卷结构的稳定性和可靠性,在此对问卷进行了验证性分析。验证性分析的结果见图 2-1。

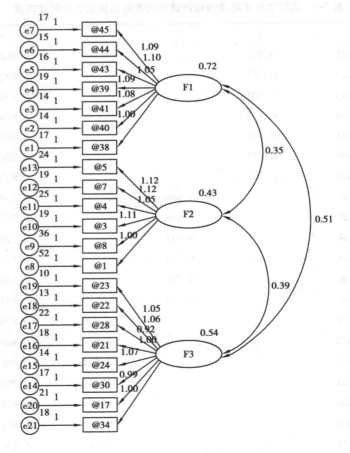

图 2-1　调查问卷验证性因素分析路径图

对高职院校班级建设现状调查问卷的模型拟合进行检验,结果见表 2-5。从中可以看出,模型的各项拟合指标均在合理的范围内,说明该问卷结构模型拟合良好。

表2-5 调查问卷结构模型拟合指标

χ^2/df	GFI	CFI	IFI	TLI	RMSEA
4.794	0.94	0.97	0.97	0.96	0.062

最后是信效度检验。

一是信度检验。高职院校班级建设现状调查问卷的内部一致性信度结果见表2-6。从表中可知,总问卷的内部一致性系数为0.885,同时,各个维度的内部一致性系数均高于0.7,说明该问卷的内部一致性信度较好。

表2-6 调查问卷内部一致性信度

	归属感	行为交互	共同目标	总问卷
Alpha 系数	0.841	0.884	0.721	0.885

二是效度检验。结构效度的检验结果如表2-7所示。问卷的归属感、行为交互、共同目标等三个维度与总分的相关为0.779~0.984,各维度的相关为0.602~0.793。这就表明高职院校班级建设现状调查问卷中各维度既有联系也保持了一定的独立性,能够较好地测量出高职院校班级建设的现状。由此可知,本研究编制的高职院校班级建设现状调查问卷的内部结构效度良好。

表2-7 高职院校班级建设现状调查问卷各维度间及与总分的相关性

	归属感	行为交互	共同目标
归属感	1		
行为交互	0.602**	1	
共同目标	0.793**	0.764**	1
总分	0.779**	0.867**	0.984**

注:表中*表示$p<0.05$,**表示$p<0.01$。

删除不符合要求的题项后,对剩余的题项进行信效度检验后,重新编制出高职院校班级建设现状调查的正式问卷。正式问卷中,除基本信息外,共计 21 个题项。其中,涉及班级成员共同目标的有 8 个题项,行为交互的有 6 个题项,归属感的有 7 个题项。

同时本研究还编制了《高职院校班级建设现状访谈提纲》(见附录 3 至附录 6)。其中,访谈提纲(学生版)(见附录 3)除包括学生的基本信息以外,主要包括班级目标,班级成员身份的构建,班级凝聚力和班级文化等方面的内容,主要用以观察学生参与高职院校班级建设的动力。访谈提纲(辅导员版)(见附录 4)主要包括被访谈者的基本信息,班级目标的构建、班级成员关系的建立与维护,班级活动的设计、组织和实施等内容,以此来观察辅导员班级建设的动力和能力。访谈提纲(专任教师版)(见附录 5)主要包括被访谈者的基本信息,班级目标的构建、班级成员关系的建立与维护,教学活动的设计、组织和实施等内容,以此来观察专任教师在班级建设过程中的动力。访谈提纲(企业师傅版)(见附录 6)主要包括被访谈者的基本信息,现有课堂教学的设计、组织和实施,以及与班级成员之间的关系等内容,旨在了解企业师傅参与班级教学的动机以及企业师傅在班级建设过程中的参与度。

(四)调查实施

本研究采用自行编制的高职院校班级建设现状调查问卷,分别对专任教师、辅导员、学生和企业师傅进行调查。研究者采用分层抽样的形式,选取了公办、民办两种办学性质的高职院校。从办学层次角度,选取了国家级示范高职院校、国家级骨干高职院校、市级示范院校。本次调查共发放问卷 19 500 份,实际回收有效问卷 19 346 份(包括学生问卷 18 746 份,专任教师问卷 440 份,辅导员 100 份,企业师傅 60 份),有效回收率为 99.2%。

二、调查结果的分析

(一)班级成员交互的目标模糊

　　高职院校班级建设的首要因素是班级目标,即班级成员发展的共同目标。班级目标是班级发展的方向,为班级发展提供动力。在高职院校班级建设中,班级目标维度包括班级目标的共同制定、班级目标的享用和班级目标的评价等三个方面。调查结果显示,高职院校班级目标维度,最低分为 8 分,最高分为 40分,平均分为 33.120 4 分。班级目标的共同制定、班级目标的共享、班级目标的共同评价得分情况如表 2-8 所示。

表 2-8　高职院校班级成员的班级目标得分统计表

	N	最小值	最大值	均值统计	标准误	标准差
目标制定	19 346	3.00	15.00	12.465 6	0.017 52	2.436 49
目标共享	19 346	2.00	10.00	8.269 7	0.012 03	1.672 59
目标评价	19 346	3.00	15.00	12.385 1	0.018 28	2.542 59
班级目标	19 346	8.00	40.00	33.120 4	0.047 83	6.651 67

　　在本次调查问卷中,班级目标有 8 个题项。其中,目标制定 3 个题项,目标共享 2 个题项,目标评价 3 个题项。从表中数据可知,在最低分方面,目标制定、目标共享、目标评价的题项中,其最低分依次为 3 分、2 分和 3 分。这组数据表明,在涉及班级目标的题项中,均有人选择了“非常不符合”。这部分人的得分从班级目标制定、实施到评价,满意度都是非常低的。从表中数据可以看出,在最高分方面,目标制定、目标共享、目标评价的题项中,最高分依次为 15 分、10 分和 15 分。这就表明,这三类题项中,均有人选择了“非常符合”。这就意味着,高职院校班级目标与这部分班级成员的个人发展契合度高。另外,目标

制定的均值为 12.465 6,目标共享的均值为 8.269 7,目标评价的均值为 12.385 1。

具体而言,对于班级目标制定的题项"班级目标跟我的个人发展目标有交集,有共同的地方",选择"一般符合""比较符合"和"非常符合"的成员有18 331 人,占被调查人数的 95%。这就说明:一是高职院校意识到了班级目标建设的重要性,已经着手班级目标建设。二是高职院校班级目标建设的覆盖面还是比较大,占比达到了 95%。三是高职院校在进行班级目标建设时,更加注重个人发展与班级成员之间的融合发展,改变了以往班级目标制定过程中学生参与度不高、学生被边缘化的不良状况。但是,此题中,选择"非常不符合""比较不合符"的成员仍然有 1 015 人,占被调查对象总人数的 5%,如图 2-2 所示。

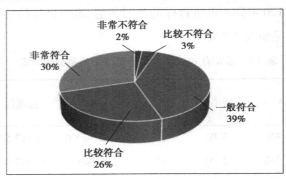

图 2-2　关于班级目标制定情况的调查统计图

在班级目标共享的题项中,如"班级目标,给予我行动的力量"这个题项,选择"比较符合"和"非常符合"的人有 9 961 人,占被调查对象总人数的 51.49%;选择"一般符合"的学生有 7 994 人,占被调查人数的 41.32%,如图 2-3 所示。

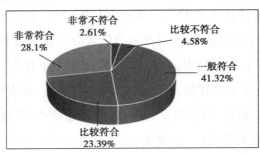

图 2-3　关于班级目标共享情况的调查统计图

对于这一部分被调查者而言,从目标上讲,他们与班级目标有交集,班级目标在一定程度上也能给他们的行为带来一定的引领力和约束力。但是,由于班级目标与个人目标之间还存在一定的差异,而这些差异没有得到充分的讨论,所以他们对目标间的差异还存在着疑虑。从一定程度上讲,这些质疑或多或少会减少、减缓班级目标对班级成员的感召力、引领力。外在表现为,班级目标不太能够给予班级成员足够的行动力量。而选择"比较不符合"和"非常不符合"的学生有 1 391 人,占被调查人数的 7.19%。这些数据表明,这一部分被调查者与班级目标之间的交集非常少。这就意味着这部分班级成员对班级目标的共享性较差。在随后的访谈中发现,在制定班级目标的过程中,这部分人的参与度也很低。

在班级目标评价的题项中,对于"班级目标是否达成,老师、同学都要参与表决"的题项中:选择"比较符合"和"非常符合"的人有 10 166 人,占被调查人数的 52.55%;有 1 290 名学生选择了"非常不符合"和"比较不符合",占被调查人数的 6.67%,如图 2-4 所示。

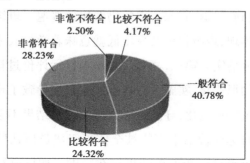

图 2-4 关于班级目标评价参与度的调查统计图

从这些数据可以看出,52.55%的被调查者认为在班级目标的评价中,老师和同学都参与了班级目标达成度的表决。但在此题项中,仍然有 6.67%的被调查者认为没有参与班级目标达成度的表决。这就说明,在高职院校班级目标评议的过程中,还存在着非全体班级成员参与的情况。对于高职院校班级建设而言,如果不是全体班级成员参与班级目标的评议,那么就可能导致班级目标的评议结果不会被全体班级成员所认同。如果班级目标评价结果不能被全体班级成员所认同,就意味着班级成员对班级目标的评议结果存在疑虑。如果班级成员对班级目标评议结果存在疑虑,那么班级成员在实施班级目标过程中的主体性就没得到充分的认同,这无疑将影响班级成员在下一阶段班级目标实施过程中主体性作用的发挥。

在调查研究中发现,虽然班级目标已经成为高职院校班级建设的一项重要内容,但在班级实际建设过程中高职院校班级目标形式化现象非常突出。第一,班级目标制定过程的形式化。有高职院校认为,班级只要有班级目标就行了,谁来制定班级目标并不重要。不管是辅导员个人定的、专任教师定的,还是班上部分学生定的,只要有班级目标就行。当班级目标成为个别人或部分人的目标,或者班级目标没有被班级成员所认同时,班级目标就没有体现出全体班级成员的发展需求,班级发展就失去了前进的动力。第二,班级目标实施过程的形式化。高职院校班级目标制定过程的形式化造成班级目标与班级成员个人发展目标的契合度低。对班级成员而言,班级目标实现与否与自己无关,并不影响其个人发展,因而在实施过程中他们不愿意按照班级目标来约束或调适自己的个人行为,迟到、早退、旷课的现象仍然比较普遍。班级目标是学校人才培养目标的细化和体现,班级目标共享度低就意味着学校人才培养目标到了班级层面没有得到充分落实。第三,高职院校班级目标评价过程的形式化。高职院校班级目标制定的形式化、实施过程的形式化直接导致了班级目标评价的形式化。班级目标评价的形式化,导致班级目标的评议结果不会被全体班级成员所认同。如果班级目标评价结果不能被全体班级成员所认同、所共享,那么就意味着班级成员对班级目标的评议结果存在疑虑。如果班级成员对班级目标评议结果存在疑虑,那么班级成员在实施班级目标过程中的主体性就没得到充分的认同,他们就不愿意参加下一阶段的班级教育教学活动,表现出我行我素的样子。由于班级目标的形式化,没有激发出班级成员的主体性,导致班级成员之间没有形成一个促进学生发展的强大的生命场。学生厌学,教师不愿意教,企业师傅不愿意带徒弟的现象较为突出。这将直接影响班级目标、学校人才培养目标的达成度和高职院校人才培养的质量。

（二）班级成员间的作用力弱、关系松散

行为交互是高职院校班级建设的重要影响因素。行为交互促使身份认同的产生。身份认同是影响高职院校班级建设的重要因素。身份是人在实践活动中关系的表征，是人在实践活动中角色的体现。高职院校班级成员身份的确立，应当从班级成员所参与的实践活动中的关系角度去理解，从班级成员在实践活动中所形成的人与人之间的社会关系去理解、确立自己的角色和身份。所以，在高职院校班级建设中，班级成员的行为交互包括了交互人员范围识别、人员关系构建和人员身份协商等三个方面的内容。

调查结果显示，在高职院校班级成员行为交互维度题项的得分中，最低分为 6 分，最高分为 30 分，平均分为 21.369 6，标准差为 4.993 64±0.035 90。这组数据说明，高职院校班级建设时，班级成员的行为交互情况还不够理想。班级成员的人员范围识别、人员关系构建和人员身份协商的得分情况如表 2-9 所示。

表 2-9　高职院校班级成员的行为交互得分统计表

	N	最小值	最大值	均值统计	标准误	标准差
人员范围识别	19 346	1.00	5.00	4.322 9	0.011 94	1.661 04
人员关系构建	19 346	4.00	20.00	12.680 8	0.017 55	2.440 65
人员身份协商	19 346	1.00	5.00	4.365 9	0.006 41	0.891 95
行为交互	19 346	6.00	30.00	21.369 6	0.035 90	4.993 64

本次问卷调查中，行为交互有 6 个题项。其中，人员范围识别有 1 个题项，人员关系构建有 4 个题项，人员身份协商有 1 个题项。从表中数据可知，人员范围识别、人员关系构建、人员身份协商的题项中，其最低分依次为 1 分、4 分和 1 分。这就表明，在涉及行为交互的题项中，每一个题项都有人选择了"非常不符合"。在一定程度上讲，这部分人认为自己所在的高职院校班级中成员行为交互的情况是非常不理想的。在均值方面，人员范围识别为 4.322 9 分、人员身

份协商为 4.365 9 分,分别约占各自题项总分的 80% 以上;但人员关系构建的均值为 12.680 8 分,约占该题项总分的 60%。这就表明,在高职院校班级成员行为交互中人员关系构建比较弱,班级成员之间的联系还不够紧密。在标准差方面,人员关系构建的标准差(2.440 65±0.017 55)高于人员范围识别的标准差(1.661 04±0.011 94)和人员身份协商的标准差(0.891 95±0.006 41),由此可知,班级成员在关系构建方面两极分化比较明显,部分班级成员在关系构建中比较被动。

具体而言,在班级成员范围识别题项"我认为,高职院校班级成员应包括班上所有学生、辅导员/班主任、专任教师和教学实习实训过程中的企业师傅"中,选择"非常符合"的学生有 8 601 人,专任教师有 40 人,辅导员 86 人,企业师傅0 人,占被调查对象总人数的 45.11%,不到被调查对象总人数的 50%;选择"非常不符合"的学生有 4 741 人,专任教师 390 人,辅导员 10 人,企业师傅 60 人,占被调查对象总人数的 26.89%。这一组数据表明,高职院校班级成员对班级成员范围的认识非常模糊。在被调查总人数中,有 25.3% 的学生、88.94% 的专任教师、25% 的辅导员、100% 的企业师傅在该题中选择了"非常不符合"。由此可以看出,对班级成员范围的认识还存在着很大的差异。尤其是企业师傅,他们都认为自己不属于高职院校班级成员。

在班级成员关系构建方面,共设置了 4 个题项,分别是:"课堂上,老师讲授的时间多,学生动手实践的时间少""总体而言,专任教师布置的书面作业多,实践作业少""在班级项目实践中,老师、同学都能主动发表自己的意见,主动进行沟通和交流""在班上,取得进步的同学总会受到大家的表扬"。由表 2-9 可知,班级成员关系构建方面的得分,最低分为 4 分,最高分为 20 分。对数据进一步梳理后发现,在这 4 个题项中均选择了"不符合"的人有 2 045 名,占被调查对象总人数的 10.57%。从这一数据可知,大约有 10.57% 的人很少或几乎没有参与班级关系的构建。在随后的访谈中发现,这部分成员在班上几乎不主动跟老师、同学等交往,同在一个班上课一学期,甚至一年后,连老师、同学的名字都不知道。由此可知,目前高职院校班级成员之间的关系构建还比较弱,成员之间的相互交流、相互合作、相互影响的作用还比较小,班级内部还没有形成一个积极促进学生发展的生命场。

在班级成员协商的题项"擅长沟通的同学，能获得更多的合作机会"中，选择"非常不符合""比较不符合"的人有 1 986 人，占被调查对象总人数的10.27%。该题项主要用于调查班级成员在面对变化中的实践关系时，如何与自我协商、与他人协商和群体协商。由于高职院校班级所拥有的资源有限，所以每个成员获得的班级资源是有差异的。班级成员只有通过自己的努力和辛勤劳动才能获取更多的个人发展资源。但在本次题项中，有10.27%的人选择了"非常不符合""比较不符合"，这就说明现有班级中存在班级成员行为交互困难的问题。班级成员试图通过自己的努力与其他班级成员协商，改变自己与班级成员的关系，但仍然难以得到其他班级成员的认同。

身份是人在实践活动中关系的表征，是人在实践活动中角色的体现。高职院校要培养德技并修的高技术技能人才，班级是落细落小落实高职院校人才培养目标的最小单元。因此，高职院校班级教育教学活动中的成员关系直接影响着班级成员的身份认同。研究者对调查结果进行分析后发现，高职院校班级成员行为交互度低。

首先，班级成员对互动对象范围的认识很模糊。班级成员应在班级教育教学实践中去理解班级成员的范围，应从与别人相互作用的过程中去理解、确立自己的身份和角色。但在调查中发现，教师与学生、学生与学生、企业师傅与学生之间的互动关系非常弱，以至于班级成员不清楚自己在与谁合作、可以与谁合作、与谁可以合作做什么事情。学生由于缺乏与企业师傅的合作、缺乏与生产人员的合作，自然而然地就不知道自己还有企业生产者的身份；对于企业师傅来说，由于与学生之间缺乏紧密的合作关系，他也不清楚能与谁合作一起进行生产，所以企业师傅对学生生产者身份的认同也非常低。

其次，班级成员的关系构建能力较弱。身份是社会关系的表征，身份不是一成不变的，而是随着实践者所参与的实践活动而发生变化，随着参与者在实践活动中所处社会关系的变化而变化的。所以，如果一个人参加多种社会实践活动，处于不同的社会关系中，那么他就可能拥有多种身份，他将根据社会关系的变化在多种身份之间进行切换。由于高职院校班级成员范围模糊，班级目标形式化等原因,高职院校班级成员不知道可以与谁构建关系、与谁构建什么样的关系、因何构建关系……这就容易导致班级成员不愿意与其他班级成员产生联系,在班上表现为沉默寡言,不愿意与人交流。零交流、零接触造成班级成员之间相互不了解,容易引发想法和行为上的隔阂,加剧了班级成员对彼此身份的不认同。

最后,班级成员身份协商性不够充分。高职院校班级所拥有的资源是有限的,并不能满足所有班级成员的发展需求。由于惯性思维,高职院校班级成员习惯于基础教育阶段学校教师分配资源的模式,被动等待发展资源和发展机会。从理论上讲,在班级实践中能力强的班级成员越发靠近实践关系中的中心位置,外在表现为能获得较多的合作机会和个人发展资源;进步大的同学,其在实践中的关系也因其进步而逐渐向班级实践关系的中心靠近,与处于实践关系边缘的同学相比,也能获得较多的合作机会和个人发展资源。面对个人发展与资源不匹配时,部分班级成员开始自暴自弃,消极对待身边的人和事,造成班级关系疏远或断裂;面对有限的资源,部分成员为了个人的发展需求而争抢资源,造成班级成员之间关系对立。班级成员因缺乏沟通和协商,导致班级成员之间关系的疏离,故而造成彼此之间行为交互差。

(三)班级成员的归属感差

归属感是高职院校班级建设的一个重要因素,它包括了组织归属感、学业归属感和情感归属感。调查结果显示,在高职院校班级归属感维度的得分中,最低分为 7 分,最高分为 35 分,平均水平为 27.099 5 分。总的来说,在归属感维度班级成员的得分不够理想,平均分未达到该维度总分的 80%。班级成员的归属感中组织归属感、学业归属感、情感归属感的得分情况如表 2-10 所示。

表 2-10 高职院校班级成员归属感得分统计表

	N	最小值	最大值	均值统计	标准误	标准差
组织归属感	19 346	2.00	10.00	7.778 7	0.014 11	1.962 51

续表

	N	最小值	最大值	均值统计	标准误	标准差
学业归属感	19 346	3.00	15.00	11.643 2	0.020 56	2.859 04
情感归属感	19 346	2.00	10.00	7.677 6	0.014 72	2.046 84
归属感	19 346	7.00	35.00	27.099 5	0.049 39	6.868 39

在本次问卷调查中,组织归属感有 2 个题项,学业归属感有 3 个题项,情感归属感有 2 个题项。从表中数据可知,在最低分方面,组织归属感、学业归属感和情感归属感的题项中,其最低分依次为 2 分、3 分和 2 分。这组数据表明,凡是涉及归属感的题项,都有人选择了"非常不符合"。选择"非常不符合"的人,意味着他在某一方面或某几方面的归属感不强。从表中数据可知,学业归属感的均值为 11.643 2,组织归属感的均值为 7.778 7,情感归属感的均值为 7.677 6。在均值方面,学业归属感的均值明显大于组织归属感和情感归属感的均值。在三个均值中,处于最低的是情感归属感。在标准差方面,学业归属感的标准差的值最大,其次是情感归属感和组织归属感。学业归属感的标准差大就意味着被调查的对象在涉及学业归属感的题项中所获得的分数差异比较大。该选项分数差异大,则意味着被调查对象在学业上获得的归属感差异大。学业归属感差,则意味着该成员在高职院校班级学习中自我效能感较差;学业归属感强,则意味着该成员在高职院校班级学习中自我效能感较强。这组数据表明:一是高职院校班级成员在学习上发展不均衡,其学习效能感存在两极分化;二是高职院校的班级教学方式与学生的发展需求匹配度不够,高职院校的班级教学方式欠佳,没有充分调动学生学习的主动性和积极性。

具体而言,在题项"在班上,所有班级成员都能参与设计、组织、实施班级课外活动"中,选择"非常不符合"和"比较不符合"的有 855 人,约占被调查总人数的 4.42%。也就是说,有一部分人虽然是班级成员,也具备参与班级活动设计、实施等的权利,但实际上,在班级中他们的主体地位并没有得到应有的尊重,其主动性和积极性也没有得到充分调动,他们被排斥在班级活动之外。从一定程度上讲,这就降低了班级成员的组织归属感。加之,"在班上,没有遵守班规的人会受到相应的处罚"中,选择"非常不符合"和"比较不符合"的有1 134人,约占被调查总人数的5.86%。这就说明,班级制度的执行效果也不太理想。

高职教育是高等教育的一种类型,是职业教育的高级阶段,跟基础教育相比,其学习的复杂程度有较大的提升。加之,高职教育更加注重实践操作,更加强调从理论到实践的迁移能力。高职教育中班级成员之间的相互合作和相互鼓励显得尤为重要。在题项"在教学实践中,我感受到了班级其他成员对我的支持和鼓励"中,选择"非常不符合"和"比较不符合"的学生有770人,约占被调查总人数的3.98%。在题项"在班级实践活动中,我觉得自己有收获"中,选择"非常不符合"和"比较不符合"的学生有617人,约占被调查总人数的3.19%。此组数据表明,在高职院校班级中,部分学生在学习过程中没有受到其他班级成员的帮助,其学业获得感不强,进而导致该部分学生的自我效能感比较低。在日常学习中,自我效能感低的学生常常表现为学科学习自信心不足,不愿意回答老师的问题,不愿意参与项目实践活动等;最后成为学习困难户,甚至因为未达到应修学分的要求而不能毕业。自我效能感低的教师表现为疏于精心备课,上课敷衍,不愿意与学生互动,其专业化水平也比较低。

在题项"在班上,我觉得大家对我非常友善"中,选择"非常符合"和"比较符合"的人有11 840人,约只占被调查总人数的61.2%,还有大约40%的成员班级情感归属感偏低。题项"每次看到班级活动的照片,都能引发我对班级的美好回忆"中,选择"非常符合"和"比较符合"的人有11 357人,约占被调查总人数的58.7%。这就表明还有40%左右的成员,其班级情感归属感不强。这组数据从一定程度上折射出当前高职院校的班级教育教学活动效果不太理想,没有达到预期的育人目的。

归属感是彰显高职院校班级凝聚力的重要表征。班级成员归属感越强,班级成员就越愿意参与班级活动,其主体作用发挥就越明显;班级成员之间的关系越紧密,班级对班级成员个人发展的促进作用就越明显,学生的获得感就越强。在调查研究中发现,在高职院校班级建设过程中,班级成员的组织归属感不强。班级成员的主体地位没有得到应有的尊重,其主动性和积极性也没有得到充分的调动,甚至部分班级成员被排斥在班级活动之外。从一定程度上讲,这就降低了班级成员的组织归属感。其次,班级成员的学业归属感较弱。由于高职院校是职业教育的高级阶段,与基础教育相比,其学习的复杂程度更高。由于教师、企业师傅与学生之间没有构建起良好的教与学的关系,导致高职学生频频遭遇学习瓶颈而又无法实现自我突破,故而造成高职学生的学习效能感、学习自信心大大降低和学业归属感差。在此过程中,面对学习乏力的学生,高职教师、企业师傅一般会降低学习难度来适应学生的学习。如果降低难度过后学生仍然学习乏力,那么教师在学科教学时的自我效能感就会降低。这也将减弱教师学科学习的动力,从而导致教师的学业归属感降低;学生学习效能低,降低了实训实习过程中企业师傅的自我效能感,减弱了企业师傅钻研技术、突破生产瓶颈的动力,从而导致企业师傅的技术技能归属感降低。最后,情感归属感淡漠。由于高职院校班级成员缺乏彼此认同的班级目标,所以大家都各行其是。班级成员之间疏于沟通和交流,没有形成强有力的合作关系。缺乏沟通和交流、缺乏共同的行动,从一定程度上讲,也就失去了了解班级成员情感需求的机会,也就谈不上相互关心和相互帮助。班级成员之间没有形成情感上的相互依赖,班级成员之间的不闻不问,从一定程度上折射出了班级成员情感归属感淡漠的问题。

三、问题存在的原因讨论

高职院校班级建设的立足点是人,以人的发展为轴心,依靠班级成员的共同努力,最终促进所有班级成员的发展,最终为国家经济社会发展提供人才支撑。由此可见,高职院校的班级建设是一个人与人、人与客观环境进行物质、信息和能量交互的复杂系统,其建设效果往往受到教师、学生等交互关系和交互行为的影响。如果当前高职院校班级建设中存在着的,班级成员缺乏学习动力,班级成员行为交互差,班级成员之间情感疏离,班级内部缺乏凝聚力,班级没有成为一个促进班级成员发展的场等现状不能得到有效改善,则难以为学校人才培养提供有力的支撑。这些现象的产生,主要有以下四个方面的原因。

(一)班级成员缺乏群体意识

首先,受国家教育考试制度的影响,高职院校学生竞争意识强,群体合作意识较差,制约着班级目标的形成。虽然国家明文规定要培养德智体全面发展的学生,但在高考招生时,往往唯分数论英雄,将分数作为招录学生的主要依据[①]。高考,即"普通高等学校招生全国统一考试"是我国大陆地区合格的高中毕业生或具有同等学力的考生参加的选拔性考试[②]。高考的内容、标准等成为全国基础教育的指挥棒,由于高考具有高竞争性,因此基础阶段学习的学生之间相互成为竞争对手。久而久之,在学生之间形成了强烈的竞争意识。在进入高职院校后,学生潜移默化地将这种竞争意识带入到日常的学习和生活中。加之,在高职院校的比赛中,主要以个人赛为主。能否取得好的比赛成绩,在很大程度上依赖于学生的个人表现。高职院校奖学金的评比,学生个人成绩也是一个重要的衡量标准。学生的学习成绩排位,是关涉其能否获得奖学金的一个重要因素。这无疑助推了高职院校班级学生之间的竞争意识,消减了学生之间的合作意识。学生之间缺乏合作,不利于班级目标的形成。

其次,受社会不良习气的影响,高职院校班级干部的群体合作意识、群体服务意识较差。这都将会影响班级成员的行为交互。当前,无论是在大学还是在中小学,个别班干部存在"官僚主义"的问题并非虚构,而把班干部当成"官员"来做的情况,从以往各地曝光的案例来看,也并不少见[③]。在高职院校,理应为班级成员服务的班干部,却以"官员"自居,将自己与其他同学区别开来,高人一等,享有特权。在开展班级活动时,只允许自己发言,不给其他同学发表意见的机会;哪些人参加活动,哪些人不参加活动都由班干部安排,其他同学都要无条件地服从。如果班干部服务意识差,就容易忽视同学的发展需求;忽视同学的

① 刘海峰,韦骅峰.招生考试改革的鉴古知今:"唯分数"与"唯升学"问题的历史探究[J].教育研究,2021,42(5):86-100.
② 教育部考试中心.2019年普通高等学校招生全国统一考试大纲.
③ 廖德凯.培养班干部的服务精神是教师之责[N].中国教育报,2019-06-28(02).

发展需求就不能组织出受同学们欢迎的班级活动；对于不受欢迎的班级活动，同学们就容易产生排斥和抵触的心理。本应相互友爱的同学关系，变成了管与被管的对立关系。由此可见，高职院校班干部的服务意识差，不利于形成民主的班级氛围，不利于调动班级成员的主动性和创造性，不利于班级成员形成共同的发展目标，不利于班级成员之间的情感交流，不利于班级成员归属感的形成。

最后，受传统班级管理模式中学教分离的影响，任课教师与辅导员之间也缺乏群体合作意识，影响着班级成员归属感的生成。在现有的班级管理模式中，任课教师负责课堂教学，负责给学生传授知识和技能。而辅导员负责处理所带班级学生的思想政治教育工作和日常事务的管理。其工作内容非常烦琐，从日常生活到专业学习，从奖助贷评比到身心健康的关注，再到学生就业帮扶等。在学院的绩效考核指标中，任课教师与辅导员分属不同的考核序列。任课教师的考核指标中不包含学生管理条目，辅导员的考核指标中也不包含教学条目。这就容易导致任课教师和辅导员分别围绕各自的考核指标开展工作，淡化了任课教师与辅导员之间的群体合作意识。

（二）班级成员目标缺乏同构

班级是学校为了实现其人才培养目标，按照一定的教育任务或原则，以学生的学龄和学习水平为标准进行编排而成的群体；通过群体成员的相互交往、共同行动，促进群体成员的个人发展和班级共同目标的实现。由此可见，班级建设的起点是人，通过人与人之间的相互作用来促进人的发展。人是班级建设的核心要素。人的需求是人行为的动力，班级成员的需求是班级建设的内在动力。但是在高职院校班级建设过程中，班级成员的需求往往受到忽视，导致班级成员的发展目标无法实现同构，故而导致班级建设动力的缺乏。

对高职院校辅导员而言，尽管其工作职责包括思想政治教育与价值引领、党团和班级建设、学风建设、学生日常事务管理等九个方面，但由于高职院校辅导员面临职称、职级"双线"晋升困境，面临身份困惑、归属感缺失等问题，不少人将辅导员工作当成"跳板"[1],伺机寻找"出逃"机会。由于辅导员的个人发展需求是脱离班级管理岗位,故而很难与班级成员发展形成目标同构。对学生而言,高职学生的职业规划能力差,职业发展目标不明确,难以实现与其他成员之间的目标同构。高职学生在学校中常常处于封闭式的学习与生活,大多数学生并不知道自己的前进方向,很容易对未来感到迷茫与悲观[2]。尽管当前高职院校开设了就业指导课程,但该课程主要是对就业政策、就业形势等进行宏观层面的介绍。由于学生并不清楚自己专业未来发展的走向,学生的课程学习主要停留在理论知识的学习,不能有效地将所学知识用以指导、设计自己将来的职业发展。由于高职院校学生职业生涯规划的能力差,不能对自己的职业发展进行整体有效的设计,不能系统有效地建构自己的职业发展目标体系,故而高职学生的发展目标就会显得模糊不清且缺乏持久性。这就意味着,他对自己要做什么,怎么去做,需要哪些资源,需要与哪些人保持什么样的关系等,缺乏清楚的认识。学生被动参与班级的教育教学活动,没有计划地走一步看一步。这就容易导致高职学生的个人目标与其他班级成员的发展目标契合度低、交集少、同构性差。正是由于高职院校班级成员的目标缺乏同构,所以班级资源没有得到有效整合,没有得到充分利用,故而导致学生目标的可实现度差,降低了学生对现在所学的专业和未来职业的认同度。这同样也会降低班级成员的行为交互。对任课教师而言,其个人发展目标在于自身的专业化发展而非班级建设。专业化是指普通职业群体达到专业标准而获得相应专业地位的过程[3]。由此可知,教师的专业化发展注重教师专业技术技能的发展,并未直接涉及学生发展和班级建设。因此,从教师专业化发展的角度来讲,任课教师与学生、辅导员之间难以形成发展目标的交集,进而难以就班级目标达成共识,难以实现班级成员的行为交互。

---

① 伍红军.异途与正道:高职院校辅导员职业流动问题研究[J].职业技术教育,2021,42(5):60-65.
② 赵定贵.基于新背景下的高职生职业生涯规划模式[J].职教论坛,2012(8):90-91.
③ 单中惠.教师专业发展的国际比较[M].北京:教育科学出版社,2010:1.

（三）班级成员行为缺乏多重互嵌

首先，高职院校教师专业能力不足，影响着班级成员之间的行为互嵌，降低了班级成员的身份认同。专业课教师是高职院校班级成员的重要组成部分，他们承担了高职学生人才培养中知识技能传授的任务。专业能力是高职院校教师职业能力的核心，是保障高职教育稳步发展的根本条件[①]，也为高职院校班级共同体建设提供了重要支撑。然而，目前高职院校专业课教师的专业能力普遍不足，影响了班级成员的行为交互和身份认同。一是高职院校教师技不如生，影响了专业教师的身份认同。由于高职院校的专业课教师大多来源于普通高等学校，学科知识丰富但实践经验不足，实际动手能力较差。在一些"3+2"中职生源的班级中，学生的实际动手能力往往比高职专业课教师要强。技不如生，影响着专业教师的身份认同。二是高职院校教师所授的知识和技能与企业日常生产实践所需要的知识和技能契合度低。如果高职院校培养出来的学生不符合企业的需求，那么学生所学的专业知识和技能就失去了应用的价值。高职学生日益重视所学的知识和技能与企业实际需求间的关联度[②]。如果学生学无所用，就难以实现学生的自我价值，学生的自我效能感就会降低，故而导致学生学业归属感差。三是高职院校教师难以前瞻性地预见产业发展的走向，对产业变革只能被动追随。高职院校教师专业能力不足，在与企业的合作中无法对企业一线的技术问题进行技术突破。高职院校教师专业能力不足，教师不能根据企业和学生的需求有效地更新课程内容，其自我效能感也会降低，自我学业归属感也不强。

其次，高职院校教师人文素养不够，课堂教学过程中师生行为互嵌性不足，降低了班级成员的归属感。教育的本质是促进人的发展。教育的主体是人，学

---

① 王向红,丁金昌.高职院校教师的角色定位与职业素养[J].高等工程教育研究,2014(4):168-173.
② 刘海明.高职学生参加产业学院意愿及影响因素分析:基于学生视角的实证研究[J].教育发展研究,2021,41(19):77-84.

生是教育的本位和核心①。高职教育是我国高等教育的一种类型,理应坚持"以生为本""以学生为中心"的教育理念。高职教育的终极目标是培养全面发展的"职业人",而非只懂操作技能的"工具人"②。只有将教师的教育教学行为与学生的个人发展需求相融合,才能产生师生行为的多重嵌入,才能最大限度地发挥教师对学生的价值引导,实现教学相长。然而,在高职院校班级建设现状的调查中发现,部分高职院校教师的教育理念较为落后,在教育教学活动中没有很好地坚持"以生为本""以学生为中心"的教育理念。在课堂教学中,"三单"现象较为突出。一是单主体。无论是教学前准备工作中教学目标、教学内容的选取,课堂采用何种讲授方法,还是课后作业的评价,几乎都是任课教师一个人说了算。二是单通道。高职院校的课堂本应是以实践为主,但现今的高职院校课堂还有很多延续着学科教学的方式,教师在课堂上对学生进行知识灌输。教师讲,是信息的发出者;而学生被动地听,是信息的被动接受者。教师经常在讲台上唱独角戏,学生在下面一片沉默。三是单向度。需求是行为产生的动力,在高职院校的课堂教学中,由于教师没有洞察学生的学习、心理和情感等需求,这就容易造成教师的课堂供给与学生需求之间的不匹配。也就是说,当教师发出知识传输信号时,由于学生并没有学习这些知识的需求。因此,虽然教师单向度地发出了传输知识的信号,但是学生的学习状态并没有被激活。教师与学生虽然共处一个课堂,但他们之间并没有形成良好的合作关系,更谈不上促进师生间的共同发展。

最后,高职院校教育教学实践项目不足,影响了班级成员之间的行为互嵌,减少了班级成员的共生路径。项目学习是指学生以项目(组)形式完成一项或多项任务(作品、设计、工艺、模型、装置、软件等)并以书面或口头的形式总结表达其过程及其产物③。从本质上讲,项目学习是一种以项目为载体的实践性学习活动。高职院校是以服务为宗旨,以就业为导向,以培养德技并修的高技术

① 高海燕,魏峰.高职院校教育质量评估的路径探析:基于"学生学习成果"评估的视角[J].教育发展研究,2018,38(7):35-39.
② 王向红,丁金昌.高职院校教师的角色定位与职业素养[J].高等工程教育研究,2014(4):168-173.
③ 徐晓飞.推行基于项目的学习提高大学生创新能力[N].中国教育报,2011-7-20(03).

技能人才为目标。因此,进行项目实践和技术技能训练理应成为高职院校人才培养的重要抓手。但事实上,受教学场地、教学仪器设备等条件的限制,目前高职院校的教学主要还是以系统传授知识为主,强调教师的教,学生能动手参与的实践项目非常少,且参与的时间也很短。即便是实训课,也只是让学生认识器材、熟悉工具、进行简单的技能操作等。从学生合作的角度来讲,高职院校教育教学实践项目不足,容易导致学生合作思维的缺失。项目学习是一种探索性的实践活动,具有"自主、合作、探究"的特点,学习过程具有生成性,学习效果不确定。学习效果与学生之间的合作紧密相关。项目学习以项目为载体,引导学生之间加强合作,做中学、做中思、做中研。如果高职院校实践项目不足,学生之间就失去了相互交流学习、取长补短的机会,那么势必会影响高职学生合作思维的形成,不利于学生实践经验的积累,不利于学生对新知识的探索。从师生合作的角度来讲,高职院校教学实践项目不足,阻碍了师生新知识的生成。学生不能将所学理论知识用以指导实践,也不能从实践中明晰自己的学习内容,故而导致教师与学生之间缺乏学习内容上的交集。教师只能扮演知识的讲授者,而不能成为师生自主探索学习活动的参与者。这将阻碍教师和学生共同从项目实践中探索新知识、新技能的步伐。从校企合作的角度来讲,高职院校教学实践项目不足,阻碍了校企合作的发展。高职学生缺乏对企业生产场景、生产流程、生产技术等的了解,缺乏项目实践经验导致学生在企业顶岗实习时不能够很快地进入工作状态,面对工作中出现的技术技能问题也无从下手。高职教师因实践项目不足,缺乏对企业生产实践的研究,知识更迭缓慢,跟不上企业生产技术转型升级的脚步,导致企业生产实践的需求与高职院校师生胜任力之间的不匹配,阻碍了校企合作的广度和深度。职业教育是面向市场的教育,是与产业伴生的教育。职业教育必须引领和服务产业发展,不断与企业、行业发展进行物质、信息和能量的交互,才能与企业共生共荣。

(四)班级评价制度失当

高职院校班级评价制度失当,不利于班级成员共生关系的生成。对学生而言,在构建班级文化时首先要把创造一个让学生感到快乐的班级生活放在第一位。只有让学生感到这个班级是自己喜欢的班级,班级的同学和老师是自己成长的好伙伴时,他们才会真正关注这个班级①。同样,对教师而言,也只有让教师感到愉快、喜欢并能帮助教师成长的班级,他才会真正关注这个班级。制度是行为的指挥棒,高职院校先进班级评价制度是高职院校班级建设的行动指南。当前,在高职院校先进班级评价制度中,其评选条件包括思想政治、学习成绩等多个方面。某校是本次调研学校中唯一的"双高"院校建设单位,其学生管理工作也曾获得教育部的表扬。在《某学院学生先进班集体、优秀个人评选表彰办法》中,第二条评选条件为:

1.先进班集体评选条件

1.1 思想政治好:有一个团结一致、积极工作、联系同学、起模范带头作用的班委会。全班同学坚持四项基本原则,积极拥护和支持改革开放,努力学习马克思主义、毛泽东思想、邓小平理论和"三个代表"重要思想、习近平新时代中国特色社会主义思想、坚持社会主义荣辱观,认真学习党的路线、方针、政策,关心国家大事,开展经常性的思想政治工作,圆满完成上级下达的任务。

1.2 文明风尚好:全班同学能学习和遵守国家法律和学生管理规章制度,形成了关心集体、团结同学、尊敬师长、爱护学校、爱护公物、讲文明、讲卫生、讲道德、讲礼貌的良好班风。维护国家利益和民族团结,正确处理国家、集体和个人三者的利益关系,增强社会责任感。

1.3 文体活动:积极开展多种形式的文艺、体育活动,坚持早操和课外活动,全班同学的体质不断加强,体育水平不断提高。在各种文艺、体育竞赛活动中多次获奖。

1.4 各项硬指标:

(1)综合考核成绩位于本学院前三名;

(2)坚持每两周至少开一次班会;

---

① 芮彭年.现代班级的文化建设[J].思想理论教育,2009(20):33-37.

（3）本学年课堂出勤率、活动参与率、文明寝室达标率、必修课通过率90%以上；

（4）综合测评成绩全班80%以上达到优良；

（5）本学年受到警告及以上违纪处分的学生不得超过3人次。

由此可知，在先进班级的评比中，由于思想政治、文明风尚等指标不好衡量，因此，某学校特加设了先进班级评选的硬指标，也就是最核心的评选条件。硬指标着重强调了学生学习和日常管理两个方面。学习是学生的第一要务，五条硬指标中第（1）（3）（4）条均与学习成绩有关，强调了学习在班级建设中的重要性，要求班级成员要努力学习。班级是学生学习的公共场所，第（2）（5）条与学生日常管理有关，强调了对班级学生的管理，要求班级成员遵守校规校纪。通过这些指标，无法观测到班级成员在先进班级建设中所扮演的角色以及为此所做出的努力。这五条硬指标并没有呈现出班级建设过程中班级目标与学生自我发展目标之间的相互作用；没有呈现出班级的组织作用，即班级成员之间的行为交互样态，班级成员之间是怎样一种联系；没有呈现出班级成员的班级情感、对班级的归属感。从一定程度上讲，目前某校的先进班级评选制度中存在人缺位的问题，不利于唤醒学生的班级意识，不利于引导学生的行为交互，不利于建立学生的班级情感。加之，五条硬指标内容弱化了辅导员（班主任）在班级建设中的核心作用。五条硬指标中只有第（2）条对辅导员（班主任）做了要求。从一定程度上讲，淡化了辅导员（班主任）在班级建设中的核心地位。辅导员（班主任）是班级建设的骨干力量，是班级建设的策划者、组织者、参与者、实施者、监督者和评价者，也是班级成员之一。弱化辅导员（班主任）在先进班级建设中的作用，不利于唤醒辅导员（班主任）的职业责任，不利于辅导员（班主任）规划自己的职业发展；不利于调动和激发辅导员（班主任）在班级建设中的积极性和创造性，导致其职业效能感低，容易引发职业倦怠。同时，由于班级建设成果的应用范围窄化，也减少了班级成员共生的动力。除了高职院校班级评价制度失当不利于班级成员关系的生成，高职院校班级建设成果应用的范围窄化也不利于高职院校的班级建设。同样以某校三好学生的评选条件为例：

2.三好学生评选条件

2.1 有正确的政治观点,坚定信念,热爱祖国,坚持社会主义荣辱观,遵守国家法律,拥护党的方针、政策。关心集体,爱护公物,团结同学,助人为乐,尊敬师长,热爱劳动,遵守社会公德,遵守学生守则及学校规章制度,学年无旷课,无违纪事例,无纪律处分。

2.2 学习目的明确,态度端正,热爱专业,勤奋学习,完成实习、实验好,有独立思考、刻苦钻研、分析和解决问题的能力,成绩优秀,无补考。

2.3 积极参加文体活动,坚持体育锻炼和课外活动。

2.4 积极参加社会活动,参加学生社团或社会实践活动。

2.5 学年综合测评成绩在全班前五名。

3.优秀学生干部的评选条件

3.1 在本学年担任学校学生会三大组织的学生和学校各部门协助服务管理工作并认定的学生,任期不低于一学期,工作积极肯干,富有开拓精神,工作成绩显著,受到同学和主管老师的好评。

3.2 同 2.1

3.3 学习目标明确,勤奋学习,刻苦钻研,成绩良好,无补考。

3.4 学年综合测评成绩在全班前十五名。

4.优秀毕业生的评选条件

4.1 认真学习中国特色社会主义理论,坚持四项基本原则,热爱祖国,热爱中国共产党,热爱社会主义,遵纪守法,遵守校纪校规,在同学中起到模范带头作用。

4.2 在校期间累计两次及以上被评为国家级、市级或校级三好学生标兵、三好学生、优秀学生干部称号或综合表现特别优秀的。

由此可见,在该校无论是评选三好学生、优秀学生干部,还是评选优秀毕业生,学生所在班级建设的情况均没有纳入评比条件。这在无形之中可能会误导学生:班级建设效果好坏,丝毫不影响学生个人的发展;只要学生个体优秀,就可以获评以上称号。同样,在该校无论是辅导员、思政理论课教师,还是其他类型教师的职称评审,教师所在班级的建设情况也没有被纳入评审条件。在优秀辅导员、优秀教师等评选中,也未将班级建设情况纳入评比条件。这就非常容易误导教师:班级建设效果好坏与教师个人发展无关;教师只要个人业绩好,就可以评职称。如果学生、教师认为班级建设的好坏与自身发展无关,那么教师和学生之间就失去了建设班级的需求,失去了建设班级的动力。至此,班级共同目标、行为交互和归属感也就失去了讨论的意义。

　　立德树人是高职院校的根本任务,高职院校也将培养德技并修的高技术技能人才作为人才培养目标,但高职院校班级评价制度失当、相关制度尚未健全,导致立德树人的根本任务难以在班级中落实。高职院校没有规定班级育人主体各自的育人职责和育人权利,无法从制度上去调动班级育人主体的育人积极性。辅导员管理制度缺失,在班级建设中辅导员权益未得到应有的保障,导致辅导员职业倦怠。高职院校辅导员承担着班级建设的重要职责,但辅导员在班级建设中应承担什么样的育人职责,应享受什么样的权利,高职院校并没有一个明确的制度呈现。这就容易在班级建设时形成一种误区:凡是与学生有关的事情,都属于辅导员的职责范围;但在班级育人过程中,学生在学习上取得的成绩、奖项却与辅导员无关。同时,任课教师管理制度缺失,影响了教师个人的专业发展。在班级建设中没有对任课教师的职责进行明确规定,这就容易导致任课教师不愿意钻研教材、不愿意提升职业能力、不愿意全身心投入到班级教学。任课教师管理制度缺失,教师在班级建设中的育人职责不明,会影响教师在班级中的育人积极性。如当班级被评为优秀班级后,作为班级成员的任课教师却不能获得相应的成果认定,那么任课教师会认为班级建设与自己无关,进而不愿参与班级育人活动。另外,校企合作是高职教育的重要组成部分,企业师傅进课堂也是高职院校班级教学的一种新常态。由于缺乏对企业师傅的管理制度,企业师傅的育人职责是什么,应该享有什么样的权利,会面临什么样的职业能力考核等尚不明确,这就从一定程度上导致了企业师傅不愿意带徒弟,不愿意真心传授徒弟知识和技能,不愿意参与高职院校的班级建设。高职院校没有出台班级主体联合育人的管理制度,无法形成育人主体之间的联动,不能对班级育人资源进行有效整合。这对提升高职院校班级的育人效果带来巨大的挑战。

四、本章小结

本章主要通过问卷调查和访谈的方式,对高职院校班级建设现状进行了调查。对调查数据进行分析整理后发现,当前高职院校班级建设中班级主体间信息交互内容少且频率低、行为交互的目标模糊、主体间的作用力弱的现象较为突出。经分析后发现,其主要原因为高职院校班级成员缺乏群体意识、缺乏目标同构、行为缺乏多重互嵌和政策制度失当。这就要求高职院校在建设班级时,要从多元主体的需求出发,着力构建多元主体间强有力的交互关系,才能构建出一个有活力、有凝聚力的班级,才能从源头上保证高职院校人才培养的质量。

第三章 高职院校班级的多元诉求

高职院校的班级建设对于促进师生发展、提升高职院校人才培养质量有着重要的作用。高职教育的高质量发展对高职院校班级建设的发展提出了新要求。在省思班级建设现有问题的基础上,遵循高职院校人才培养的规律,从应然的角度解析高职院校班级建设的内在诉求。

一、班级成员的多元需求

(一)班级领导者——辅导员的需求

首先,被尊重的需求。教育部第43号令中明确规定,辅导员是班级管理工作的组织者、实施者和指导者。如果辅导员认为自己没有受到班级成员的尊重,如果认为自己想被他人尊重的需求没有被满足,那么他就不愿意主动去思考、设计班级活动。缺乏设计感的班级活动很难调动班级成员积极参与,难以激活班级的活力。在对高职院校辅导员的访谈中发现,高职院校辅导员最渴望得到班级成员的尊重和认同。其中一名受访辅导员说:"辅导员在班上被专任教师看不起。专任教师认为辅导员干的就是一些诸如学生请假、查学生旷课等杂事情。我带了6个班,一共253名学生。每天都在查学生上课出勤率,找旷课学生谈话,解决学生之间的矛盾。如果哪个班的某个学生没来上课,学科老师就趾高气扬地打电话质问我,'你怎么管学生的?''学生都没来,你这学风班风怎么抓的?''天天坐在办公室干什么呢?'专任教师说话的语气着实让人感觉辅导员工作低人一等,不管你白天晚上怎么加班,不管你周末怎么和学生谈心谈话,在专任教师眼里,就是看不起辅导员。"由此可见,辅导员、专任教师同为一个班级的成员,辅导员希望得到专任教师的尊重。

其次,指导班级学生获奖的需求。自学校实行绩效工资以来,学校、校内二级单位强化了对教师指导学生获奖的考核。如果辅导员或专任教师能够指导班上学生参加学校认定的技能竞赛并获奖,那么他们将获得相应的奖金收入、绩效奖励、教师评优评先的资格和教师职称晋升的积分。高职院校技能竞赛比较多,比赛类型也很丰富,有师生个人赛、师生团体赛等。一般而言,专任教师带学生参与技能竞赛比较容易获奖。与之相比,辅导员能够带班级学生参加比赛的机会就比较少,且能参与的比赛等级较低,获奖的概率也较低。这将影响辅导员的绩效工资。辅导员的薪资待遇常常处于所在学院的末尾。辅导员薪资待遇低容易给人造成其能力不强的假象。辅导员也渴望通过班级获奖,证明自己的工作能力,获得专任教师、学生等的尊重和认同。

再次,职称晋升的需求。教育部第 43 号令中明确规定,辅导员具有教师和管理人员的双重身份。作为教师,辅导员必须加强专业学习,一方面要与时俱进地研究班级工作中出现的问题,寻找最优的解决方法和手段,总结和发表相应的班级建设的科研成果,与更多的班级管理者共享;另一方面需要通过职称晋升提升在学生管理、班级建设、绩效分配中的话语权。辅导员只有具备高级职称,才有更多的机会参与学校事务管理,才有更多的机会参与校外班级研究论坛,才能提升辅导员在二级单位的薪资待遇。

(二)学习指导者——学科教师的需求

首先,有序教学的需求。目前高职院校班级的班额一般在 40 人左右,由于高职院校学生的学习习惯通常不太好,上课讲话、吃东西,旷课的情况时有发生。因此,作为高职院校班级学习指导者的专任教师,首先就是希望确保班级教学的有序性,如确保学生的出勤率、课堂纪律、作业完成率等。尤其是在职业教育高质量发展的今天,各高职院校加大了对学生课堂的检查力度。如果课堂上学生的出勤率低、抬头率低、参与率低,那么负责该课堂教学的教师将被约谈、通报、扣发绩效工资等。因此,有序教学是专任教师的首要需求。

其次,专业发展的需求。传承、发展学科知识,利用学科知识服务社会发展是高职院校专任教师的重要使命。因此,在班级教学过程中,专任教师一是希望通过指导学生参加学科知识学习,训练学生的学科思维,让学科知识得以更大范围地传承;二是希望通过指导学生分析学习过程中存在的问题,进一步丰富和发展学科知识,提升学科知识的使用范围和影响力;三是在指导学生学习的过程中,通过查阅资料,分析学科建设中存在的新问题,找到解决问题的新方法,借此促进专任教师自我专业能力的提升和科研成果的产出,实现教学相长。

再次,职称晋升的需求。职称是对专业技术人员专业技术水平、能力等的称号。从一定程度上讲,不同的职称等级反映着专业技术人员不同的技术水平和工作能力。对专任教师而言,一方面作为专业技术人员,取得高级职称是其具备高级专业技术能力的象征,是对其从事学科教育工作或专业教学工作的肯定;另一方面,从现有的绩效制度来看,职称晋升还意味着薪酬的增加。在高职院校专任教师的职称晋升条件中,带学生参加技能比赛获奖是一个必需的条件。班级学生参加"1+X"证书的通过率也是专任教师职称晋升的一个重要加分项。因此,专任教师希望通过与班级学生的相互合作,满足其职称晋升的需求。

(三)生产实践技术指导者——企业师傅的需求

首先,获得班级成员尊重的需求。2019 年,教育部办公厅印发了《关于全面推进现代学徒制工作的通知》,要求全面推进现代学徒制。企业师傅深入班级教学,对学生进行生产实践技术的指导已成为一种常态。尽管这些企业师傅有着丰富的生产实践经验,但由于他们的学历、职称偏低,因此高职院校班级的、辅导员甚至学生对企业师傅的态度显得有些冷漠和不尊重。一位受访的企业师傅说:"和高职学生在一起学习很难受。休息时间学生和我迎面而过,他们常常假装没看见我,连个招呼都不打。当我主动跟班上的其他老师打招呼时,人家最多就嗯一声,也不愿更多搭理我。感觉很尴尬。"如果相互之间没有尊重,企业师傅不愿对学生进行生产实践技术的指导,也不愿与专任教师、辅导员交流学生在生产实践过程中存在的问题。

其次,获得经济报酬的需求。在现代学徒制中,企业师傅是代表合作企业向高职学生传授新技能、新技术。对于企业师傅而言,掌握着新技能、新技术的企业员工本身就是企业的骨干,就应该拿高薪。现在他们又担负着指导高职学生生产实践的职责,就应该获得比在企业原岗位工作时更高的薪酬待遇。

再次,获得产业界和教育界认同的需求。企业师傅是企业骨干,是企业先进技术技能的代表,担负着培养行业新人和技术能手的重要职责。因此,企业师傅通过对高职学生生产实践技术的指导,树立企业在社会上的责任担当;通过培养高职学生,通过师傅和徒弟之间的合作,引导学生分析解决生产过程中的复杂问题,提升企业的品牌形象;通过和高校专任教师、学生的合作,进行企业生产过程中的技术攻关,确立企业和师傅的领军者的形象,进而获得产业界和教育界的认同。

(四)班级主体——学生的需求

首先,被欣赏的需求。高职学生在基础教育阶段,由于学习基础薄弱,学习习惯不好等原因,曾经或多或少被贴上了"问题学生"的标签,导致学生沦为基础教育课堂上的边缘人。在高职学习阶段,来到新环境,学生们从内心深处希望自己能够受到老师、同学的肯定和赞扬,想证明自己的学习能力和社会价值。一位受访的学生说:"自己中学阶段没有认真学,确实学习成绩不好。老师就经常向家长告状。久而久之,老师、家长都认为我是差生。觉得什么事情交给我做都不放心,觉得我什么事情都做不好,还动不动就冷嘲热讽。其实,并不是他们认为的那样,而是……既然他们认为我不行,那我干脆就不去思考、不去学了。如果他们相信我、欣赏我,觉得我可以做好,那么我就肯定会尽最大的努力去把事情给做好。"由此可见,对于高职学生而言,被欣赏才会激发他们的内在潜力,被欣赏才会鼓励其参与班级活动,被欣赏才会成为他们行动的不竭动力。

其次,获得自由、快乐的需求。基础教育阶段,学生受高考压力的影响,升学是学习的第一动力;进入高职学习后,升学不再是学习的第一动力,取而代之的是学生想获得自由、追求快乐的需求。高职学习开启了他们人生中新的一页,面对众多的新同学、新活动、新环境,学生有了更多的学习机会,课堂学习不再是他们学习的唯一途径。他们希望能够根据自己的兴趣爱好,选择自己喜欢的专业技术领域进行探索,他们喜欢用自己的方式去寻找答案或解决问题的方法,不愿意亦步亦趋地被动追随老师讲课。他们希望通过努力证明自己的价值,获得他人的认可,感受成功的快乐,而不希望一味地被别人批评和教育。

再次,就业的需求。高等学校在分配职业阶梯等级和社会结构中起着重要的作用。在我国,高职教育是一种重要的高等教育类型。高职学生希望通过班级学习,获得高等教育的学历,掌握一定的技能技术,以便将来能够找一份满意的工作,满足就业的需求。高职学生更加关注专业知识的学习,更加关注技能技术的学习,更加注重实践性学习。他们希望能够更多地参与专业学习,为将来的生产实践做准备。同时,在就业需求引导下,高职学生更希望与人合作,希望能和更多的人一起参与活动,在更多人面前展现自己的能力。

二、多元需求的实现要求价值统整

学者瞿葆奎认为,教育的本质是培养人,人的问题是教育的中心问题;教育是为人的教育,把人作为社会主体来培养,要调动人的积极性[①]。吴同喜博士曾直言,高职教育的本质问题就是“人”的问题[②]。本研究认为班级是指学校为了实现其人才培养目标,按照一定的教育任务或原则,以学生的学龄和学习水平为标准进行编排而成的群体;通过群体成员的相互交往、共同行动,促进群体成员的个人发展和班级共同发展目标的实现。由此可见,班级共同体研究是一个关于人的研究,是一个为了人、依靠人、最后促进人发展的研究,即以人的需求为出发点,依靠人与人之间的相互协作,最后共同促进人的发展的研究。人,在班级共同体研究中有着举足轻重的地位。所以,以人为本是班级共同体建设的基石。高等教育无论多“高”,也是培养人的教育。人是高等教育研究的逻辑起

---

① 瞿葆奎.教育基本理论之研究:1978-1995[M].福州:福建教育出版社,1998:471.
② 吴同喜.马克思主义人学视域下我国高职教育人才培养模式构建[D].长春:东北师范大学,2018:1.

点,也是研究的落脚点①。对于人生命的关注从古至今都是教育的重要课题,从苏格拉底把教育转向对人的重视,到卢梭、裴斯泰洛齐及福禄贝尔主张遵循自然的教育观,再至以柏格森和狄尔泰为代表的生命哲学,以及如今的主体性教育、人文主义教育和我们倡导的生命教育等,都把教育研究的目光投注到人的生命的存在与完善上②。由此可见,关注人的发展、关注人的生命存在已然成为教育研究的重要命题。因此,高职院校班级建设首先应当聚焦班级成员的生活样态、勾勒其成长路径和凸显其生命价值。高职院校班级建设应遵循人本理念。该理念主要表现为:为了人、依靠人和发展人,即以人的发展需求为出发点,以调动人的主体性为抓手,以促进人的发展作为归宿。高职院校班级建设在明晰人本理念内容的基础上以人的需求为核心进行价值统整。如图 3-1所示。

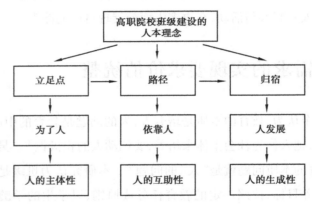

图 3-1　高职院校班级建设的人本理念图

(一)尊重个体需求

首先,尊重人的需求,就要加强对人的需求的认识。班级是班级成员共同成长的场所,是班级成员生命样态的呈现。李家成认为,教育是一项"成人"的

---

① 李均,黄丹阳."人"的回归与高等教育研究的微观转向:来自微观史学的启示[J].江苏高教,2021(8):35-40.
② 陈旭远,孟丽波.生命化教学的理论构建与实践样态[J].教育研究,2004(4):69-72.

事业,人的问题是研究者认识班级的核心眼光①。而人之所以为人,就表现为具有人的众多需求这一内在的必然性和客观实在性②。对于需求,马克思认为,人对物质精神生活的内在向往即为需求,人的每一种本质活动、生活本能都会表现为一种需求③。需求产生心理张力,为人的行为变化提供能量④。由此可见,人对自我需求的追求会触发其行为的产生。换句话讲,需求为人的行为的产生提供了内在动力。由于人的需求的产生,一方面受到社会物质生活条件的制约,另一方面也受到个人喜好等条件的影响。所以,在班级建设过程中,班级成员个体的需求存在着内容、层次等方面的差异。法国教育家保罗·朗格朗说过,教育所面对的是生活在各种环境中具体的人⑤。所以,班级建设必须承认班级成员发展需求的差异,尊重班级成员个体的发展需求,才能激发班级建设的内在动力。

其次,尊重人的需求,就要加强对人的需求的有效满足。尊重班级成员的发展需求,不等于立刻满足其所有的需求,而是在尊重历史发展的客观条件下,有序有效地满足成员个体的发展需求。一是把准实际需求。通过调查、走访、参与班级教育教学活动等方式"沉下去",沉到高职院校班级中去,深入了解高职院校班级师生的实际需求。按照需求内容的类别、层次对班级成员当前的需求进行梳理,按照需求实现的难易程度进行排序,设计需求满足的路线图。二是把控好资源供给。以班级成员的实际需求为轴心,对现有资源进行整合。根据先易后难的原则,有针对性地、分步骤地满足班级成员的需求。班级成员发展需求得以满足的过程,也是班级资源创生的过程。要统筹安排资源,提升资源的有效供给和资源利用的最大化。三是做到供需平衡。通过畅通需求反馈渠道,实现供需内容的信息对称,"将供给侧与需求侧有机结合起来,能有效化

① 李家成.论教育学立场下的"班级"[J].思想理论教育,2003(10):30-33.
② 余启军.需求视阈下大学生可持续发展能力提升路径研究:由西方经典"需求理论"引发的启示[J].湖北社会科学,2014(12):170-173.
③ 弗里德里希·恩格斯,卡尔·马克思.马克思恩格斯全集:第2卷[M].北京:人民出版社,1956.
④ 库尔特·勒温.人格的动力理论[M].王思明,叶鸣铉,译.北京:北京理工大学出版社,2014.
⑤ 保罗·朗格朗.终身教育引论[M].周南照,陈树清,译.北京:中国对外翻译出版公司,1985.

解产能过剩,实现供需两旺,让供给侧和需求侧处于动态平衡中"①,进而实现"尊重和认识当前的个体需求→根据当前条件进行合理满足→提升成员个体的实践能力→助力班级共同体建设→产生新的需求"的良性循环,确保班级成员的需求得到有序、高效、持续的满足。

(二)协商主体需求

首先,协商主体需求,就要依托人的交互主体性,促成人从抽象人向现实人的转变。交互主体性是指,一种将他人看作与自身具有同等地位的主体并自觉以此为思考和行动原则的基本意识和观念②。马克思对人的本质的阐述,蕴含着交互主体性的深刻内涵。马克思认为:"人的本质并不是单个人所固有的抽象物。在其现实性上,它是一切社会关系的总和。"③他认为,人对自身所拥有的任何关系,只有在与他人的关系中才能得以存在和实现。④高职院校的班级建设归根结底是人的建设,是人的实践。通过班级建设的实践,通过班级成员之间的互动,建立与他人之间的关系,组建起个人与他人之间的社会关系网。处于社会关系网中的人,可以更加清晰地认识自我价值和他人价值、认识自己和他人在社会关系网中的位置节点等。由此可见,通过实践,实现了班级成员从抽象人向现实人的转变。

其次,协商主体需求,就要依托人的交互主体性,促成共同目标的生成和实现。由交互主体性的概念可知,在同一活动中,人人都是主体,人人平等享有思考和行动的权利。交互主体性强调主体之间的沟通与交流,既凸显了主体的能动性和创造性,又凸显了主体之间的相互依赖性。由马克思对人的本质的阐述可知,人的存在是一种共同活动,是一种相互依存的共在关系。只有通过与他人的交往,人才能存在和发展。在人类发展的过程中,每个个体都是具有同等

---

① 张华敏. 新时代背景下高校思想政治教育供给侧改革的路径研究[J]. 许昌学院学报,2018,37(3):90-93.

② 刘兴盛. 人类命运共同体何以超越单边主义:基于马克思人的本质思想的一种分析[J]. 东南学术,2021(6):48-55.

③④ 弗里德里希·恩格斯,卡尔·马克思. 马克思恩格斯选集:第 1 卷[M]. 北京:人民出版社,1995:56,164.

地位的主体,都扮演着生产者的角色。依靠这种共同活动,人们才能生产物质资料和精神资料,才能在彼此相互努力的基础上,满足个体及他人的需求。人在共同活动中,形成了相互依赖的共生关系。这种互利互惠的共生关系,更容易促成共同目标的生成和实现。因此,高职院校班级建设要主动遵循人发展的规律,依托人的交互主体性,积极营造民主平等的沟通环境,形成班级成员之间互惠互利的生产关系,促成班级共同体目标的生成和实现。

(三)生成共同需求

首先,在生成共同需求的过程中促进人身份的生成。人的存在总是与他人共在,通过与他人的言语沟通交流,在相互理解的关系中生活、交往①。通过人的交互主体性,人与人之间建立起社会关系,形成各种身份,承担着不同的生产任务。其次,在满足共同需求的过程中促进人的全面发展。通过人的交互主体性生产,不断满足主体的需求,形成了互利互惠的共生关系,促成了人们共荣共生和共同发展。马克思指出,只有通过人与人之间的相互作用才能促进人的全面发展②。人的交互主体性生产促进了劳动的产生。劳动是实现人全面发展的重要途径③。因此,在高职院校班级共同体建设中,要依托班级成员的主体性,充分发挥每个成员在班级建设过程中的生产作用;同时要加强信息交互和平等沟通,才能确保供需的高效匹配。为了更好地满足个体和他人在交互过程中所产生的需求,班级成员需要加强学习,提升班级资源的整合能力,通过全方面提升自己的劳动能力创造出更多的物质资料和精神资料。由此可见,通过班级成员在班级建设过程中的交互生产,促进了劳动的产生。而劳动是实现人全面发展的重要途径,正是通过生产劳动,拓展了班级成员的视域,提升了个体服务自己和他人的劳动能力,促进了班级成员的身心发展,进而促进人的全面发展。

---

① 刘要悟,柴楠. 从主体性、主体间性到他者性——教学交往的范式转型[J]. 教育研究,2015,36(02):102-109.

② 弗里德里希·恩格斯,卡尔·马克思. 马克思恩格斯选集:第1卷[M]. 北京:人民出版社,1995:571.

③ 胡君进,檀传宝. 马克思主义的劳动价值观与劳动教育观——经典文献的研析[J]. 教育研究,2018,39(05):9-15+26.

三、多元需求的实现要求实践行为的多重嵌入

2022 年 4 月 20 日,国家修订通过了《中华人民共和国职业教育法》。该法第一章第二条就明确了职业教育的定义。职业教育,是为了培养德技并修的高技术技能人才而实施的教育。职业是职业教育存在的前提,职业性是职业教育的本质属性,自从职业教育孕育的那一刻起,就决定了职业性必将伴随着职业教育从萌芽、发展到成熟的整个过程[①]。同时,职业教育是一种培养高素质技术技能人才的教育,所以技术性也是职业教育的本质属性[②]。此外,职业产生于社会分工,职业教育与社会发展紧密相连,职业教育源于社会发展需求,"为经济社会发展培养生产、建设、服务、管理一线的技术技能人才"[③]。社会需求影响着职业教育发展的方向,为其提供动力和外在支持。因此社会性也是职业教育的本质属性。由此可知,高职院校班级具有职业性、技术性和社会性等三重特征。

班级是高职院校培养学生的重要载体,是班级成员学习生活的主要场所。班级成员的多元需求的满足也应根据高职院校班级的特性而展开。立足于职业性,基于职业道德提升,实施育人活动,促进个体与他人的行为互嵌;立足于技术性,基于职业技能学习,实施高职院校班级教学,促进个体与群体的行为互嵌;立足于社会性,基于职业实践,实施高职院校班级管理,促进群体与群体之间的行为互嵌。高职院校班级建设的职业实践理念,如图 3-2 所示。

(一)个体与他人的行为互嵌

教育的本质是育人。人的需求是教育的起点,人的行为是教育的载体,人的发展是教育的归宿。由于职业教育是以培养职业人为目的,因此高职院校班

---

① 张成涛. 在"职业性"与"教育性"之间:论职业教育价值取向[J]. 职教通讯,2010,25(4):12-15.
② 刘斌,邹吉权,刘晓梅. 职业教育产教融合的逻辑起点与应然之态[J]. 中国高教研究,2017(11):106-110.
③ 段振榜,张洪. 职业教育职业性、社会性、人民性解读[J]. 职业技术教育,2006,27(19):14-16.

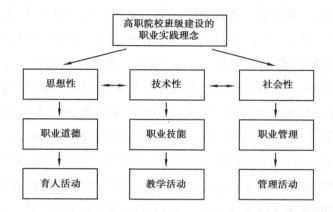

图3-2　高职院校班级建设的职业实践理念图

级成员需求的提出、满足需求的行为等都要受到职业道德的约束。职业道德是个体遵守职业规范与行为准则的行为意向,以及在认同所从事职业的基础上,通过内化形成的对所从事职业的积极态度和价值观①。职业道德从本质上说,是一项实践性的道德标准,只有在职业活动中,个人行为参与到职业生涯实践,才能更加真切地把握职业道德蕴含的内容和要求,并更好地执行②。因此,高职院校班级应立足于职业性,基于职业道德提升,实施育人活动,促进个体与他人的行为互嵌。

　　首先,通过个体与他人的行为互嵌,深度感知职业道德内容,敞现、调整个体发展的需求。职业道德的内涵较为复杂,内容具有层次性。学者王建新认为:职业道德可分为"职业认知、职业情操和职业使命"三个层次:职业认知是指个体对某种特定职业的态度以及对该职业纪律的认识和遵守;职业情操是指个体对特定职业的文化价值及其社会意义所产生的复合感情,主要包括职业良心和职业责任;职业使命是指个体对自身职业的一种不懈追求,并以此为荣的一种心理状态,主要包括职业理想和职业荣誉③。需求是个体行为的指南,行为是

① 赵志群,杨琳.对我国职业院校学生职业道德发展状况的诊断研究[J].职教通讯,2011,26(21):23-29.

② 梁静.工学结合模式下的高职生职业道德教育路径探究[J].学校党建与思想教育,2019(10):62-64.

③ 王建新.论当前职业道德的结构模式[J].学术论坛,2005,28(9):124-128.

需求的直观表达。班级成员通过个体与他人之间的行为交互,真实、直接地表达自己的发展需求,让对方能够真切感受自己的需求。但是一旦出现行为交互双方的需求相冲突,或者双方的需求与高职院校班级育人要求不符,就需要以职业道德对个体需求进行规范。只有通过班级成员个体之间的行为交互,才能深度感知职业道德的深刻内涵,才能自觉遵循职业道德,调整个体发展的需求。

其次,通过个体与他人的行为互嵌,体验职业道德应用情境,寻找双方行为的契合点,据此形成发展的合力。由上文可知,职业道德是规范、调整高职学生个体需求的重要标准。由于职业道德是高度角色化和实践化的道德[1],因此班级成员需要在情境中才能系统感知职业道德的功能和作用。只有通过真实的职业情景,才能萌生和发展自己的职业道德,才能养成自己的职业道德习惯,最终实现高职院校职业道德培养的目标,完成高职学生向职业人身份的转换[2]。通过在模拟或现场工作场景中解决问题,让学生深切感受到职业行为的价值和自己所承担的职业责任。情境的创设缩短了学生现状与工作内容的距离,增强了形象的现实感[3]。高职院校班级通过创设职业道德教育情境,设定工作场景和设置工作角色,引导班级成员系统感受职业道德的影响力,从而自觉调整自己的发展需求,约束、规范双方的行为;引导班级成员系统感受职业道德的引领力,进一步丰富了双方的发展需求,拓展了双方的行为空间,扩大了双方行为的契合点,增强了双方发展的合力。

最后,通过个体与他人的行为互嵌,感知协作的意义,创生个体发展的资源。高职院校班级从学校获取的资源是有限的,并不能满足成员所有的发展需求。由于班级成员来自不同的家庭,有着不同的知识、技能和生活经验。班级成员可以通过个体之间的互动与合作,将这些不同的个体资源进行融合;通过分享知识、切磋技能等方式,从对方身上学习到新东西,创造新的班级资源,进而生成满足自我发展需求的资源。

① 敖美蓉. 体验式教学在高职学生职业道德培养中的应用[J]. 中国成人教育,2010(14):171-172.
② 张华敏. 高职院校三环相扣职业道德培养模式研究[J]. 内蒙古师范大学学报(教育科学版),2014, 27(9):50-52.
③ 裘燕南. 创设丰富教学情境 提高学生职业素养[J]. 中国职业技术教育,2007(7):10-11.

（二）个体与群体的行为互嵌

职业教育是以培养高素质技术技能人才为目标的教育,所以技术知识传承与创新是职业教育的主要内容。而职业技术知识源于工作实践,并在工作实践中得到理解、应用和发展。实践中的问题通常都比较复杂,需要通过多人之间的合作才能够解决。因此,高职院校要立足于技术性,基于工作任务,促进班级成员个体与群体的行为互嵌,提升班级成员合作解决问题的能力,满足其技能提升的需求。

首先,基于工作任务,推动个体与群体的行为互嵌,优化班级发展愿景,画出最大同心圆。职业教育学习的过程实质上是一个真实的工作过程,学习发生在工作之中,工作过程就是学习过程①。所以,职业教育的课程教学着眼于工作岗位所需要的知识和技能,以提升工作岗位胜任力为目标,即引导学生完成符合学习水平的工作任务,获得工作所需要的职业能力。由此可知,高职院校班级课程的教学目标来源于两个部分,一是该专业未来所对应的工作岗位所需要具备的技术技能要求和生产服务能力,二是学生在实际工作任务中所遭遇的问题、困惑而产生的学习需求。从教师的角度来讲,这就要求专任教师个体在教学过程中要坚持系统的观点,从人才培养方案入手,了解本门课程在人才培养中所起的作用,全面了解所授课程培养学生在未来专业岗位上应具备什么样的知识和技能。同时,专任教师还必须打破学科教学体系授课模式,立足于工作任务,在职业情境中了解学生的学习需求、学习困惑,将自己的教学活动与学生群体的学习行为进行互嵌,调整课程教学目标,拓展师生的行为交集。从学生的角度来讲,通常情况下,学生个体在学习过程中拥有多个学习目标和自己独特的学习行为。但由于职业教育是基于工作任务的项目式学习,学生个体只有参与工作任务,与其他成员一起合作才能完成任务。因此,学生个体要主动调整自己的学习目标和学习行为融入工作项目团队,画出最大同心圆;与团队成员分工协作,行为互嵌,在完成工作任务的同时,达成自己的学习目标,实现自

---

① 赵文平. 德国职业教育工作场所学习形态分析[J]. 现代教育管理,2018(11):108-112.

我成长的需求。

其次,树立共生共荣的理念,推动个体与群体的行为互嵌,建立班级归属感,获取群体能量。一是高职院校辅导员要树立共生共荣的理念,走进班级学生群体,深入教室和宿舍,关心鼓励学生,及时帮助学生解决学习和生活中的困难。通过辅导员与学生群体的行为互嵌,和谐师生关系,营造良好的班级氛围,提升师生对班级的归属感。二是高职院校专任教师要树立共生共荣的理念,在教学过程中切实以学生为中心,及时发现学生在项目学习中所遭遇的困难,及时对学生予以个性化指导和帮助,提升学生群体分析、解决问题的能力。同时专任教师在服务学生的过程中,强化了专业知识和技能的学习,优化了教学设计和方式方法。专任教师促进自我专业化发展的过程也是一个更好地服务学生群体的过程。通过专任教师与学生群体的行为互嵌,密切师生关系,促进教学相长。三是企业师傅要树立共生共荣的理念,主动将个人行为融入学生群体,切实引导学生群体解决实际工作中的问题。通过企业师傅与学生群体的行为互嵌,企业师傅将赋能学生的成长,让学生在师徒实践中思想有感悟、知识有增长、技能有提升;企业师傅也将赢得学生群体的尊重。

最后,基于身份感应,通过个体与群体的行为互嵌,感知制度的价值。班级成员都是独立的个体,拥有着独特的行为模式。这些行为模式在很大程度上塑造了个体的性格、价值观和需求。班级成员为了获得个人发展的资源,须与班级其他成员、其他群体之间保持相互影响、相互塑造的互嵌关系。班级成员通过与群体之间的行为互嵌,感知到群体的需求和行为模式,感知群体制度、规则对群体行为的统摄作用。为了满足自己的发展需求,他不仅要感知该群体的行为模式,理解并认同该行为模式所蕴藏着的深刻内涵,还要遵循该群体的行为模式并相应地调整自己的行为,才能更好地融入该群体。

(三)群体与群体的行为互嵌

职业是"一个人作为独立的社会单位存在,在谋求自己生计的同时进行社会联系和自我实现的持续活动方式"①,是"从业人员在特定社会生活环境中所从事的一种与社会成员相互关联、相互服务的社会活动"②。由此可见,职业是一种人与人之间的社会活动,社会性是职业的本质特性。职业教育是一种在职业实践中培养职业人的教育,是高职院校教师、企业师傅等职业人群通过实施班级教学实践、班级活动等行为交互,促进学生向职业人转变的一种教育类型。由于班级是师生聚合体,班级成员在个人需求的驱动下,与其他成员建立和保持着不同的社会关系。因此,为了促进学生向职业人的转变,高职院校要通过班级群体与群体之间的行为互嵌,构建高职院校班级目标,强化班级目标对班级成员需求的引领作用;构建高职院校班级管理制度,确保班级成员需求的有序满足;构建高职院校班级文化,形成班级成员发展的能量场。

首先,通过群体与群体的行为互嵌,构建高职院校班级目标,强化班级目标对班级成员需求的引领作用。陆群等学者认为,职业教育是跨越传统学校教育与企业培训的教育,需兼具学校思维和企业思维……将合适的企业职业管理和活动前移到职业院校的教育教学中实施,是跨界教育的深度体现,更是提高人才培养质量与企业要求吻合度的有效途径③。由此不难看出,一方面高职学生的职业发展目标,源自个人职业发展的需求,是推动个人职业向前发展的动力。另一方面,高职院校班级也是多个职业群体聚集的场所,班级成员的发展目标受到职业群体需求的影响。因此,班级成员在确立个人职业发展目标时,不能仅考虑个人的职业发展,还要考虑其他职业群体的目标。通过班级成员群体之间的有序交往与合作,求取班级成员群体职业发展需求的最大公约数,构建高职院校班级目标。以此为引领,指引班级成员发展的方向;以此为指南,确立班级发展的阶段性目标;以此为依据,调整班级发展过程中人员、资源等的分配;以此为指挥,协调班级成员个人职业发展的节奏,促进班级成员个人职业发展

① 苏文平,方维敏.专业技术类人才职业生涯发展方略探讨[J].中国人力资源开发,2006(6):89-92.
② 王春雨.职业审美何以可能——以新时代职业生活为中心[J].东北师大学报(哲学社会科学版),2021(4):110-118.
③ 陆群,王从容,汤昕怡.在高职院校学生教育管理中引入企业职业管理要素的探索[J].中国职业技术教育,2016(4):76-79.

与班级各群体发展目标之间的同频共振。

其次,通过群体与群体的行为互嵌,构建高职院校班级管理制度,确保班级成员需求的有序满足。由于高职院校兼具职业教育和高等教育的双重属性,因此,跟普通高等学校相比,高职院校师生还应具备职业人的身份。职业人的身份是如何产生的呢?温格认为,身份是人与人关系的表征,身份"通过在实践中的参与关系而得到建构"①。由此可知,高职院校班级成员职业人身份的产生应来源于高职院校班级群体之间的行为交互。由于身份是关系的表征,会随着在实践过程中参与关系的改变而发生变化,从而呈现出动态特征。因此,高职院校要构建和维护班级成员职业人的身份,就要构建相应的班级管理制度。一是通过班级管理制度,确保职业实践的开展。只有在真实的职业实践中,学生才能真正参与职业实践,才能通过职业实践建立或维护不同的生产关系,才能产生真实的职业人的身份。二是通过班级管理制度,确保班级群体能够成为合法的参与者。从制度的角度,确立班级不同群体参与职业实践的合法性。即班级中不同的群体都可以参与班级职业实践教学、班级职业实践活动等,能在职业实践中相互沟通、自由交流。三是通过班级管理制度,强化对职业身份的认同。通过构建班级管理制度,让班级中不同的职业群体广泛地参与到职业实践中来。只有班级成员真正参与职业实践,才能更全面了解班级成员的范围,对其他班级成员有更全面的认识,才能识别出更多的合作机会。班级管理制度促使班级成员之间有更多的人际交流,也会对班级成员主观意识的构建产生影响,促使班级成员与内在自我进行协商、与班级成员进行协商、与班级群体进行协商,有助于强化班级成员对职业身份的理解和认同。

最后,通过群体与群体的行为互嵌,构建高职院校班级文化,形成班级成员发展的能量场。学者顾明远认为,只有通过文化研究才能触摸到事物的本质特征②。班级文化是班级成员所共有的价值观念、共同的观点、看法,以及共同的行为方式、语言等。班级文化的本质,是班级成员在实践过程中所形成的共享

---

① 埃蒂纳·温格.实践共同体:学习、意义和身份[M].李茂荣,等译.南昌:江西人民出版社,2018:53.
② 顾明远.中国教育的文化基础[M].太原:山西教育出版社,2004,前言.

技艺库。在班级建设过程中,班级成员相互沟通、相互协商后所达成的对事物的认识,对所做事情的共同描述,或经协商后所形成的共同的行为方式等,都是班级文化的表现。由于班级成员间存在认知能力、理解能力、行为参与程度等方面的差异,班级文化的形成不能一蹴而就,而是一个逐步发展的过程。起初,目标相似、行为相近的班级成员形成一个小群体,形成班级的亚文化。而后,通过班级实践促进班级群体之间的行为互嵌,在实践中创造、总结、筛选班级群体之间共享的经验做法,形成班级文化。实践是班级文化产生的源泉,在班级实践过程中,班级群体对学校或班级其他群体已有的文化进行重新理解;班级群体根据其在班级实践过程中的参与行为,重新生成班级文化,规范、约束、引导或激励班级成员行为,成为班级成员发展的能量场。

班级文化是营养剂,让班级成员在班级实践过程中获得归属感。通过班级群体之间的行为互嵌,确保了班级群体公平享有班级实践的权利,增强了获取班级资源的公平性;班级群体可以在班级实践中获得更多学习与发展的机会,增强了获得感;同时还密切了班级群体之间的情感,增强其情感归属。情感因素是共同体成员强烈归属感的来源①。实践是高职院校班级文化建设的载体,为班级成员获取归属创造了客观条件。归属感作为最基础的动机②,即使是最小单位的归属感也能够对个体在某个领域的价值认同、努力目标等因素产生一定的促进作用③。跟其他高校相比,高职院校的班级实践主要聚焦职业过程中的学与做,以及在此过程中所形成的人与物(实践对象)、人与人(实践伙伴)之间的沟通、交流、协商等实践关系。为了完成工作任务,班级群体、班级成员之间更加频繁地交流、沟通。这将有助于班级群体、班级成员共同思考和解决实践中存在的问题。而问题的解决,无疑将有助于提升班级群体、班级成员的自我效能感,提升其对实践行为的正向情感。在群策群力解决实践问题的过程

① 赵福江,师婧璇.共同体理论视角下新时代班级建设的思考[J].中小学管理,2022(1):43-45.

② BAUMEISTER R. F, LEARY M. R. *The need to belong*: Desire for interpersonal attachments as a fundamental human motivation [J], *Psychological Bulletin*,1995,117(3): 497-529.

③ LEE CKJ, HUANG J. The relations between students' sense of school belonging, perceptions of school kindness and character strength of kindness [J]. Journal of School Psychology,2021(84):95-108.

中,班级成员感受到其他成员对自己的关心、帮助,增进了班级成员之间的相互信任、相互友爱、相互包容,进而提升了班级成员的情感归属感。由此可知,高职院校班级群体、班级成员之间更容易形成共享的记忆库,更容易促进班级文化的形成,增强高职院校班级文化的凝聚力和感召力。

雅斯贝尔斯认为,教育是主体间通过灵肉交流,传承文化,促进年轻一代开启自由天性的活动①。因此,高职院校的班级教育要以职业目标引领班级成员需求,以满足班级成员需求设计班级实践活动,促进个体与他人的行为互嵌、个体与群体的行为互嵌、群体与群体的行为互嵌,在相互卷入的实践关系中,增强班级成员的身份认同,在互助共生中提升班级成员的情感归属,在凝练班级建设经验和智慧中沉淀班级文化,让积极健康的班级文化赋能班级成员的发展。

四、多元需求的实现要求对班级发展做系统规划

在第二次世界大战前后,奥地利生物学家贝塔朗菲在批判还原论的基础上提出了一般系统论②。贝塔朗菲认为,系统就是处于一定的相互关系中并与环境发生关系的各组成部分(要素)的总体(集)③。系统论认为,一切事物,不管自然界还是人类社会,不管是物质还是精神,无一例外都是以系统的方式存在着,都是有机的统一整体④。由此可知,高职院校的班级也是一个复杂的系统,是一个由多名班级成员组成的生命有机体。从班级承担的管理功能角度来讲,班级是学校的基本细胞,是高职院校系统的子系统。因此班级建设应当从整体上顺应学校的管理需求,进而保持学校教育系统的整体性和目的性。从班级成员的构成来讲,班级由不同的人组成,不同的人具有不同的发展需求。因此,班级建设要求对班级成员不同的需求加以整合,系统设计班级发展。从班级发展

---

① 卡尔·西奥多·雅斯贝尔斯.什么是教育[M].邹进,译.北京:三联书店,1991:3.
② 冯·贝塔朗菲.一般系统论:基础、发展和应用[M].林康义,魏宏森,译.北京:清华大学出版社,1987:25.
③ 中国社会科学院情报研究所.科学学译文集[M].北京:科学出版社,1980:315.
④ 李定庆.系统论视角下的大学生生态文明教育研究[J].思想理论教育导刊,2014(11):105-108.

的过程来讲,班级发展是一个班级成员间相互交往的动态过程。班级成员间通过相互交往,促进信息、能量等资源的流动,进而增加班级资源的种类、数量,满足班级成员发展的需求。如何对班级成员需求进行分类、排序? 如何增强班级资源与班级成员需求的匹配度? 要解决好这些问题,就必须从班级的系统性入手,明晰高职院校班级建设的系统协同理念,对班级发展做系统规划。如图 3-3 所示。

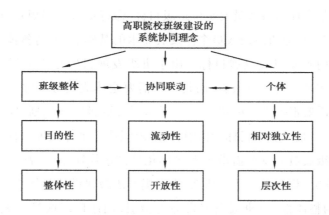

图 3-3　高职院校班级建设的系统协同理念图

(一)系统设计班级目标

贝塔朗菲认为,系统是处于一定相互关系中并与环境发生关系的各组成部分的(要素)的总体(集)。由此可知,系统是各要素相互作用后所呈现出的一种整体性特征。所以,整体性是系统的首要特征。正是由于各要素之间的相互联系、相互作用,让系统产生了有别于各要素单独出现时所不具有的功能。正如学者李愿所讲,整体性是指系统整体上的性质,并不等于它的多个组成部分在孤立状态下性质的机械相加①。系统的整体性特征受到系统发展目标、要素的异质程度和交互程度的影响。所以,高职院校班级建设首先应当聚焦班级的发展目标,在尊重班级成员个体性发展的基础上,加强班级成员间的交流、沟通

---

① 李愿.试论现代系统论对整体与部分范畴的丰富和发展[J].中央民族大学学报,1999(1):99-107.

与合作,让班级建设呈现出积极向上的发展态势。

　　首先,立足整体性,以班级发展目标为指引,促进班级与成员个体之间的协调发展。在系统中,整体首先决定部分,规定部分的贡献和活动的范围①。正是因为有整体的存在,部分才有了自身存在的价值和意义。正如黑格尔所举的例子,只有各个器官和肢体处于相互联系的有机体中,他们才具有器官和肢体的功能;一旦脱离有机体,器官和肢体就失去了原有的意义②。这就要求在班级建设过程中,一是全体班级成员要定位班级目标、做好班级发展规划,提升班级建设的整体效应。在分析班级成员个体发展需求的基础上,捋清各种需求之间的逻辑关系,进而确立班级发展目标。由于班级发展目标是一个复杂的目标系统,所以它的实现不是一蹴而就,而是一个需要全体成员分步骤建设实施完成的过程,故而需要根据现有的班级建设资源制订班级发展规划,提升班级建设的整体效应。二是以班级目标为指引,调适班级成员个体发展目标。在班级建设过程中,班级成员的发展需求类型多样化且需求层次不一,甚至一些成员的需求是相互冲突、相互排斥的。那么,为了提升班级建设的整体效应,就必须立足班级建设的整体性,以班级发展目标为指引,调适班级成员个人发展目标。从整体性角度思考班级成员在班级建设中所扮演的角色,以及他们在相互作用中形成的新角色和新需求。

　　由系统论可知,在班级建设过程中,作为部分的班级成员个体,只有在班级目标的指引下构建个人发展目标,才能合理定位自己在班级建设中的位置和价值,才能在班级建设过程中获得更多的发展资源。也就是说,班级成员的发展需求是在班级建设中得以确立、得以重塑、得以实现。反之,如果班级成员个体不能从班级发展的整体角度调适个人发展目标,那么,从一定程度上讲,他就脱离了班级发展这个整体,偏离了班级建设的定位,失去了个人在班级建设中的价值,失去了获取班级资源的机会,失去了利用班级资源满足自我成长、自我发展需求的机会。正如列宁所指出的,"在个别的具体情况下,部分可能和整体相

① 李愿. 试论现代系统论对整体与部分范畴的丰富和发展[J]. 中央民族大学学报,1999(1):99-107.
② 黑格尔. 小逻辑[M]. 贺麟,译. 2版. 北京:商务印书馆,1997.

矛盾,那时必须抛弃这一部分。"①

其次,立足整体性,以制度为保障,促进班级建设的有序性,确保班级目标的实现。贝塔朗菲认为,5=2+3,不是系统工程;5>2+3,才是系统工程②。由此可见,系统通过各要素之间的相互作用能够产生质的倍增现象,即系统整体功能大于部分功能之和的现象。但是,并不是所有的联系都会出现这种质的倍增现象。这种倍增现象出现的前提是该系统诸要素之间的有序性。序,是事物的结构方式,指事物或系统诸要素之间的相互联系,分为有序和无序③。有序是指系统内部诸要素之间有规则的联系及系统与外界之间有规则的运动转化④,构建共同体是有序化过程⑤。高职院校班级建设的目的就是通过班级诸要素之间有机和谐的联系,促进班级成员的共生共赢和共同发展。

为了促进班级诸要素之间形成这种有序的联系,班级建设必须以制度为保障。常言道,不以规矩,不能成方圆。一是立足整体性,制订和完善班规班纪,确保班级成员享有公平参与班级建设的权利。通过班规班纪,引导班级成员养成良好的纪律意识、规则意识,确保每个成员公平享有班级建设的权利和义务。二是立足整体性,制订和健全奖惩制度,确保班级成员之间的高效联系。通过奖励制度,充分调动班级成员的主动性,激发其自我发展的潜能,鼓励其去寻找与班级成员合作的机会,激励他们发挥主动性,去克服建设过程中的困难;通过惩罚制度,对班级建设过程中出现的懈怠、冲突等行为及时予以制止,起到防微杜渐的作用。三是立足整体性,建立自主管理制度,确保班级成员拥有多维创新性联系的能力。

---

① 弗拉基米尔·伊里奇·列宁.列宁全集:第2卷[M].北京:人民出版社,1986.

② 冯·贝塔朗菲.一般系统论:基础、发展和应用[M].林康义,魏宏森,译.北京:清华大学出版社,1987:25.

③ 谭春辉,王一君,王一夫.基于熵理论的虚拟学术社区系统有序性研究[J].现代情报,2021,41(6):13-25.

④ 王薇.基于熵理论的学校教育系统有序度评价解释模型的建立及应用[J].教育科学研究,2012(10):28-36.

⑤ 宋超,龚洁.人类命运共同体生产力发展特点的系统哲学解读[J].系统科学学报,2022,30(3):61-66.

教育的目的是激发和引导他们(学生)的自我发展之路①。班级是高校人才培养的细胞,也承担着引导和培养学生自我发展的重要职责。因此,在班级建设过程中,要立足班级建设的整体性,建立科学的自主管理制度。通过制度帮助学生充分利用自身的能力进行自我教育、促进自我发展,"让学生能够在主动参与班级管理实践中创造性地完善自我"②。在完善自我的同时,提升班级成员拥有多维创新性联系的能力,增强班级诸要素之间联系的有序性、高效性和创新性,共同服务于班级成员的发展。

(二)分层分类创设专业育人情境

任何系统都是结构性的存在,都包含有多层次的结构③。作为班级而言,它是以班级愿景为引领,通过班级成员间的共同交往、共同行动带动班级发展,促进班级成员成长的具有稳定性的生命有机体。简而言之,班级是由多个班级成员通过相互联系组成的系统。由此可知,班级是一个具有多层次结构的系统。从高职院校班级成员的多元性来讲,既包括辅导员(班主任)、专任教师、学生,还包括企业师傅。受家庭背景、生活阅历、学习经验等影响,班级成员拥有不同的知识结构、专业能力结构等多层次的能级结构。从班级成员的发展需求层次来讲,有食物、睡眠、人身安全等初级阶段的需求,也有友情、爱情、被他人尊重的中级阶段的需求,还有接受现实能力、拥有创造能力等的高级阶段的需求。由此可知,班级成员的发展需求具有多层次的结构特征。从班级成员的需求内容来讲,有物质需求和精神需求之分。生命复杂系统的生成始于层次的生成④。层次性是事物系统有序演化的结果,反映事物发展的过程和水平⑤。因此,高职院校班级建设要以系统论为指导,遵循层次性原则,正确认识班级成员个人的

① 怀特海.教育的目的[M].庄莲平,王立中,译.上海:文汇出版社,2012:2.
② 张作岭,张传艳,李高飞,等."双主型"班级管理模式探析[J].吉林师范大学学报(人文社会科学版),2013,41(1):93-95.
③ 刘卫平.思维创新的社会组织活动及其原则[J].求索,2010(2):77-79.
④ 陈红,倪策平.生命复杂性的层次性解读[J].自然辩证法通讯,2015,37(5):14-18.
⑤ 宋超,龚洁.人类命运共同体生产力发展特点的系统哲学解读[J].系统科学学报,2022,30(3):61-66.

成长需求,分类创设教学情境,做到因材施教;正确认识班级成员的发展需求,构建班级发展的目标体系,确定需求满足的顺序;正确认识班级发展的阶段,突出班级建设的任务,优化班级建设资源的供给。

首先,遵循层次性原则,正确认识班级成员个人的成长需求,分类创设教学情境,因材施教中促进班级成员之间的合作。由于高职院校生源类型较多,既有来自中等职业学校的毕业生,也有来自普通高中的毕业生。他们的学习环境、学习习惯、学习迁移能力相差较大。对于中职生源来讲,他们多具有较强的专任技能优势和人际交往能力,但他们不擅长文化类课程学习。所以在高职院校学习文化课程时,容易自信心不足。因此,在班级建设过程中,他们更愿意与专业教师交流,更愿意参与项目团队合作,更愿意在合作中发展自己、展现自己。而对普通高中生源来讲,正好与之相反。来自普通高中的学生文化知识学习能力较强但实践能力较差。加之,高考是以竞争为主的考试,所以参加过高考的他们在学习、生活中更多地表现出竞争意识。他们的团队合作意识则较差。因此,高职院校在班级建设过程中,要遵循层次性原则,承认并尊重学生的个体差异,正确认识和理解学生不同的个体需求,实事求是地分析学生的学习现状,因势利导地为其提供更加多样化、个性化的教育教学服务。在高职院校的班级建设过程中,根据其个人发展提供个性化服务。如根据学生的个人特点和发展需求,因需设岗。一方面让学生更好地展现自己,满足学生自我发展的需求;另一方面通过学生的个人展现,促进班级成员之间的相互了解,促进班级成员间有更多的合作,促进个人发展与班级成员间的合作共赢。

其次,遵循层次性原则,正确认识班级发展的阶段,构建班级发展的目标体系,确定需求满足的顺序,促进个人目标与班级目标的有机融合。在教育发展的生态系统中,班级是一个有机整体,遵循小循环的生命周期规律[①]。这就意味着,班级建设是一个动态发展的过程,包含着形成、成长、成熟等不同的发展阶段。而这个动态的发展过程,归根结底来讲,是班级成员发展样态的综合呈现,与班级成员的身心发展、班级成员的相互合作和相互认同紧密相关。从身心发

---

① 王璇,刘佳.生命周期理论下班级管理的质效提升策略[J].教学与管理,2020(30):69-71.

展角度来讲,班级成员身心成长具有阶段性。为此班级成员在不同的时期,会有不同的发展需求,而这些需求是班级发展的动力来源。从对班级的融入度来讲,班级成员的相互认同呈螺旋式递进。班级成员之间需要经过相互沟通、合作,才能相互了解。在相互了解的基础上,才能展开更多的合作,才能达成更多得共识,在共识的基础上才能促进成员间的相互认同。从班级凝聚力形成的角度来讲,班级凝聚力呈现出时松时紧的弹性状态。在共享同一个班级目标时,班级成员之间合作范围相对集中,班级成员之间沟通的频次增多,在处理具体问题时更能够达成共识,促进了班级成员之间的相互认同。此时,整个班级呈现出很强的凝聚力。但如果班级成员之间没有共享班级目标,或者虽然共享了目标,但相互之间的沟通较少,那么班级成员之间达成的共识就可能较少,进而导致彼此的认同度不高。此时,整个班级就会呈现出松散的状态。

由此可知,班级发展的阶段不仅受到班级成员个人发展阶段、个人发展需求的影响,还受到班级成员间交流合作频次、相互认同等因素的影响。因此,高职院校班级建设要遵循层次性原则,在尊重班级成员发展需求的基础上,确定需求满足的顺序,促进成员间发展需求的融合,进而实现个人目标与班级发展目标的融合。一方面,根据国家、社会和学校对人才培养的需求以及班级成员个体的发展需求,制订出班级发展的长期目标。以此引领班级成员发展的方向,确保班级成员发展目标的交集。另一方面,根据班级成员身心成长的特点和班级成员间的认同程度、凝聚程度,制订和优化班级发展的阶段性目标。通过实施阶段性目标,有计划、有组织地满足班级成员的需求,实现成员间的共生。再者,根据班级成员的个性化发展要求,细化班级发展目标。通过班级成员个性化发展,形成百花齐放、百舸争流的班级共赢样态。

再次,遵循层次性原则,正确认识班级建设的特殊性,优化班级考核的维度,优化班级资源供给。学者肖云忠主张从整体的角度对班级发展进行评价,他认为,优秀班级能主动按照高校人才培养目标,培养出德智体美劳全面发展的优秀人才,积极向上的学风能示范、引领和带动其他班级建设①。但是班级是班级成员生活的样态,只有通过班级成员间的相互联系、相互合作才能够促成班级成员生命质量的提升。所以,除了从整体性设计班级考核维度外,还应当从班级成员发展的层次进行设计,按发展需求的层次供给资源。可以从纵、横两个维度看待班级发展。从纵向的角度,班级成员个体发展是否有提升,班级成员之间相互合作的程度是否有提升;从横向的角度,班级成员合作的人员范围、项目范围是否有拓展等。通过优化考核维度,有针对性地为班级成员提供学习资料、合作项目等资源,分层次、分阶段、分情境地有序满足其需求。正如学者李家成所强调的,班级建设要强调群体与个体的多维互动,关注评价与教育的紧密结合②。因此,在班级建设过程中,应遵循层次性原则,分门别类地设置考核维度,分层分类提供发展资源,让每一位班级成员都有收获、都有进步、都有成长。

(三)整合建构校企育人资源库

班级是班级成员相互沟通、相互联系的有机体。根据系统论结构性原理,生命机体是一个在与周围环境进行物质、能量和信息交换中能够保持动态稳定,能够抗拒环境对机体的瓦解性侵犯的相对稳定的系统③。这就意味着,从班级成员的角度来讲,为了维持自身的存在和发展,就必然与他人或者他物进行物质、信息或者能量的交互。从班级的角度来讲,为了自身的存在和发展,就必然会对班级成员间的物质、能量和信息交互的范围、通道和频次进行调控,确保班级建设的方向、动力和资源。

首先,立足开放性,拓宽高职院校班级建设的视野,加强班级与学校、企业之间的纵横联系,打通与外界物质、信息、能量交互的瓶颈。一是畅通与企业交

---

① 肖云忠. 从优秀班集体特征论高校班级建设[J],西南民族学院学报(哲学社会科学版). 1999,20(S8):153-154.

② 李家成. 班级建设中学生发展评价体系初探[J]. 华东师范大学学报(教育科学版),2013,31(2):25-35.

③ 吴义生. 系统科学概论[M]. 2 版. 北京:中共中央党校出版社,1998:60.

互的渠道。学者王升认为,跨界性是职业教育的本质属性,是高职院校社会性的必然体现,是高职院校服务社会的必然趋势①。班级是高职院校的细胞,高职院校是社会发展的有机组成部分。高职院校班级的存续与发展,都需要与社会,尤其是需要与企业进行物质、信息和能量的交互。通过搭建产教联盟等平台,促进企业需求与学校需求之间的信息对接。学校及时收集企业的人才需求,据此优化高职院校人才培养目标,细化专业建设目标和课程教学标准,调整高职院校师资结构,调整班级建设目标,设计实施班级活动,促进学校人才培养对接企业需求。二是扩充校企交互通道资源运载的容量。通过校企合作,促进学校技术、企业设备、场所等资源的共享。职业教育是基于工作体系的教育类型,以培养职业型人才(技术型和技能型人才)为目标②。任何职业劳动和职业教育都是以职业的形式进行的③。由此可知,职业教育具有很强的职业性。这就要求高职院校必须强化校企共建,统筹校企资源。通过校企合作、建立产业学院等方式,学校为企业生产提供技术指导,企业为学校人才培养提供生产设备、工作场所等支持。据此,高职院校可以深化班级授课的内容,拓展班级成员行为活动的空间,增强班级成员交往的频次,让学生在工作中建立职业认知、提升生产技术和职业技能。三是提升校企信息交互的速度。校企合作是一个综合复杂的系统,是多元主体间多维信息交互的系统。如果信息传递速度较快,主体能在较短时间内接收、处理信息,能在较短的时间做出信息反馈,有利于降低主体之间相互信任的成本,有利于促进主体之间的进一步合作。同时,校企之间的信息流动不仅是一个交互的过程,也是一个信息增值的过程。通过快速的信息交互,能促进校企之间生成更多的信息,有助于校企双方研判合作项目的走势,调整人员、资源、政策等的供给。

其次,班级建设要立足开放性,通过对物质、信息、能量流动的控制,确保班级建设的有序性,确保班级成员与班级发展同向同行。班级是一个由班级成员

① 王升.高职院校应然分析跨界性[J].中国职业技术教育,2018(25):91-96.
② 李必新,李仲阳,唐林伟.职业性、开放性与实践性:职业教育课程体系的构建依据[J].中国职业技术教育,2021(20):27-32.
③ 姜大源.职业教育要义[M].北京:北京师范大学出版社,2017:19.

组成的生命有机体。一方面,班级成员为了自身的存续,需要与外界进行物质、信息和能量的交互。由此可知,自身存续、发展的需求是班级成员对外开放的内在动力。所以,班级成员的开放是基于自身需求的有限开放。只有满足班级成员需求的物质、信息和能量才能被班级成员接纳、消化、吸收,而后才能转化成个人发展的养分。因此,高职院校的班级建设要立足开放性,调整优化供给侧思维,审视当前的班级教育教学活动,"一切从学生出发,我们做任何工作必须考虑学生喜欢不喜欢,愿意不愿意,拥护不拥护,答应不答应,发展不发展,这是教育工作的出发点"①。另一方面,班级为了自身的存续,需要从学校、企业等群体获取物质、信息和能量。班级在获取这些资源后,并不是平均分配给班级成员。为了保证班级发展的有序性,通常会根据班级成员与班级发展需求的契合度来分配资源。与班级发展需求契合度高的班级成员,通常能获得较多的个人发展资源,能进一步推动班级建设,创造更多的班级资源。因此,为了更好地促进个人需求与班级发展需求的有效匹配,就需要加强信息平台建设,及时发布班级发展需求的信息,及时采集班级成员个体发展需求的信息,实现二者之间的精准对接,实现班级资源利用的最大化。对班级资源的优化、重组、分配,既彰显了供给侧自身所具备的引领力,同时也促进了供需双方的动态平衡。

五、多元需求对班级功能的期待

与普通高校班级相比,高职院校班级蕴含着独特的价值诉求,即以人为本,统整多元主体发展需求的价值诉求;系统协同,多场域育人力量的协同联动的管理诉求;实践赋能,个体行为多重嵌入的实践诉求。高职院校班级建设的内在诉求要求高职院校不能照搬普通高校班级建设的模式,而应对现有的班级模式进行再造。正是基于高职院校班级建设的内在诉求,高职院校班级建设的理想样态——班级共同体,呼之欲出。

---

① 陈宝生.吹响了"课堂革命"的号角[N].人民日报,2017-09-24(01).

(一)共生的生命有机体

以人为本的价值诉求要求高职院校班级以班级目标为指引构建一个共生共荣的生命有机体。以人为本的价值诉求要求高职院校班级建设要统整多元主体的发展需求,以全体班级成员的发展需求为基础,建立起全体班级成员认同的班级目标。即班级成员共构班级目标、共享班级目标、共评班级目标。班级发展与全体班级成员的个人发展息息相关,班级成员紧紧围绕班级目标约束、规范、调适个人行为,增强个体与个体、个体与群体、群体与群体之间的行为互嵌,构成一个"一荣俱荣,一损俱损"的生命有机体。

(二)共在的生命场

实践赋能,个体行为多重嵌入的实践诉求要求高职院校班级要强化身份认同,构建一个班级成员共在的生命场。身份是社会关系的表征,班级成员参与构建的社会关系决定着班级成员的身份类型、影响着班级成员的身份认同。职业技能的实践诉求要求高职院校班级成员在职业实践过程中建立起多种社会关系,如学习关系、生产关系等。班级成员通过参与职业实践活动,建立起多种职业角色,提升对身份的认知。立足岗位增强职业技能的实践诉求要求高职院校班级建设要共构身份认同。也即是说,立足岗位实践开展合作,首先要了解班级成员的范围、班级成员的兴趣爱好、性格特点,才能将其安排至与之相匹配的岗位上,最大程度上实现人岗匹配;其次,以工作项目为驱动,加强人员沟通,在沟通中寻找更多合作内容、合作机会;最后,在面对冲突时,加强协商,调适人员关系,重构人员身份,强化成员对自己身份的认同。身份认同在班级成员之间形成了一张强大的社会关系网,强化了班级成员之间的共在关系。这将有助于班级成员紧紧围绕职业实践形成一个共在的生命场。在这个生命场中,班级成员将一起学习、思考、解决问题,一起提升技能。

(三)共赢的能量场

系统协同,多场域育人力量协同联动的管理诉求,要求高职院校班级提升班级成员的归属感,构建一个班级成员共赢的能量场。系统协同提升管理效率的管理诉求,要求高职院校班级建设要强化班级成员之间相互沟通、相互依赖的关系,建立起班级成员之间的归属感。也就是说,通过班级成员之间的相互作用,构建起班级成员的组织归属感、学业归属感和情感归属感。班级发展与班级成员的归属感紧密相关。班级成员的归属感强,班级的凝聚力才强,才能将班级成员聚集到班级目标周围并为之采取统一的行动。同时,班级归属感也为班级成员提供组织、学业、情感等方面的依托,为班级成员发展提供能量补给。

综上所述,高职院校班级建设的内在诉求要求建立以班级目标为统摄的共生共荣的育人有机体,以班级成员身份认同为基础的共在的生命场,以班级成员归属感为基础的共赢的能量场。这就要求高职院校加强班级共同体建设,从集体育人转向共同体育人。

六、本章小结

本章在反思第二章高职院校班级建设过程中所暴露出的问题基础上,对高职院校班级的多元诉求进行了探索。通过分析辅导员、专任教师、企业师傅、学生等班级成员各自的需求后发现,多元需求的实现要求进行价值统整和班级成员间的多重行为互嵌。同时,多元需求的实现还要求系统规划设计班级发展,才能让班级成为共生生命有机体、共在生命场和共赢能量场。这就要求高职院校加强班级共同体建设,从集体育人转向共同体育人。于是,如何加强高职院校班级共同体建设,便成为下一步研究的重点。

第四章　高职院校班级多元联动的理想样态

　　高职院校班级成员多元需求的满足,要求学校改变传统的班集体育人模式,进而实施班级共同体建设。而高职院校班级共同体是一个生命有机体,是班级成员多元联动后形成的一种生命样态。因此,如果高职院校想要建设班级共同体,就应该深入了解班级多元联动的理想表征、联动机理以及联动模式。然后,在此基础上结合高职院校班级的特性和班级成员的实际情况,才能对其进行有效的建构。

一、班级多元联动的理想表征

　　从词汇的语法结构来讲,"高职院校班级共同体"是一个偏正短语,"高职院校"作为修饰词,修饰限制"班级共同体"。而在"班级共同体"这一词组中,"班级"修饰了"共同体"。可见,"共同体"是该词组的核心词。而班级共同体是指以班级愿景为引领,以实现班级成员共同目标为导向,通过班级教育教学实践活动将班级成员聚合起来,通过班级成员间的共同交往、共同行动带动班级发展,形成班级成员的身份角色认同,增强班级成员的归属感,促进班级成员成长的具有稳定性的生命有机体。正如学者张志旻等人所说,共同的目标、身份认同与归属感是共同体的基本要素①。共同体要素之间的关系决定了共同体的内

---

①　张志旻,赵世奎,任之光,等.共同体的界定、内涵及其生成:共同体研究综述[J].科学学与科学技术管理,2010,31(10):14-20.

在结构。共同体各要素的理想样态勾勒出班级多元联动的理想表征。

（一）共享班级目标

班级目标体现着班级成员的共同意志。共享班级目标有助于班级成员明确自己在班级建设中的职责和使命,从而更加主动、更加自觉地为实现班级目标而努力奋斗。班级是学校教育教学活动中班级成员存在的一种生活样态。从一定程度上讲,班级成员想怎么做决定着班级目标的内容;班级成员想做得怎么样深刻影响着班级目标的达成度。所以,在班级共同体建设中,班级成员理应成为班级目标的设计者、实施者和班级建设成果的享用者。班级成员共享班级目标,也就意味着共享班级目标的制订、共享班级目标的实施和共享班级目标的评价结果。

勒温认为,引发人的行为发生变化的能量来源于意志或需要之压力的心理张力系统[1]。在班级建设过程中,只有充分调动班级成员的成长需要,才能为班级向前发展提供强大的动力。因此,班级目标必须建立在班级成员共同需求的基础上。惟有如此,班级成员才能真正共享班级目标,才能自觉以班级目标为引领,充分发挥自己在班级建设过程中的积极性和创造性。班级成员共享班级目标,不仅共享班级目标的制定,同时还共享班级目标的实施。班级成员共享班级目标的实施,意味着人人都是班级目标的执行者,人人都是班级目标实施过程中的监督者和班级目标实施效果的评价者。班级成员共享班级目标,还意味着共享班级目标的评价结果。但凡管理活动都需要对其进行评价,只有恰当的评价才能促进管理活动的改善[2]。对班级目标的实施效果进行评价,不仅在于评估班级管理活动效果的好坏,而且还可以帮助班级成员找出班级目标实施过程中的不足,帮助其找准改进的方向。由于评价的公信力受评价主体的影响[3],且评价的结果将影响评价对象未来的努力方向,所以由谁来评就显得非常

① 库尔特·勒温.人格的动力理论[M].王思明,叶鸣铉,译.北京:北京理工大学出版社,2014:34
② 刘旭涛.政府绩效管理:制度、战略与方法[M].北京:机械工业出版社,2003:103.
③ 谭玮,郑方辉.法治社会指数:评价主体与指标体系[J].理论探索,2017(5):115-122.

重要了。共享班级目标评价意味着所有班级成员都是班级目标的评价者,都是班级目标评价结果的承担者。因此,共享班级目标评价,提升了评价的公信力,其结果更易被班级成员所接纳。

(二)共构身份认同

安东尼认为,人们对自己某个身份的认同和归属会让人们感觉自己变得强大和高尚①。因此,班级成员对身份的认同对于班级建设有着重要的意义。从构词的角度来讲,身份认同是由身份和认同两个词组成。实践共同体理论认为,身份是在实践中形成的人与人之间的社会关系。认同是认为对方跟自己有共同之处②。所以本研究认为,身份认同是指个人通过实践,在与他人的互动关系中,发现自己与他人或群体之间的相似之处。由此可知,身份认同意味着客观上班级成员之间存在着差异,主观上班级成员能够自我认识到这些差异;身份认同意味着班级成员的认同来源于客观实践,客观实践助推班级成员更加直观、全面地认识自己和他人;身份认同意味着班级成员在相互支持中,其成长需求得以满足,能够共同成长。

共构身份认同首先要共识班级成员的异同。高职院校的班级成员包括学生、辅导员、专任教师和企业师傅。每个班级成员都来自不同的家庭,拥有不同的学习和生活环境,和不同群体的人产生着千丝万缕的联系。所以,对于他们而言,多样而复杂的社会关系造就了其多重社会身份,成为独一无二的个体。当学生、辅导员、专任教师和企业师傅同处于高职院校的班级中时,摆在他们面前的第一件事便是要构建自己在班级群体中的身份和识别其中可能存在的合作机会。在共识班级成员异同的基础上,才能有效搭建认同的桥梁。在高职院校,班级是学校管理的基本单位。在学生入学时,学校将按照专业类别和学生人数进行编班,并配备相应的辅导员(班主任)、专任教师和企业师傅。从客观上讲,尽管此时师生归属于同一个班、同一个群体,但这并不意味着班级里的师

---

① 安东尼·D.史密斯.民族认同[M].王娟,译.南京:译林出版社,2018:24.
② 李行健.现代汉语规范字典[M].2版.北京:语文出版社,2004:1101.

生在主观上接纳这个班级的成员,或者在主观上认同这个班级所赋予自己的身份意义。因为认同是主体通过比较等方式,发现自己与他人、群体之间的相同或相似之处。也就是说,认同意味着主体间的相互交往;认同是主体在交往中有意识地建构;认同还意味着主体之间的协商。所以,班级成员需要通过参与职业生涯规划、课程学习、课外活动等方式建立起多种联系,编织社会关系网络,共搭认同的桥梁,才能促进其身份的认同。在与班级其他成员合作的过程中,不断建构、协商、调适自己的身份。身份认同意味着,主体对其身份合法性的确认,对身份所产生的社会意义的深刻理解①。由此可知,班级成员的身份认同是一个班级成员主体建构的过程②。由于高职院校班级是由一个个独立的学生、辅导员、专任教师、企业师傅构成的群体,所以即便是在面对同一个人、同一件事、同一种关系时,他们在认识上也可能存在着分歧。因此,就需要班级成员加强与自我、与班级其他成员、与班级群体进行协商,达成身份共识。

(三)共获归属感

归属感作为最基础的动机③,即使是最小单位的归属感也能促进个体对群体的价值认同、促进个体为目标而努力④。因此,归属感是班级共同体的重要表征。在所属的组织或群体中,归属感是指个体受到的被接纳和被认可的程度,并形成潜在的信仰和态度,即自身归属于某个团体之中并互相承担着义务,这种信仰为个体提供了一种内在的安全感⑤。弗里曼认为,班级归属感是学生感觉到自己是班级中重要的一员、被他人接受、被他人认为有价值,即与他人成为一个整体的一种感情⑥。

---

① 张淑华,李海莹,刘芳.身份认同研究综述[J].心理研究,2012,5(1):21-27.
② 赵静,杨宜音.城管的身份认同威胁及其身份协商策略[J].学术研究,2017(4):63-68.
③ BAUMEISTER R F,LEARY M R. The need to belong:Desire for interpersonal attachments as a fundamental human motivation[J]. Psychological Bulletin,1995,117(3):497-529.
④ LEE C K J,HUANG J. The relations between students' sense of school belonging,perceptions of school kindness and character strength of kindness[J]. Journal of School Psychology,2021(84):95-108.
⑤ COBB S. Social support as a moderator of life stress[J]. Psychosomatic Medicine,1976,38(5):300-314.
⑥ FREEMAN T M,ANDERMAN L H,JENSEN J M. Sense of belonging in college freshmen at the classroom and campus levels[J]. The Journal of Experimental Education,2007,75(3):203-220.

本研究认为,班级归属感是指班级成员将自己归属于某一个班级,通过班级实践活动后,对班级产生亲切、自豪的情绪体验,是班级成员个体与班级群体之间心理连接的重要表征。由此可知,班级成员共获归属感就意味着成员资格的合法、成员间的相互卷入、成员间的相互支持和成员价值的实现。班级成员共享组织归属感,通过班级编排,取得成员的合法资格;通过遵守班级组织纪律,约束、调适个人行为。班级成员共持学业归属感,通过个体与实际问题的相互卷入,提升个体在学习过程中的学业感;通过个体与个体在班级教育教学活动的相互卷入,形成个体与个体之间在学习上的合作依赖感;通过班级成员在班级实践中的相互卷入,增加了个体在班级群体中的学习价值感。班级成员通过共享技艺库,获得情感归属感。共享技艺库是一个班级成员共享往事、共享集体记忆、共享班级情感的过程。在多元联动的班级建设过程中,每个班级成员都将参与班级建设,每个班级成员都有着自己的生态位。"社会结构的各种状况与主体不同情感体验之间存在着对应性、感应性"[1],正是在班级成员的相互参与中,形成了独有的班级结构,产生了班级成员独有的情感体验。这些情感随着班级成员的实践活动,悄然融进了班级的技艺库。当班级成员处于特定的情境时,集体记忆中的具体情节、意象、情感体验等将被重新唤醒,隐匿在技艺库符号背后的情感将被激活,进而引发班级成员与既有情感的共振,产生情感共鸣。加之班级技艺库凝聚了班级长期积累的情感记忆,"因而班级情感体验远比个体情感体验更具有普遍性、已接受性和震撼性"[2],更容易引起全体班级成员的情感共鸣。

二、班级多元联动的机理

高职院校班级共同体是以高职院校班级愿景为引领,以实现班级成员共同目标为导向,通过班级教育教学实践活动将班级成员聚合起来,通过班级成员

---

① 郭景萍. 情感社会学:理论·历史·现实[M]. 上海:上海三联书店,2008:92-93.
② 蒋晓丽,何飞. 情感传播的原型沉淀[J]. 现代传播,2017,39(5):12-15.

间的共同交往、共同行动带动班级发展,形成班级成员的身份角色认同,增强班级成员的归属感,促进班级成员成长的具有稳定性的生命有机体。实践共同体理论认为,实践是共同体内在一致性的来源①。通过实践过程中的相互卷入,形成共同的事业以及共享技艺库这三个维度,形成高职院校班级多元联动的运行机理。如图 4-1 所示。

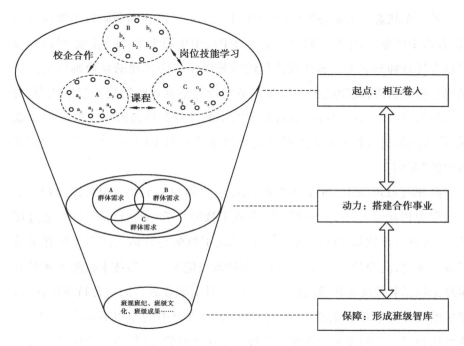

图 4-1 班级多元联动机理图

注:A:班级教师群体(含辅导员、专任教师)B:企业师傅群体 C:班级学生群体

(一)联动的起点

班级成员之间的相互卷入,是班级共同体运行的逻辑起点。在班级成员的相互卷入中,可以明确班级成员的范围,构建起班级成员的身份,洞悉班级成员的需求,寻找成员需求的交集,形成班级发展目标,创生班级发展的资源,促进

---

① 埃蒂纳·温格.实践共同体:学习、意义和身份[M].李茂荣,等译.南昌:江西人民出版社,2018:53.

生产技术、生产能力和社会关系的再生产。

首先,通过相互卷入,明确班级成员的范围,构建起班级成员的身份。新生入学之初,高职院校按照专业对学生进行随机分班。因此,高职院校班级刚成立时,班级更多表现为一个学校管理的行政单元。人与人之间彼此不熟悉,交流也比较少,班级处于一种松散状态。哪些人是班级成员?班级成员之间是怎样的一种关系状态?大家心里是迟疑的、不确定的。因为高职院校生源具有多样性,有高中毕业生,也有中职毕业生。对于高中生源来讲,在他们眼里班级成员只有专任教师和学生。那么在高职院校班级学习中出现的企业师傅是班级成员吗?换句话讲,高职院校的班级成员是否包括企业师傅呢?温格认为,身份是人与人关系的表征,身份"通过在实践中的参与关系而得到建构"[1]。也就是说,班级成员通过相互卷入关系成为班级整体关系中的一部分,从而变成了班级中的"我们"。

在高职院校班级中,通过班级课堂教学,教师与学生在知识传授和知识学习的过程中相互卷入,在班级教学中,形成了教师与学生的身份。同时,通过课程建设,促进班级教师之间的相互卷入,推动了教师与教师之间合作伙伴关系的形成。加之,高职教育的目标是培养高技术技能人才。高技术技能人才具有技术理论熟悉和技能操作熟练的双重属性[2],针对职业教育的这种特殊属性,高职学生的培养离不开企业的协同。企业在职业教育中的作用不可或缺,为此,国家曾出台过一系列重要文件促进学校和企业之间的协同发展。2014 年《国务院关于加快发展现代职业教育的决定》中就明确提出了现代职业教育要"服务经济社会发展和人的全面发展,推动专业设置与产业需求对接,课程内容与职业标准对接,教学过程与生产过程对接,毕业证书与职业资格证书对接,职业教育与终身学习对接""突出职业院校办学特色,强化校企协同育人",凸显了企业在职业教育人才培养过程中的重要地位。2017 年,《国务院办公厅关于深化产教融合的若干意见》提出"要以企业为主体推进协同创新和成果转化",进一步

---

① 埃蒂纳・温格. 实践共同体:学习、意义和身份[M]. 李茂荣,等译. 南昌:江西人民出版社,2018.

② 乔为. 学徒课堂:职业教育课堂教学的基本样式[J]. 职业技术教育,2019,40(1):23-30.

强调了职业教育产教融合对科技创新和成果转化的重要作用,将行业组织视为职业教育的重要办学主体。2021 年国家颁布的《关于推动现代职业教育高质量发展的意见》提出,在现代职业教育中要创新校企合作办学机制,"推动职业学校在企业设立实习实训基地、企业在职业学校建设培养培训基地。推动校企共建共管产业学院、企业学院,延伸职业学校办学空间""职业学校要主动吸纳行业龙头企业深度参与职业教育专业规划、课程设置、教材开发、教学设计、教学实施,合作共建新专业、开发新课程、开展订单培养"。所以,从职业教育的内涵和国家职教政策层面来讲,校企合作是职业教育密不可分的一部分。企业师傅理应参与高职院校专业课程体系的设计,参与班级教学活动,解决实践项目中的问题,从而提升高职院校人才培养的质量。由此可见,高职院校与普通高校相比,校企合作是职业教育密不可分的一部分。所以,高职院校的班级成员,除了学生、专任教师之外,还应包含企业师傅。学生到企业顶岗实习,由企业师傅指导其学习岗位技能技术,在企业师傅的指导下将学校所学知识用于解决生产中的问题。也正是在此过程中产生了师徒关系。

其次,通过相互卷入,动态调整班级成员在班级中的位置关系。班级是一个具有多种卷入轨迹的领域。相互卷入创造着班级成员之间的关系。但这种关系不是一成不变的,它会随着卷入的范围、程度和频次而发生变化。以高校课堂教学为例,大学课程本质上是围绕"高深知识"的追求而生成的一种"理性建制",它要求学习者通过思考、争辩、反思、交流等思维参与过程来进行理性化的"知识建构活动"[1]。由此可知,高职院校的课堂教学是一个复杂、动态的建构过程。这既是一个知识建构的过程,同时也是通过知识建构和成员间相互卷入,引发班级成员关系变化的过程。在这个建构过程中,只要是班级成员均可参加这个建构,都具有参与课堂教学活动的合法资格。

起初,由于专任教师熟悉该学科领域的知识,也曾在该学科领域有所研究,所以在课堂教学中,专任教师处于教学活动的中心位置。而此时学生对学科知

---

① 吕林海.中国大学生课堂"沉默"背后的"谨言慎行"倾向:"中华传统文化"视域下的概念诠释与实证分析[J].苏州大学学报(教育科学版),2020,8(1):85-97.

识了解不多,还是个新手,还处于教学活动的边缘。随后,专任教师传授学科知识、技能,通过设计教学活动等手段吸纳学生参与,教师仍然处于教学活动的中心。学生在专任教师的引导下学习学科知识、学习专业技能,进一步增进对知识的理解、提升自己的专业技能。随着专任教师与学生的交流增多,学生与教师之间的知识、技能差距逐渐缩小。之后,专任教师指导学生就学科领域的某个项目进行科学研究,学生逐渐将所学的知识用于解决实际生活中存在的问题。在解决问题的过程中,如果学生找到比先前更优的办法,那么学生已不再是传统意义上的学生。从某种程度上讲,他已经超越专任教师在这个项目实践中的核心位置,成为该项目的熟手,甚至专家。与之相对应的是专任教师在该项目中的优势地位逐渐消退,甚至逐渐远离该项目实践中的核心位置。由此可知,通过课堂教学、课外活动等实践可以促进班级成员间的相互卷入,动态调整着高职院校班级成员在班级中的关系位置,同时也改变着班级成员的关系结构。

最后,通过相互卷入,形塑班级成员的需求。实践是体验世界和有意义地卷入世界的一个过程。温格认为,实践的概念意味着做,但不仅仅是做本身,而是在一个为我们所赋予结构和意义的、历史的、社会情境中的做①。从宏观的角度来讲,国家和地方经济的发展需求制约着高职院校人才培养的类型和数量。社会生产力和生产条件将影响着高职院校教育教学活动的实施。从中观的角度来讲,班级是学校教育管理的基本单位,是学校教育管理的有机组成部分。因此,班级成员的相互卷入不是随意卷入,而是在高职院校人才培养目标指导下的有组织、有计划、有目的地卷入。高职院校的人才培养目标将形塑着班级成员的卷入需求和卷入行为,甚至影响着对卷入行为的评估。从微观的角度来讲,高职院校班级成员的相互卷入,是班级成员之间的一种行为表现。班级成员是该卷入行为的主体,是该动作行为的发起者。班级成员自身发展需求将形塑班级成员的卷入行为。由此可以看出,看似班级成员之间的相互卷入,实质是社会、学校、企业和班级成员个体需求在特定教育教学实践中的呈现。

---

① 埃蒂纳·温格.实践共同体:学习、意义和身份[M].李茂荣,等译.南昌:江西人民出版社,2018:44.

班级成员在相互卷入的实践中建立关系。通过相互卷入，作为实践主体的班级成员，可以充分发挥自己的主体性。一方面敞现自己的发展需求；另一方面，通过相互卷入，熟悉对方关注的领域，获取对方的发展需求。在相互卷入的实践中，班级成员的需求得以敞现、得以被理解。当然，班级成员的相互卷入，也受制于卷入的实际条件，受制于社会、学校、企业的实际需求。班级成员的发展需求也千差万别，从性质上讲，成员们的需求有的是竞争性的，有的是合作性的；从需求的层次来讲，有初级阶段的需求，如勤工助学的需求；有中级阶段的需求，如希望得到同学的认同；也有高级阶段的需求，如希望自己的创造性能力得以提升。发展需求的多样性和差异性，容易引发班级成员的需求冲突。所以，相互卷入的过程既是产生矛盾的过程，也是协商需求的过程。正是通过相互卷入，让班级成员在实践中重新审视自我与他人发展需求的合理性和必要性；通过相互卷入，让班级成员在实践中重新评估自我与他人发展需求的可能性和可操作性；通过相互卷入，让班级成员在实事求是的基础上，协商其发展需求的矛盾，求同存异，自觉调整自我发展的需求。

（二）联动的内在动力

事业是指人们从事的具有一定目标、规模和系统，对社会发展有影响的经常性活动[1]。陈南认为，事业不同于职业，事业是让人喜欢、热爱，并愿意为之付出所有的工作，是人超越生存需求之外的一种精神需求[2]。由此可知，事业是一个目标体系，是人们在充分理解其重要意义的基础上，以此目标体系为引领，积极主动、长期坚持去做，并对其负责的事情。班级成员合作的事业是班级共同体发展的引擎，为班级共同体建设提供内在的动力。

首先，以班级成员合作的事业为指引，引导班级成员理解该事业对个体、班级、学校发展的意义。通过相互卷入，班级成员之间在一定程度上形成了班级

---

[1]　王立芳. 职业、行业、产业、企业、事业的区别与联系[J]. 课程教育研究,2013(36):10.

[2]　陈南."事业"和"职业"的区别:"走基层、转作风、改文风"活动中的实战体会[J]. 传媒,2015(11):62-63.

发展的共同需求。但这些需求是班级成员从自己的角度出发所提出的需求的交集。这就意味着,看似班级成员有着相同的需求,但在这些需求的背后却可能潜藏着班级成员对这些需求的不同理解。所以,看似班级发展的共同需求,却并不一定带来班级成员间的合作,也可能带来班级成员间的竞争。比如说,在高职院校的某个班级,全班学生都有专升本的需求。虽然,在这一共同需求的引导下,班级里的学生都表现出积极向上的学习状态。但是专升本考试不是等额录取,这就意味着学生之间面临着升学竞争。如果班级里有学生没有理解专升本对个人能力提升的意义,而是简单地认为其等同于升学,那么就可能过度放大同学之间的竞争,进而导致班级学生之间的合作学习频次下降。由此可知,在班级共同体建设过程中当共同的需求不能成为合作的事业时,会导致班级成员在行动上的分歧,进而消解班级共同体建设的内在动力。

班级共同体是班级成员合作的事业,它不仅表明班级成员之间有着共同的发展需求,而且还表明在班级发展需求的背后,班级成员共享着对这些需求的理解,共享着班级共同需求对个人、对班级共同体建设的价值和意义。实践共同体理论认为,意义协商是历史的、动态的、情境的和独特的[①]。意义不是预先存在的,也不是固定不变的;意义是一种协商过程,也是一种生产过程。因此,在班级共同体建设过程中,班级成员要通过协商合作的事业,界定事业的边界,明白合作事业的意义;通过合作的事业,引导自己在特定的教育教学实践中,理解该事业对个体、班级、学校发展的意义,提升自己对合作事业的认识,深刻理解共同需求的意义,即对自己意味着什么,对班级成员意味着什么,对学校意味着什么,求取各个相关利益方的最大公约数,最大程度激发班级成员行为的向心力;同时,以班级成员合作的事业为目标指引,全面激发班级成员在班级建设过程中的内驱力。

其次,以班级成员合作的事业为指引,做好班级共同体发展的顶层设计,进一步统筹班级成员发展的共同需求。通过高职院校班级活动中的相互卷入,班级成员敞现自己的发展需求;通过协商,班级成员进一步就班级共同需求达成

---

① 埃蒂纳·温格.实践共同体:学习、意义和身份[M].李茂荣,等译.南昌:江西人民出版社,2018:50.

共识,进一步界定班级合作事业的边界,进一步增强班级成员对合作事业重要意义的理解。由于这些共同需求往往不是只包括一个需求、一类需求,也不是只包括同一层次的需求,而是一个具有多层次结构的需求群。因此,为了更加有效地满足班级成员的共同需求,就要从班级成员合作事业的角度就如何有序满足这些需求进行顶层设计。

实践共同体不是独立的实体,他们在更大的具有特定资源与限制的历史、社会、文化、制度的情境中被发展①。实践共同体理论认为,个体在背景中工作时是更大的集体的一部分,并与实践共同体有着内在的联系,实践共同体也是更大集体(生产意义或价值的社会)的一部分②。教育系统是我国社会系统的有机组成部分,高职院校是我国教育系统的子系统,而高职院校的班级是学校管理的基本单位。所以,高职院校在构建班级共同体时,在对班级共同体发展进行顶层设计时要综合考虑国家、社会、学校和班级成员的发展需求。

一是从社会生产力发展的角度,统筹班级成员发展的社会需求。吴康宁教授曾指出,"班级是学生个体社会化的基本场所",是"与外部宏观社会有着千丝万缕的一个微观社会系统"③。社会生产力的发展,制约着国家的教育路线方针政策,制约着学校人才培养的目标,也影响着学校的班级建设。尤其是与社会经济发展紧密相关的高职院校,其班级建设要主动从推动社会生产力发展的角度统筹学校发展目标和班级发展目标。

二是从党和国家事业发展的要求出发,统筹班级成员的发展需求。在中国共产党领导中国人民为实现中华民族伟大复兴不懈奋斗的历程中,党始终把立德树人摆在第一位,把培养德智体美劳全面发展的建设者和接班人作为根本任务④。2017 年,习近平总书记在党的十九大报告中指出"要全面贯彻党的教育方针,落实立德树人根本任务,发展素质教育,推进教育公平,培养德智体美全

① 埃蒂纳·温格.实践共同体:学习、意义和身份[M].李茂荣,等译.南昌:江西人民出版社,2018:74.
② 琼·莱芙,埃蒂纳·温格.情境学习:合法的边缘性参与[M].王文静,译.上海:华东师范大学出版社,2004.
③ 吴康宁.论作为特殊社会组织的班级[J].教育理论与实践,1994(2):10-13.
④ 吴德刚.中国共产党教育事业百年历史经验[J].教育研究,2021,42(12):4-13.

面发展的社会主义建设者和接班人"。2018 年,在全国教育大会上,习近平总书记进一步强调了,"坚持把优先发展教育事业作为推动党和国家各项事业发展的重要先手棋,不断使教育同党和国家事业发展要求相适应、同人民群众期待相契合、同我国综合国力和国际地位相匹配"。立德树人是高校的根本任务,为党育人、为国育才是高职院校的重要使命。所以,在高职院校的班级建设中,理应将党和国家事业发展的要求作为班级建设的行动指南,用以指导统筹班级成员的发展需求。

三是从学校发展的实际情况出发,统筹班级成员发展的需求。实践共同体的日常现实是由参与者在其所处情境的资源与限制条件下产生,这是对他们所处条件的回应,也是对他们自己事业的回应①。班级成员共同合作的事业,从本质上讲也是一种实践。实践是人们改造客观世界的活动,是实践者利用实践手段作用于实践对象的过程。实践是在一定的社会历史条件下展开的,人类实践具有历史条件性和社会相对性。它们都是一定历史条件下的社会产物,是相对于一定的社会条件而言的②。高职教育的跨界性决定了高职教育系统的动态复杂性,高职教育的职业性使其与行业企业以及整个社会系统存在着密切的联系③。受区域经济发展布局等的影响,高职院校所能获得的地方政府、企业等的支持是有差别的,故而导致高职院校间发展的不平衡。高职院校在班级建设过程中,能够为班级发展提供的师资、场地等的支持也是不同的。所以,高职院校只能从学校发展的实际情况出发,因势利导、因地制宜地统筹班级成员的发展需求。

四是从班级成员发展的需求层次和实现的难易程度出发,统筹班级成员的发展需求。美国心理学家亚伯拉罕·马斯洛认为:需求产生动机,从而激发人的行为。实践中的相互卷入,形塑了班级成员的共同需求。但是班级成员的这些共同发展需求,并不都处于同一个需求层次,而是存在着需求层次的不同。马斯洛认为,人类需求像阶梯一样从低到高按层次分为五种,分别是:生理需

---

① 埃蒂纳·温格. 实践共同体:学习、意义和身份[M]. 李茂荣,等译. 南昌:江西人民出版社,2018:74.
② 周少来. 理论指导实践的复杂性、针对性与有效性[J]. 人民论坛,2021(21):30-32.
③ 徐晔. 高等职业教育智能生态系统:内涵、结构与实践路径[J]. 中国远程教育,2021(7):18-24.

求、安全需求、社交需求、尊重需求和自我实现需求。人的发展需求是有层次的,各需求层次之间具有渐进性和层级性,通常是从低到高按层级逐级递升。这就意味着,在高职院校班级建设过程中,面对班级成员的各种需求时,首先满足班级成员当前最迫切的需求;该需求得以满足后,后面高一层次的需求才显示出其激励作用。

与此同时,由于班级成员的发展需求是一个系统,需求和需求之间相互支持、相互影响。一个需求的满足既提振了同学们对班级建设的信心,同时也激励大家为满足不同需求而继续努力,为班级发展目标的实现注入持久的动力。高职院校可根据这些需求实现的难易程度,对班级成员的发展需求进行排序。而后统筹班级资源,按照顺序逐一进行满足。

最后,以班级共同体成员合作的事业为指引,强化相互问责,增强班级成员的角色意识,提升班级发展的内驱力。班级共同体成员合作的事业,意味着班级里的每一位成员都是班级发展的利益相关者。班级发展的好坏,与班级成员的个人发展休戚相关。由于班级成员在班级建设过程中的利益诉求不尽相同,所以班级成员对其他班级成员行为的理解尚存在着差异。通过问责,增进班级成员间的相互了解,促进班级成员间达成共识,就显得尤为重要了。问责,即向他人汇报、解释、证明及回答资源是如何使用的,并达到了什么效果①。对班级成员进行问责的目的,旨在通过汇报、解释、证明等方式,使班级成员了解自己或他人在班级建设过程中的投入程度,评估其资源使用的恰当性,监督班级成员在班级建设过程中的工作效率。问责由三个要素组成:问责者、应负责任者和责任的内容,即谁来问责,谁来负责以及所问和所负的责任是什么②。

班级成员合作的事业是一个班级建设的系统工程,每一位班级成员都是该系统的参与者,每一个班级成员都承担着班级建设的任务,在班级建设中有着自己的生态位。所以,当班级成员问责时,每一个班级成员既是问责者又是被问责者。班级成员就班级发展目标的适切性、利用班级资源的合理性、做事的

---

① CURRIE J. Globalizing practices and university responses:European and Anglo-American differences[M]. London:Praeger Publishers,2003:114.

② 高耀丽.英国高等教育问责制及其启示[J].高等教育研究,2005,26(11):103-107.

主动性等问题提出询问,作为被问责者需要就此问题提出自己的解释、看法等。通过问责,将班级成员紧紧地连接在一起。通过问责,班级成员可以全面了解班级建设的现状,了解每个班级成员在班级建设中的努力程度和效果,准确发现班级建设中存在的问题,督促班级成员及时优化调整班级目标,提升班级建设的效果。通过被问责,班级成员更加明晰自己的班级建设职责,更加明晰自己在班级建设中的角色,更加主动思考解决问题的方法和路径。通过班级成员间的问责与被问责,通过汇报、解释自己在班级建设过程中所做的事情,或讲述他们所经历的事情,班级成员可以真切感受到自己在班级中所处的位置,感受到班级成员对自己的关心,感受到自己所做的事情对自己、对他人、对班级、对学校乃至社会发展的重要性。通过问责这种方式,班级成员将真切感受到自己在班级合作事业中不可或缺的地位和作用。这将进一步激发班级成员的主体性,释放出强大的班级建设内驱力。加之,班级合作的事业是一个动态生成的过程。通过问责这种方式,促使班级成员能够进一步协商班级发展目标,进一步增强对班级成员发展需求和班级建设环境的感知,便于进一步指导合作事业的发展,消除班级成员在建设过程中的消极情绪,激发班级成员的主体性,为班级建设增添动力。

(三)联动的保障

实践共同体理论认为,技艺库是指共同体共享资源的集合;实践共同体的技艺库包括惯例、词语、工具、处事方式、故事、手势、符号、体裁、行动或概念,共同体在存在的过程中生产或采用了它们,已经成为实践的一部分[1]。由此可知,班级技艺库是一部班级成员相互卷入参与班级建设的历史,是班级成员共同参与班级建设的经验总结。班级成员共享技艺库,促进了班级文化的形成,确保了班级建设的有序性;为班级建设提供了行动指南,确保了班级建设的方向性;为班级建设唤起集体记忆,增强了班级建设的凝聚力。共享技艺库是班级成员共同实践经验的总结,增强了班级成员之间的凝聚力和向心力,为高职院校班

---

① 埃蒂纳·温格.实践共同体:学习、意义和身份[M].李茂荣,等译.南昌:江西人民出版社,2018:78.

级的高效运行提供了坚实的保障。

首先，班级成员共享技艺库，确保了班级建设的有序性。由于班级发展是班级成员合作的事业，所以，技艺库是班级成员在追求合作事业的过程中所产生的资源的集合。班级成员共享技艺库，意味着共享对班级建设意义的理解，共享对班级成员共同行动意义的理解。尽管共享资源的表现形式具有多样性，但这些资源都是围绕班级建设目标，在既定的班级价值理念下产生的。因此，班级成员共享技艺库，不仅仅是共享班级建设资源，同时也是共享班级价值理念，共享班级制度，共享班级故事，共同确保班级建设的有序性。

从宏观层面讲，共享技艺库的价值理念，确保班级建设思想的统一，从而确保班级建设的有序性。强化价值引导和思想建设是班级建设的首要任务。共享技艺库的价值理念，用正确的思想塑造和引导班级成员，在班级建设中形成一股积极向上的精神力量。共享班级的价值理念，意味着以既有价值理念统领班级建设的步调，排除杂音，消除错误价值观带来的不良效果，确保班级建设在班级成员共有的价值观引领下有序展开。共享技艺库的价值理念，既是对班级价值理念的进一步传承，同时也促进了班级文化的生成。美国社会学家斯肯认为："文化是凝聚一个团体的共享的信仰、价值观和一套基本的假定，它成为一个群体观察、感知和思考相关问题的方式。"①在班级实践过程中生成的班级文化，既承载着班级原有的价值理念，又营造了一种积极向上的班级氛围。班级成员在健康文化的熏陶下，形塑自己的行为方式，陶冶自己的情操，感受班级成员之间的团结与友爱、鼓励与帮助。班级文化潜移默化地，犹如指挥棒般指挥着班级建设的有序开展。

从中观层面来讲，共享技艺库中的制度，确保了班级建设的有序性。班级建设既要有统一的价值理念的引领，同时也要以管理制度为支撑。班级制度主要有班级民主制度、班务公开制度等。以班务公开制度为例，及时准确公布班务信息，班级成员可以及时知晓班级经费使用、班级运转现状等信息，可以及时对经费使用的适切性提出自己的观点，监督班级经费的有效使用；可以避免因

---

① 马和民,高旭平.教育社会学研究[M].上海:上海教育出版社,1998:89.

班级经费使用不透明而引发的班级成员间相互猜忌的问题。共享技艺库中的制度,以制度为准绳,既鼓励班级成员在制度允许的范围内主动作为,创造性地思考问题的解决办法,同时制度还规范约束班级成员的班级行为,"可以有效地预防班级建设中的随意性、盲目性和'冷热病'"①。

从微观层面来讲,共享技艺库中的故事,确保班级建设的有序性。虽然班级成员共享班级价值观,但是"主流意识形态与个体和群体思想政治素质之间存在着一定的时空距离和理解距离,影响着两者的转化效果,进而影响着思想政治教育的实效性"②。所以,通过共享技艺库中的故事,在轻松氛围中,以非正式的方式促进班级成员在知情意行等方面的多重体验和多维反思。共享技艺库故事、沉浸式倾听故事,缩短了班级成员之间的时空距离,增强了时空体验感,促进了班级成员间视域的融合,增进了班级成员对班级价值的理解,促进了个体价值与班级价值的融合。理解双方并不囿于原有思想认识的范围,而是不断突破既有边界,增加补充新的思想内容。新的意义不断在生成,理解双方的认识和境界在不断提升③。正是通过共享技艺库故事,班级成员深刻理解、认可班级建设的主流价值观;同时,通过共享技艺库故事,启发班级成员立足于当下班级建设的实际情况,探索班级建设的未来之路。通过共享班级技艺库中的故事,班级成员能够正确理解班级价值观的变与不变,才能稳中求变,才能有效避免价值观的混乱和扭曲,进而确保班级建设有序性。

其次,班级成员共享技艺库,增强了班级建设的凝聚力。技艺库,是指共同体共享资源的集合。共享技艺库,从形式上看,是班级成员共享班级建设过程中资源的集合;从本质上看,是班级成员对班级价值理念的共享。

从思想的角度来讲,班级成员共享技艺库,共享班级建设的价值理念,增强了班级建设的思想凝聚力。班级成员紧紧围绕共同的价值理念,调整自己的行为。所以,在共同价值理念的引领下,班级成员在班级建设中表现出思想上和

---

① 诸葛福民,石南."六位一体"的高校班级建设工作体系框架建构[J].中国成人教育,2015(19):72-73.

② 代玉启,朱惠羽.讲故事:思想政治教育的重要呈现方式[J].思想理论教育导刊,2021(8):122-126.

③ 张桂华."理解"视域下的谈心教育:以青年思想引导为例[J].中国青年研究,2019(10):106-111.

行为上的一致性。班级成员之间会相互激励,人们的情感、意志也因此得到固化和加强,增强了班级的凝聚力。

从组织的角度来讲,班级成员共享技艺库,认同班级的发展需求,认同班级的发展目标,提升了班级成员的归属感,进而增强班级的组织凝聚力。一方面,班级技艺库的共享,意味着班级建设取得了一定的成果。这些成果既在一定程度上满足了班级成员发展的需求,同时又为将来班级成员的发展起到了榜样示范和引领的作用,可以吸引班级成员进一步参与到班级建设中来,提升了班级建设的战斗力。另一方面,班级技艺库的共享,是对既有班级建设成果的肯定,提升了班级成员的认同感和自豪感,有助于促进班级成员之间的行为交互、增强成员之间的信任。信任与团队凝聚力密切相关,团队成员之间的相互信任会提升个体对于他人的协作行为,进而增强整个团队的凝聚力①。也就是说,当个人目标与他人目标、与班级目标结合更加紧密时,班级成员之间的相互卷入会更加频繁,相互间的信任感会提升,故而班级的凝聚力也会得到进一步增强。

从情感的角度来讲,班级成员共享技艺库,唤起班级建设的集体记忆,引起班级成员的情感共鸣,进而增强了班级的情感凝聚力。乔纳森认为,人们的感受是文化社会化以及参与社会结构所导致的条件化的结果②。由于技艺库是班级成员在班级建设过程中集体经验的总结,是全体班级成员智慧的结晶。共享技艺库,意味着积极践行班级价值观的实践行为会受到班级成员的肯定和赞扬,进而形成了人们对班级在情感上的归依,进而增强了班级的凝聚力。技艺库不仅是班级建设资源的集合,还是特定时期班级成员在班级建设过程中积淀的情感记忆。相较于个人情感,这种班级情感更加易于接受,更加易于认同。情感认同是连接人们认知和行为的重要纽带③。班级成员在情感认同的基础上,更加热爱班级建设,更乐于为班级建设出谋划策,班级成员之间更具包容心,班级成员相处更加和谐,这无疑有助于增强班级建设的凝聚力。

最后,班级成员共享技艺库,为班级建设提供了行动指南,确保了班级共同

---

① 陈晨.共青团的情感动员与凝聚力发挥[J].中国青年研究,2019(6):19-25.
② 乔纳森·特纳,简·斯戴兹.情感社会学[M].孙俊才,等译.上海人民出版社,2007:2.
③ 刘晓霞.新时代凝聚文化向心力的四个维度[J].思想政治教育研究,2018,34(6):144-147.

体建设的方向性。班级技艺库是班级成员在实现班级发展目标过程中的经验总结。共享技艺库,在分析研究已有行为的基础上,经确认其合理性、可用性后,才会产生共享技艺库的行为。共享技艺库有利于找寻班级发展的方向。

从发生学的角度来讲,班级技艺库的产生,源于班级成员追求班级发展目标的实践过程。皮亚杰认为,知识在本源上既不是从客体发生的,也不是从主体发生的,而是从主体和客体之间的相互作用之中发生的[①]。技艺库的共享,表面上看是班级成员选择班级资源、班级制度、班级话语等的行为;但这些选择的背后,实质上是基于对班级发展目标的共同追求而进行资源匹配、资源整合的过程。班级成员对班级发展目标的追求是技艺库共享的根本原因。班级成员对自身发展需求的追求,是推动技艺库产生、共享的动力,同时也形塑着班级的发展目标,进而锁定了班级建设的方向,是班级建设的行动指南。

从历史发展的角度来讲,班级成员共享技艺库,从技艺库中探寻班级发展的轨迹,确保班级建设的方向性。实践共同体理论认为,技艺库是共同体在存在的过程中生产或采用了他们,技艺库已经成为实践的一部分。由此可知,技艺库并不是资源的无序堆砌,相反它是遵循实践发展的规律,根据实践需要而产生的有序组合。但是实践除了受到主体需求的制约以外,还受到客观条件的限制。所以,班级在建设过程中会呈现出不同的发展阶段和发展特征。由此可知,班级建设与主体之间的需求并不是完全契合的。通过分析技艺库,厘清班级发展的脉络,找寻历史发展的轨迹。以班级发展轨迹为基础,研判班级发展的趋势,通过建设资源的调整和整合,确保班级建设在既定轨道上运行。

从现实语境来讲,班级成员共享技艺库,认同了班级成员改造客观世界的行为,提升了班级成员的自我效能,确保了班级建设的方向。自我效能是一种相信在某种情境下能够充分表现,有能力完成某项任务,对自己能力与效率的乐观信念;而自我效能会以多种方式影响直觉、动机和绩效[②]。班杜拉认为,过

---

① 左任侠,李其维. 皮亚杰发生认识论文选[M]. 上海:华东师范大学出版社,1991.

② 邹旸,崔连广,闫旭. 效果逻辑形成机制研究:自我效能的中介作用[J]. 科研管理,2019,40(7):224-234.

往成就是自我效能的发展性前因①。通过共享技艺库,班级成员见证了自己在班级建设过程中改造客观世界的能力,见证了班级成员的过往成就,提升了班级成员的自我效能感。自我效能感让他们相信自己所做的事情是有意义的,他们能像专家一样思考、决策并取得成功。

技艺库作为班级建设资源的集合,是连接班级已有建设经验与未来建设走向的衔接物,为班级决策提供智力支持。技艺库是班级成员共同实践经验的总结。共享技艺库深化了班级成员对班级建设的理解,增强了班级成员之间的凝聚力和向心力,为高职院校班级成员之间的协同联动提供了坚实的保障。

三、班级成员联动的模式

实践共同体视角下,以学生的全面发展作为高职院校班级建设的核心,通过辅导员、专任教师、企业师傅等班级多元要素的有机卷入,形成"一核三轴多维交互"的联动模式,如图4-2所示。该联动模式有利于整合班级育人力量,促进新时代高职院校人才培养质量的提升。

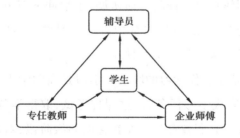

图 4-2 班级成员"一核三轴多维交互"联动模式图

(一)主体需求驱动下的生生联动

高职院校班级是以学生为主体的社会组织,学生是高职院校班级中人数最

---

① BANDURA A. Self-efficacy: Toward a unifying theory of behavioral change [J]. Advances in Behaviour Research and Therapy,1978,1(4):139-161.

多的群体,班级为学生提供了学习和生活的场域。高职学生通过班级学习知识,掌握一定的生产技术技能,增强就业能力,从而获得较好的就业优势。为了维护学习秩序、增强互助学习、拓展兴趣爱好,班级中学生与学生之间产生着紧密的联动关系。

首先,学生之间基于维护学习秩序的联动。一是寻找意见领袖,形成非正式的小团体。目前高职院校班级学生人数大约在 40~50 人,他们来自不同的家庭,有着不同的生活经历、不同的学习习惯,因此难免在班级学习过程中发生冲突。举例来讲,有的学生喜欢在上课时讲话,或者随意进出教室,那么他们上课讲话的声音或进出教室的行为可能会分散其他同学的注意力,可能会影响其他同学听课的效率,这就影响了喜欢在安静环境中学习的学生的环境需求。当冲突发生时,冲突的双方会在班级中寻找具有相同立场的同伴,形成非正式小团体,并会推选出意见领袖,为自己的行为代言。二是协商达成共识,形成非正式小团体之间相处的规则。由于班级教学资源的有限性,非正式小团体之间的冲突必将对班级教学资源造成不同程度的浪费。为了减少这种资源浪费,让有限资源惠及班级中更多的学生,非正式小团体之间便会协商解决该冲突的办法。通过非正式小团体意见领袖的沟通协调,了解冲突双方背后的真实想法,寻找双方甚至多方的共同点,就如何维护班级学习秩序达成共识,协商制订和解的方案、规则,确保班级正常的学习秩序。

其次,学生之间基于合作学习的联动。学习是高职学生面临的首要班级任务。参加课程学习,完成学习任务,通过课程考试,取得学分后才能完成学业,才能达到毕业的条件。高职教育是职业教育的高级阶段,对高职学生的学习提出了更高的要求。一方面,高职院校班级学习更加注重专业理论与技能实践的结合。由于高职院校班级中学生生源的多样化,学生理实综合能力相对较差。一般来讲,高中生源的学生擅长理论知识的学习,而职校生源的学生更擅长实践技能的学习。因此,为了完成高职阶段的学习任务,班级学生之间通常会通过自发寻找学习搭档,组建学习小组等方式,增强理论与实践技能学习的互补。另一方面,由于高职学习的高阶性,高职教育是对职业教育中专业领域前沿知识的学习和探索,所以其学习的内容更加复杂,且面临着将理论知识实践化的任务。布鲁贝克认为,所有的行动都是在或多或少不确定的情况下发生的,谁都不能准确预见未来会发生什么①。高职学生为了完成对复杂专业知识的学习,就需要在同学之间展开分析、讨论,开展合作学习,共同探究专业知识学习过程中的难点问题,共同商量解决问题的思路,共同完成学习任务。

最后,学生之间基于兴趣爱好的联动。与基础教育阶段不同,高职学生有更多自由支配的时间。高职学生可以根据自己的兴趣爱好,选择志趣相投的同学一起组织活动。如爱好唱歌的同学一起 K 歌,喜欢打篮球的同学相约一场球赛,喜欢滑板的同学约地点溜板等。在这种基于兴趣爱好的活动中,学生某一方面的才能可以得到锻炼和提升;在个人展示过程中获得自我认同和他人认同。这种兴趣爱好活动激发了学生对生活的热爱,策划、组织活动的过程有助于增强同伴之间的沟通、交流,有助于增进相互间的了解,有助于感受到同伴对自己的关心、鼓励、支持和认同,还有助于丰富自己的内心世界。这都将在一定程度上满足学生的情感归属。

(二)思想价值引导下的辅导员与学生的联动

教育部 43 号令明确规定,辅导员是高校学生日常思想政治教育和管理工作的组织者,并将思想理论教育和价值引导、党团和班级建设作为高校辅导员的首要工作职责。据此,高职院校将班级思想教育、价值引导作为辅导员工作考核的主要指标纳入到辅导员的年度绩效考核。对辅导员而言,只有完成相应的考核指标,才能获得相应的权益。与此同时,对高职学生而言,他们担负着实现中华民族伟大复兴的时代重任。而高校生活与中学生活截然不同,现在他们有更多机会直接接触到更加复杂的社会环境。鱼龙混杂的社会环境给高职学生的成长带来困扰,他们迫切需要正确的价值引导。

首先,辅导员—学生基于树立正确班级舆论导向的联动。正确的班级舆论

---

① 　约翰·S.布鲁贝克.高等教育哲学[M].3 版.王承绪,郑继伟,张维平,译.杭州:浙江教育出版社,2001:27.

是形成优良班风、学风的基础,是增强班级凝聚力的前提条件①。由于高职学生在中学阶段,其想法通常没有得到中学教师的认同,甚至还曾受到老师们的批评,故而来到高职院校后,他们常常将自己的真实想法隐藏起来,不愿意与辅导员或其他同学交流。与此同时,他们通过 QQ、微信等社交软件在虚拟空间随意发表自己的言论。为了更好地了解学生的所思所想,高职院校辅导员需要做到如下几点:一是需要通过进课堂、进学生宿舍等方式,在具体的环境中深入了解学生的学习生活。在走访中发现学生急难愁盼之事,并予以及时地解决,在师生之间建立起信任关系,让学生愿意与辅导员交流、愿意给辅导员讲真话、讲实话。辅导员通过与学生之间的沟通,深入了解学生面临的思想困境,采取循循善诱启发式提问的方式在师生之间展开平等对话,帮助学生认识了解社会主义核心价值观,引导学生用社会主义核心价值观深度思考自己的成长,理解社会主义核心价值观背后的现实意义,理解社会主义核心价值观对自我成长的意义,进而产生价值认同;学会主动运用社会主义核心价值观去思考自己行为的适切性,去看待班级中的人和事,并将其作为班级成员行为的价值引领。二是高职院校辅导员要及时汇总走访过程中发现的热点话题、重点问题、群体问题,通过召开主题班会的形式,组织学生进行讨论,及时回应学生的关切,让真理越辩越明②。鼓励学生从多角度分析实际生活中的案例并提出解决问题的方案。在高职学生敞现想法的基础上,引导学生评判问题解决思路的优劣。通过师生之间、生生之间的思想碰撞、协商,及时消除师生思想的盲区;在感性中升华思想,促进师生间达成共识进而产生思想共鸣,形成统一的、正确的班级舆论,并自觉维护班级舆论。三是高职辅导员要吸纳思想进步的学生,引导其积极向党团组织靠拢,积极参加党团活动。利用学生党员、团员的影响力,带动班级的舆论氛围,维护班级的正确舆论。

其次,辅导员—学生基于建立和维护班级秩序的联动。由前文可知,生生之间基于各自的主体需求自发形成了一些小团体。这些小团体为了维护自己

---

① 杨成.把握班级的舆论导向[J].职业技术教育,1997,18(5):54.

② 邢云文.帮助当代大学生树立正确的价值观:《思想道德与法治(2021年版)》第四章修订解读与教学建议[J].思想教育研究,2021(9):120-123.

的利益而不断产生着冲突。班级是全体班级成员学习和生活的场所,在班级资源有限的情况下,为了增大班级教育资源的使用效能,就需要加强小团体之间的合作来减少或消除成员冲突,就需要辅导员与学生之间就建立和维护班级秩序展开联动。一是辅导员通过召开班级民主大会,就班级中出现的冲突展开全员讨论,寻找冲突产生的根源和解决冲突所需的资源。如果有与学校规章制度相违背的言行,则要通过讨论让班级学生意识到其危害性,还要毫不手软地予以制止。如果其言行不违背学校的规章制度,只是在有限班级资源占有量方面存在冲突,那么辅导员就要引导学生提出解决问题的思路,列出所需要的资源。二是辅导员要引导班级成员确立班级目标。通过召开班级民主大会,让学生能够较为全面准确掌握班级发展的现状,能够较为客观地看待同学之间的冲突。辅导员可根据解决问题的难易程度,引导学生商量确定问题解决的时间线路图,进而设定班级的总目标和阶段性目标。而后号召班级学生集中人力、集中资源,有计划有目的地解决问题,提升解决问题的有效性,也以此提升学生解决问题的自信心。三是辅导员引导学生制定班规班纪。按照民主集中原则,达成解决问题的共识。通过总结班级成员所认可的解决问题的方式方法,制定班级规章制度和形成班级文化,并以此约束和规范各个小团体、各位成员的行为。四是辅导员要组建班级干部队伍,维护班级秩序。辅导员通过组建一支善于沟通、执行力强的学生干部队伍,提升班干部对学生行为的影响力;通过培训班干部,提升他们为同学们服务的能力;通过班干部的示范带动作用,为同学们的行为提供学习的榜样;通过班干部及时快捷地采集班级学生的行为信息,及时发现、化解学生之间的矛盾,维护班级秩序。

(三)知识发展驱动下的学科教师与学生的联动

师者,传道授业解惑。传授知识,是高职院校专任教师面临的首要重要任务。学校将专任教师教学工作纳入绩效考核,教学过程中的学生评教对专任教师教学工作考核有着重要的影响。同时,学生通过参与课堂教学活动,可以系统学习专业知识和专业技能;通过课程考试,才能获得相应学分,才能达到毕业的条件。正因如此,师生对知识传承与创新的需求促成了双方的联动。

首先,基于知识传承的师生联动。为了有效满足学生的课堂学习需求,课前,专任教师将通过问卷调查、访谈等方式了解学生已学专业知识的范围、专业知识掌握的程度以及喜欢的教学方法。在精准了解学生学习情况的基础上,专任教师根据本门课程的课程标准,制订课堂教学目标,确定课程学习过程中的重难点内容,选择相应的教学材料、设计教学方案等,确定课堂讲授的内容、范围,以及互动的方式等。课中,专任教师根据教案设计为学生进行知识讲解,组织学生参与教学活动。当学生在学习过程中提出自己的学习困惑时,专任教师在课堂上收到学生的信息反馈后,及时对学生进行学习引导,帮助学生理解学科知识。在课堂教学结束时,专任教师会根据课堂学习情况给学生布置作业,检测和巩固学生的课堂学习效果。课后,专任教师通过批阅学生的课后作业,了解学生课堂学习的效果,及时调整下次课堂教学的内容和方法。学生在收到专任教师的作业批改情况后,对于有疑问或不懂的知识点,可以通过 QQ、微信或者邮件等方式寻求专任教师的进一步指导。

其次,基于知识创新的师生联动。职业教育是与国民经济发展紧密相关的教育,因此在高职院校的课堂教学过程中,专任教师对专业知识的讲授是围绕某项工作任务的完成而进行的。而工作任务是在一定时空下的有序展开,一旦工作环境发生变化,那么就需要师生一起探索、研究理论知识在特定时空下的适切性,进一步探索理论使用的条件进而促进知识的创新。此外,由于职业教育具有较强的实践性,为了促进学生专业技能的提升,每年高职院校都会组织多种类型的专业技能大赛。技能大赛是师生对所学知识和技能在具体工作场景中的综合应用。为了取得好成绩,参赛师生不仅要拓展专业学习的深度,而且还要通过共同探究、相互合作,将已有的碎片化的专业知识进行整合,找到解决实际问题的最佳路径。从一定程度来讲,师生在探究合作中发现事物与事物之间最佳组合关系,找到解决问题最佳路径的过程就是新知识产生和应用的过程[1]。

---

① 樊治平,李慎杰.知识创造与知识创新的内涵及相互关系[J].东北大学学报(社会科学版),2006,8(2):102-105.

（四）技术技能发展驱动下的师徒联动

产教融合、校企合作是高职院校人才培养的重要手段。校企合作中，通过企业师傅带徒弟实现生产技能的传承和创新。在此过程中，企业师傅通过完成带学生参加生产实践的任务后获取相应的报酬，徒弟在生产实践中的行为表现也将在一定程度上影响着企业师傅的社会形象。学生徒弟必须跟着企业师傅完成相应的生产实践，并通过企业生产实践考核，才能获得毕业资格。正因如此，生产技术技能的传承与创新促成了师徒之间的联动。

首先，基于生产技能传承的师徒联动。通常企业师傅会先安排学生徒弟了解生产岗位中的工作任务、工作设备、操作流程等信息，让学生徒弟全面感知生产技能的应用环境。由于企业的根本目的在于盈利，即在最短时间内创造尽可能多的生产价值，因此在企业生产快节奏的背景下，企业师傅一边安排学生徒弟观摩生产技能的操作过程，一边在生产岗位实践中通过口传手授的方式现场教给学生徒弟技能，有针对性地告诉学生徒弟技能的操作要点和方法。学生徒弟在企业师傅手把手地指导下开始学习生产技能的操作，模仿企业师傅的技能操作行为，亲身参与生产岗位实践，完成简单的生产技能操作，完成部分工作岗位任务。

其次，基于技术创新的师徒联动。虽然学生徒弟在模仿企业师傅的技能操作，但在操作过程中难免会遇到卡壳的问题。一方面企业师傅会根据自己的经验引导学生检查、发现、分析操作过程中出现的技术故障，另一方面学生徒弟也在企业师傅的指导和建议下，通过自己的反复琢磨、反复思考寻找解决问题的最佳方法。而寻找最佳解决方法的过程就是发现事物与事物之间新关系的过程，从本质上讲，该过程就是一种技术创新的过程。另外，由于市场竞争和顾客需求的变化，企业面临转型升级的巨大压力。为了在市场竞争中赢得优势，企业必须通过技术赋能在生产实践中增加产值。这就需要企业员工充分发挥自己的专业特长改进生产技术，通过技术进步来降低能耗、降低成本。企业依靠技术创新在市场竞争中赢得优势，企业的业绩才会好，员工的薪酬待遇才会更高。因此，在技术创新驱动下，企业师傅利用经验指导学生徒弟探索专业领域内的新知识。师徒一起研究解决岗位实践中出现的问题,提升专业技能、探索专业知识应用的新领域。与此同时,学生徒弟的新思想影响着企业师傅的思维。迭代师徒合作,将迭代后的新思维融入生产技术创新;师徒再根据现有的生产条件,将创新思维转化为一种创新行为,进而促进生产实践效能的提升。

(五)学习任务驱动下的辅导员、学科教师与学生之间的联动

学习是高职学生的主要任务,班级是他们学习的主要场所。在基础教育阶段,他们的学习基础薄弱,学习习惯也不太好。受其影响,他们在高职院校班级学习中通常表现出学习目的不明确、学习态度不够积极、班级学习氛围不浓等问题。但是,对于高职学生而言,必须完成学业才能获得毕业资格;对高职院校辅导员而言,学风建设是辅导员的重要职责;对专任教师而言,吸引学生参与课堂学习,才能促进专业知识的传承和创新。正是基于三者的需求,辅导员、专任教师和学生产生着紧密的联动关系。

首先,基于学习目标的联动。学习目标是班级成员学习的内在动力,学习目标引领班级学生的学习行为。如果学习目标与教学目标契合度高,学生的需求就越能被满足,学生通过课堂学习的收获就越多,自信心就越强,就越愿意学习。但是,高职院校学生的学习目标往往具有隐蔽性。受基础教育阶段学习自信心不足的影响,高职院校学生不愿意主动去思考、表达自己的学习目标,一是对自己高职阶段的学习缺乏信心,二是担心学习目标达不到而遭受他人的冷嘲热讽。加之高职院校专任教师教学任务繁重,且授课学生数量多,通常是通过课前问卷调查简单了解学生的课程需求,但无法判定问卷调查结果是否是学生学习需求的真实表达。面对这种情况,高职院校辅导员通过召开班级全员大会,就学习目标展开讨论。一是通过专任教师介绍学生所学专业的前沿知识和应用前景,扩大学生的专业视野,唤醒学生对专业知识学习的渴望。二是辅导员鼓励学生敞现自己的课程学习需求。学生在倾听他人学习需求时,可以找到有相同学习目标的伙伴,更加坚定自己的学习方向。通过与学生面对面的交流,专任教师可以更加准确地把握学生的学习需求。三是通过专任教师分析、点评学生学习目标,促进师生就学习目标达成共识。专任教师根据人才培养方

案和课程教学标准,结合现有班级教学资源,和学生一起讨论课程学习的目标,建立班级学习的共同愿景。同时,启发学生根据班级学习的共同愿景,结合自身的实际情况,制订出学生自己的课程学习目标。四是将班级学习愿景进行物化,激励班级成员为之努力。辅导员将组织班级成员把学习的共同愿景,以文字、图片、动画等形式,将学习目标直观形象地在班级教室、QQ 空间等场所进行展示,提醒、激励所有班级成员遵守自己的学习承诺,实施自己的学习行为。

其次,基于学习方法的联动。常言道"工欲善其事,必先利其器"。与普通高等学校不同,高职院校班级课程学习具有实践性。高职学生只有采用与自己相适应的学习方法才可能取得良好的学习效果。因此,辅导员和专任教师要特别注意对学生进行学习方法的引导。一是辅导员通过多种形式提升学生对学习方法重要性的认识。辅导员通过主题班会的形式,请学生分享自己在学习过程中的心得体会,唤醒学生对学习方法的重视。而后通过举办学习方法讲座,邀请校内外专家、知名校友给学生介绍相关的学习方法,让学生对学习方法有较为全面的认识,明晰学习方法的重要性。紧接着在班上树立学习典型,邀请学习效果好的学生做学习方法的分享,为其他学生提供学习方法的借鉴。二是专任教师通过优化教学活动,促进学生学习方法的转变。专任教师通过优化教学内容设计,以该专业中的典型工作任务组织课堂教学内容,帮助学生认识学习方法的变化,意识到转变学习方法的迫切性。通过优化教学活动设计,增加课程教学中的小组活动,吸引更多的学生参与小组活动。通过合作学习,增强学生的合作意识。通过优化学习评价,增加对学生实践能力考核的占比,引导学生采用适合的学习方法完成课程学习。三是学生主动与辅导员、专任教师讨论学习方法,量身打造适合自己的学习方法体系。由于高职院校学生的生源不同,个人的学习目标也有差别,所以高职学生要根据自己的实际情况,主动与辅导员、专任教师沟通,评估当前学习方法的效果,寻找适合自己的有效的学习方法,搭建起个性化的学习方法体系,才能取得更好的学习效果。

最后,基于学习习惯的联动。将学习习惯纳入班规班纪,约束学生的学习行为。为了促进班级学生养成好的学习习惯,帮助其克服自控能力差的问题,辅导员要引导大家在制定班规班纪时,将学生的学习习惯纳入制度管理,对上课迟到、早退、不按时完成作业等情况予以相应的处罚,将学生行为考核结果作为学生评优评先的重要依据。通过学勤信息系统,及时快捷采集学生学习行为信息,并及时予以帮扶。专任教师在每次课后将学生的学习表现,如学生出勤情况、作业完成情况等及时提交至学勤信息系统。当学生学习行为出现异常时,学勤信息系统会将信息推送至相应的辅导员和学生,提醒关注该学生的学习行为。辅导员接到信息后将联系学生进一步核实情况,引导学生关注自己的问题,要求学生根据班规班纪调适个人行为。之后将处理信息反馈至学情信息系统,让所有专任教师共同关注该生的学习行为。通过建立学生成长手册等方式,培养学生养成好的学习习惯。辅导员通过及时记录学生取得的学习成绩,发现学生学习习惯的变化,制作学生个性化发展的成长手册;同时,根据学生的个人成长轨迹,与学生一道分析学习习惯与个人成绩之间的关系,帮助学生认识学习习惯的重要性,以此激发学生更加自觉地养成好的学习习惯。

(六)职业发展驱动下的辅导员、企业师傅与学生之间的联动

高职学生的就业质量是衡量高职院校办学水平的重要指标。因此,教育部43 号令将职业规划和就业指导列为高校辅导员的九大工作任务之一,高职院校也将其作为辅导员工作绩效考核的一个重要观测点。对于辅导员而言,只有抓好抓实这项工作,才能获得师生的认同,才能获得较好的薪酬待遇。对于学生而言,希望通过系统规划高职阶段的学习,能够找到一份好工作。对于企业师傅而言,希望学生徒弟能够认同自己的职业岗位。在三者的需求基础之上,辅导员、企业师傅与学生保持着紧密的联动关系。

首先,基于就业准备的联动。一是辅导员通过组织企业师傅与学生面对面交流,捋清就业求职方面的重难点问题,帮助学生克服就业求职认知方面的不足。企业师傅来自生产一线,熟悉生产环节,清楚生产岗位所需要的岗位能力。高职辅导员邀请企业师傅为学生讲解工作岗位的设置、岗位之间的关系、各岗位所对应的能力要求、企业选聘员工的标准等,帮助学生全面认知未来的工作岗位,启发学生思考自己的就业目标、职业发展目标。二是辅导员引导学生确立个人职业发展目标,做实个人职业生涯规划。在明晰就业求职的重难点之

后,辅导员根据学生个体的实际情况,引导学生做实职业生涯规划,有针对性地提升自己的关键岗位能力,进一步细化职业学习的阶段性目标,形成个性化的职业生涯目标体系。三是辅导员将学生职业生涯规划目标导入学生管理系统,对其执行程度进行监督。辅导员通过学生管理系统的预警功能,及时发现执行过程中的问题,提醒学生注意,并与企业师傅一道对其进行有针对性的帮扶。

其次,基于培养职业精神的联动。在企业师傅的带领下,学生徒弟能够全面了解企业生产的各环节,直观感受各个环节中企业员工的工作状态以及企业对员工的态度。对爱岗敬业、努力创造的员工,企业总是给予更多的发展机会和较为丰厚的报酬,这样的员工也更容易受到同事的认同。企业真实的工作情境让学生能直观感知职业精神对于企业员工发展的重要意义,感召学生努力成为做事严谨认真、精益求精的爱岗敬业者。与此同时,在企业师傅口传手授的帮助下,学生将看似凌乱的材料加工成精美的产品,见证了自己的生产能力,激发了学生的职业自信,唤醒了学生的职业梦想,激励学生追求卓越的职业创造。与此同时,辅导员通过组织班级成员学习本专业领域中杰出科学家、技术能手、岗位标兵等的先进事迹,深度剖析其成功背后所持有的职业态度,学习其不懈追求、精益求精、追求卓越的职业精神。随后组织班级成员从中挑选出一位最值得尊敬的人,以此人的名字命名班级,以此人的行为为参照调适班级成员的行为,以此人的职业精神激励全体班级成员在平凡的工作岗位上不断开拓进取,做出不平凡的成绩。

(七)科技创新驱动下的学科教师、企业师傅与学生的联动

职业教育是与国民经济发展密切相关的教育,是实现教育现代化、技能强国目标的重要路径和基本保障。高职院校教师承担着科技创新的重要职责,高职院校将教师的科研成果纳入其绩效考核。如果专任教师的科研成果丰硕,就能获得较好的薪酬待遇。科技创新是企业的生命力,企业将员工的生产创造能力作为其评级定薪的重要依据。如果企业师傅的生产创新能力强,创造的产品价值高,就可以获得更多的收入。高职学生作为未来的国民经济发展生力军,只有掌握科技创新的方法和新路径,提升生产创造能力,才能赢得就业的核心

竞争优势。因此,专任教师、企业师傅与学生在科技创新需求的驱动下有着密切的联动关系。

首先,基于科技创新需求的联动。企业的需求是高职院校师生、企业师傅科技创新的出发点。专任教师带领学生走访企业,深度了解企业发展需求。他们通过深入生产一线,与企业师傅反复沟通交流,实地了解、摸排企业在生产过程中的技术难题。根据企业师傅的信息反馈,专任教师带领学生从专业理论的角度,分析诊断该技术难题产生的根源,逐一梳理出解决这些问题所需要攻克的技术难关。专任教师以企业"应用需求"确立科学研究点,以项目的形式进行科学研究,争取科研经费支持。企业师傅配合专任教师的科学研究,尝试着将专任教师提出的生产方法或技术用于生产实践。企业师傅带领学生徒弟改进生产设备,在一定范围内对生产方案进行调整,及时采集、反馈生产数据,验证新技术在实际生产实践中的效果,检验新技术的可行性。学生追随专任教师和企业师傅进行科技创新的过程,既满足了学生探索专业未知领域的好奇心,又深化了学生的专业学习,提升了学生的科技创新意识和创新能力,增强了学生的就业优势。

其次,基于科学技术转化的联动。服务国家经济发展是高职教育的重要职责。高职院校专任教师不仅要注重科学研究,而且还要注重科学研究在现实生产实践中的价值,推动科研成果的转化。专任教师将与企业师傅、学生联合创新的科研成果,以咨政报告的形式提交给相关部门,引起政府部门的关注,争取进入政府规划获得政策支持。专任教师通过前沿学术报告会,让企业人士深度认知该项新技术背后所潜藏的科技发展潜力,吸引企业的投资与合作。企业师傅、学生徒弟和专任教师联手将创新的技术开发成相应的新产品,向企业主管部门、同行等进行现场展示,促进新产品、新技术的应用和推广。

(八)教育资源整合驱动下的辅导员、学科教师、企业师傅与学生间的联动

由前文可知,在高职院校班级建设过程中,在班级成员需求的驱动下,不同类型的成员间相互作用,共同着力于高职学生的成长、成才。由于班级成员在

实现其需求的过程中难免存在步调不一,甚至是相互冲突的情况,因此,为了整合班级教育资源,需要辅导员、专任教师、企业师傅和学生之间保持紧密的联动。

首先,基于全员育人的联动。全员育人,即所有的班级成员都是教育之人,都是育人的力量[①]。高职教育是要培养德技并修的高技术技能人才。为了实现这一目标,就必须充分认识到班级成员在班级系统中的重要作用,根据班级成员需求激发班级活力,形成纵横交错的班级育人网络。辅导员、专任教师、企业师傅、学生都是育人网络系统中的重要节点,他们都以自己特有的方式与其他成员产生着各种联动关系。也正是在这种多元联动关系中,畅通了信息渠道,消除了彼此之间的认知盲区,在协商中达成共识。班级成员围绕共识,调整自己的需求、调适自己的行为、获取自己的身份感和归属感。在班级共识的正向引导下,班级成员充分发挥自己的特长,学习其他成员的长处,积极为班级建设而相互合作,增强班级凝聚力。

其次,基于全过程育人的联动。班级建设是一个有序展开的过程。高职院校班级的全过程育人自班级成立之时起,贯穿于高职学生在校学习的期初、期中、期末等各个学习阶段,贯穿于职业价值引导、专业知识学习、生产技能实践等各个人才培养环节。班级成员发展过程信息的采集是全过程育人的基础。因此,要充分依托校园信息平台——智慧校园管理系统,自动采集班级成员的行为表现、课程学习成绩等信息。学生通过智慧校园系统了解自己各项任务的完成情况,如是否按专任教师要求在规定时间内完成资料的查找和上传,是否根据专任教师的批阅意见修改调整工作任务。与此同时,学生也可以看见其他同学的任务进度,鞭策自己向优秀的同学学习,督促自己改掉不好的学习习惯。智慧校园系统对学生的整体、个体画像的功能,帮助辅导员研判学生的思想动向,确立班级思想工作的重点。智慧校园系统自动记录着学生的学习轨迹,帮助专任教师更加准确地分析学生学习的重难点,进而调整自己的教学方案。智慧校园系统拥有多维学生数据,能帮助企业师傅在短时间内了解学生的兴趣爱

① 杨霄,严欣平.大学生生涯规划教育的理念探索与实施策略[J].中国高教研究,2012(1):83-85.

好,有针对性地帮助学生提升实践技能。

最后,基于全方位育人的联动。由于高职教育具有职业性,以服务社会需求为导向,因此高职院校班级的育人联动应包括校内外育人力量的联动。一是通过微信公众号等信息手段,让校外的用人单位、合作企业、学生家长等及时知晓学生在校表现情况,配合学校对其进行引导和教育。二是通过企业师傅邀请行业专家到班上举办讲座,开阔学生视野;通过聘请人力资源总监到班级进行宣讲,让学生理性评估自己的就业能力,帮助辅导员深入了解企业的用人需求,引导学生树立正确的就业观。三是通过整合校内外资源,将企业对人才岗位能力的需求写进高职学生人才培养方案,将企业师傅提供的典型的工作任务纳入课堂教学内容,将企业生产车间作为学生学习的重要空间。全方位整合班级育人力量,扩充班级资源,满足更多班级成员的发展需求。

四、本章小结

本章首先介绍了高职院校多元主体联动的理想表征,即多元主体共享班级目标、共构身份认同、共获归属感。紧接着,研究者分析了高职院校班级多元主体联动的机理后认为,相互卷入是多元主体联动的起点,共同的事业为多元主体的联动提供了内在动力,共享技艺库为多元主体的联动提供了重要保障。研究者从实践共同体视角,以学生的全面发展为核心,通过辅导员、专任教师、企业师傅等班级多元要素的有机卷入,形成"一核三轴多维交互"的联动模式,整合班级育人力量,促进新时代高职院校人才培养质量的提升。该框架为高职院校班级多元主体联动指明了路径,但在实际建设过程中还存在哪些难点和注意事项,还有待于进一步研究。

第五章 高职院校多元联动班级共同体构建的试点与分析

从理论上讲,高职院校班级共同体建设是提高高职院校人才培养质量的新模式。但该模式在高职院校班级建设的实际过程中育人效果到底怎么样,能否支撑起高职院校德技并修高技术技能人才的培养,高职院校班级共同体建设过程中还存在哪些需要注意的问题还有待于实践的检验。

为了更好地观察和分析高职院校班级共同体在实际构建过程中的情况,研究者选取了一所"双高"院校(即承担着中国特色高水平高职学校和专业建设计划的高职院校)高水平专业群中的一个班级作为班级共同体构建研究的试点班级。通过对其进行深入的观察和分析,展现高职院校班级共同体构建的一般程序和要求,希望能启发和帮助高职院校教师开展更有成效的班级实践活动,提升班级的育人效能。

一、某"双高"院校对"卓越技术技能人才"试点班的制度设计

本研究以西南地区一所"双高计划"建设院校(以下简称"某校")中的一个"卓越技术技能人才"试点班(以下简称"试点班")作为研究对象。2019 年,为了积极响应《国务院关于印发国家职业教育改革实施方案的通知》《教育部等四部门印发〈关于在院校实施"学历证书+若干职业技能等级证书"制度试点方案〉的通知》《教育部关于职业院校专业人才培养方案制订与实施工作的指导意见》等文件精神,满足"双高"建设需求,学校出台了《某校"卓越技术技能人才

计划"实施办法》,在全校范围内开展"卓越技术技能人才培养"试点班建设,并以此为推动,创新育人体制机制,提高人才培养质量,促进学生个性化发展,提升教师的育人水平。

1."卓越技术技能人才"试点班的培养目标

(1)为应用技术本科高校输送高素质人才,使入选该计划的大部分学生在毕业后能够进入更高层次院校继续深造,进一步攻读硕士研究生、博士研究生或者出国留学;为行业企业培养优秀的技术技能人才,使入选该计划的学生毕业后能成为单位业务技术骨干。

(2)培养具有工匠精神的创新拔尖人才,使入选该计划的大部分学生能够获得行业公认的高端认证证书,在全国职业院校技能大赛、世界技能大赛和行业技能大赛等赛事中取得优异成绩,毕业后能成为行业精英。

2."卓越技术技能人才"试点班的培养方式

(1)以专业群为单位组建"卓越技术技能人才培养试点班"(以下简称"试点班")。试点班采用项目制管理,包括项目申报、评审、立项、检查、验收等。参与项目的学生总人数均不超过全校、各学院、各专业的10%。

(2)试点班名称自拟,以全日制方式组建,制订单独的人才培养方案,学生完成基础平台课程后,结合培养目标个性化定制专业方向课程和专业拓展课程。同时要配置优秀的任课教师和学业导师,采取灵活多样的考核评价方式,并在实习实训条件、耗材等方面予以适当倾斜。可以采用学徒制等模式与企业联合培养。

3."卓越技术技能人才"试点班的组织实施方式

(1)各实体二级学院撰写"某校卓越技术技能人才试点班培养方案",通过评审立项后在大一学生中通过多种方式选拔组建实体教学班,并按总体培养目标和培养方案组织实施。可依托专业群或人数较多的主体专业组建,在每学期末实行"自愿选择、适时分流、适量增补"的进入和转出机制。原则上每年立项试点班10个左右,最多不超过12个;试点班学生人数30以内,教学团队8~12人左右。

(2)项目由二级学院进行日常管理,期中检查和期终考核验收由二级学院配合教务处组织实施。

(3)学校对入选卓越技术技能人才试点班、工匠工坊的学生在完成学业任务并达到项目培养要求后,颁发毕业证书的同时授予相应荣誉证书。

4."卓越技术技能人才"试点班的保障措施

(1)学校为立项项目配套总经费不超过150万元,分两期拨付。

（2）根据评审排名,学校对试点班按 A 类(40%)15 万元、B 类(60%)10 万元预算经费。二级学院对试点班教学团队在课时核算、绩效考核等方面可予以倾斜。学生可考虑半军事化管理,统一着装、统一配发学习用品、奖(助)学金适当倾斜等。

（3）试点班的教学建设与社会服务工作原则上按 1 个校级教学改革重点建设项目认定(考核不合格的团队除外,且不能再做类似项目负责人及骨干成员)。

（4）除学校拨付的项目经费外,二级学院要有相应的经费配套。

5.“卓越技术技能人才”试点班的成果要求

（1）项目成果应注重人才培养模式创新、师生科研与社会服务能力提升、学生创新创业等综合能力培养,突出学生综合素质的提高与个性化发展。

（2）成果内容应与卓越技术技能人才培养项目相关,学生成果类别包括:竞赛获奖、专利申请、双创成果、参与科研项目、优秀毕业论文、发表论文、考取高级技能等级证书等。

（3）A 类试点班至少涵盖 4 项、B 类试点班至少涵盖 3 项“双高”标志性成果;且试点班获取技能等级证书比例、学习成绩平均排名、毕业后从事高端产业和产业高端的比例等反映班级整体培养质量的指标应有所要求。

二、试点班的基本情况

（一）专业课教师团队的构成

人工智能与大数据学院是某“双高”院校承担着高水平专业群建设的二级学院,信息安全技术应用专业是该学院的拳头专业。为了提升信息安全技术人才的培养质量,为企业培养信息安全技术应用的拔尖型人才,在 2019 级学生入校学习的第二学期期末,由人工智能与大数据学院信息安全技术应用专任教师 A(以下简称“专任教师 A”)按照某校“卓越技术技能人才”试点班的政策要求申报组建了信息安全技术应用专业“卓越技术技能人才”试点班。信息安全技术应用专业 2019 级“卓越技术技能人才”试点班师资团队共有专任教师 8 名,从年龄结构分布来看40 ~ 50 岁有 3 人,30 ~ 40 岁有 5 人。教师团队具体信息如下:

专任教师 A：教授，41 岁，信息安全技术应用专业带头人、"巴渝特级技师"、第 45 届世界技能大赛网络安全项目中国专家组组长。

专任教师 B、C：教授，信息安全技术应用专业教师。

专任教师 D、E、F：副教授，工学博士，信息安全技术应用专业教师。

专任教师 G、H：讲师，工学硕士，信息安全技术应用专业教师。

（二）辅导员的构成

初始辅导员 J：男，34 岁，讲师，英语专业研究生，已在该校从事辅导员工作 9 年。性格较为沉闷，不太愿意主动与他人交流。

第二任辅导员 K：女，42 岁，讲师，思想政治教育专业硕士研究生。已在该校从事辅导员工作 12 年。性格开朗，为人随和，喜欢主动跟他人交流。

（三）企业师傅

企业师傅 I：男，38 岁，高级工程师，现就职于国内某知名企业，已从事网络信息安全技术工作 10 年。按照校企合作协议，负责指导该双高校信息安全技术应用专业"卓越技术技能人才"试点班学生的企业生产实践工作。

（四）学生构成及其特点

人工智能与大数据学院根据学校的政策，对 2019 级信息安全技术应用专业的学生进行遴选，经过专业考试和结构化面试排名，遴选出 30 名学生（其中男生 22 名，女生 8 名）组建了信息安全技术应用专业 2019 级"卓越技术技能人才"试点班。

（五）其他资源配置

人工智能与大数据学院为信息安全技术应用专业 2019 级"卓越技术技能人才"试点班专门配置了固定教室，专任教师和学生专用的电脑和桌椅，LED 大屏幕操作展示台和其他的实训设备。

三、试点班班级成立的初始问题

作为某校"卓越技术技能人才"试点班,学校希望通过选配优秀的专任教师和企业师傅为学生授课,传授专业知识,帮助学生提升专业技能;通过调配学校的优质教学资源,为学生提供优质的学习条件。但是在试点班成立半学期以后,也逐渐暴露出一些问题,具体表现如下。

(一)教师与学生之间的不合作

专任教师认为,学生的学习态度不好,不谦虚、不好学、不能吃苦还功利,教师对该班学生的教学投入与自己的教学获得不匹配,导致其不愿意教试点班的学生。企业师傅认为,试点班学生企业员工身份意识很差,不懂得技能学习的重要意义,纪律意识不强、没有礼貌,所以不愿意教试点班的学生。

专任教师 A 认为,试点班的学生不谦虚,专业学习落不到实处。试点班学生认为自己是从二级学院最好的专业里面挑选出来的最好的学生,专业技能学习也是最厉害的。在专任教师上课时,学生在课堂上随心所欲,觉得没有老师的讲解和帮助自己一样可以取得好成绩。专任教师 B、C 认为,试点班的学生不好学。虽然说试点班学生成绩好,是从信息安全技术应用专业里面挑选出来的学习成绩好的学生,但是这些学生不是自己积极主动地学,而是靠专任教师不断地推着他们学。下课后,专任教师布置的学习任务,也没有保质保量地完成。专任教师 D、E、F 是负责带技能竞赛的三位教师。他们认为,试点班学生学习态度不好,不能吃苦。为了提升学生的专业技能,更好地在技能比赛中获奖,三位专任教师在周一到周五的晚上以及周六全天免费地轮流对学生进行技能训练。据三位专任教师讲,他们挤出了自己的休息时间来帮助学生提升专业技能,结果学生并不领情。先是隔三差五地请假,后来干脆就不辞而别,全班 30个学生,就剩下两三个在教室里磨洋工。他们分别找学生谈话,学生一般都不吱声,谈完后情况依旧没有改观;给辅导员打电话反映学生的学习情况,沟通后的效果也不好。后来,学生就陆续提交了退出试点班的申请。老师们觉得自己的工作确实很没意思,这么努力地为学生着想,这么掏心掏肺地帮助学生提升技能,还是免费的,没想到学生居然不愿意接受老师的这种帮扶行为。专任教师 G、H 认为,试点班的学生很功利。对于跟专业技能比赛有关的课程,学生投入的学习时间要多很多;学生跟带专业技能比赛的老师要走得近很多。专任教师 G、H 表示,虽然他们上的课程是这个专业的基础平台课程,对学生的整个专业学习是非常重要的,但因为没有直接与技能比赛挂钩,自己也没有带学生参加比赛,所以明显地感觉到在试点班上课时,学生对他们很冷漠。专任教师 G、H 表示,从内心上讲他俩是非常排斥给这个班的学生上课的,即便是他们对学生好,但学生也并不领情,所以每次上课都是踩着铃声进出教室。如果有机会的话,他俩会选择离开这个班级。

而试点班的学生认为,学院在遴选试点班的学生时,他们是抱着提高自己的专业技能和专业能力来的。进入试点班后才发现,专任教师就是一个技能狂,上课讲专业知识,下课训练技能;白天练技能、晚上练技能;周一到周五训练也就罢了,周六还得继续练;眼睛对着电脑,看着程序,感觉自己眼珠子都快爆裂了。学生们感觉身体吃不消,给老师请假,老师还认为学生是在偷懒。试点班的课程学习难度要比普通班大很多,所以有时候消化课堂上老师讲的知识还是挺困难的。课后做作业时,自己尝试了很多次,但确实是做不了,老师还说自己学习态度不端正、不好学,太冤枉了,跟着这样的老师学习很憋屈。更可恶的是企业师傅,把自己企业里面的活儿带到课堂让我们做,给他当廉价劳动力,在企业师傅的课上,学生感觉啥都没学到,所以对于这样的企业师傅,学生们都不愿意多看他一眼,压根儿就不想理他。

(二)辅导员与教师、学生之间的冲突不断

试点班的辅导员 J 认为,虽然试点班人数少,但麻烦事情多,带班的补贴也没增加,学生取得的比赛成绩跟自己的工作绩效、职称晋升也没有多大关系,带试点班简直就是个错误。试点班的学生都是从 2019 级信息安全技术应用专业里挑选出来的成绩好的学生,原本以为学习基础好的同学学习会更加主动、更

加认真,还以为跟其他班相比学生在学习方面会让自己少操心。但实际上这些学生到了试点班后,辅导员经常接到专任教师的告状,反映学生上课不认真,课后不做作业。找学生谈话,学生说专任教师压榨他们的休息时间,周一到周五,除了上课之外其余时间都要求到教室训练,周六也不准休息,也要训练。由于试点班专任教师的职称多为高级职称,也是学院数一数二的高水平技术技能专任教师,所以当辅导员 J 跟专任教师沟通学生情况时,他们的态度非常强硬,俨然一副居高临下的样子,说试点班是"卓越技术技能人才"试点班,就是要提升学生的技术技能水平,训练时间没保证,那怎么提升技能呢? 辅导员 J 觉得与专任教师沟通无效,跟学生做思想工作又做不通,陆续有近一半学生提出退出试点班,辅导员觉得自己的工作没有被班级成员认同,故而情绪低落。

(三)企业师傅与学生之间的隔阂

企业师傅 I 认为,试点班的学生员工身份意识很差。学生根本不了解企业文化,不清楚技术是企业发展的生命线,练就一身好技能是自己职业发展的敲门砖。企业师傅通过个人关系,给学生争取到一线工作任务,给学生试手提升技术,但试点班学生却认为是在榨取他们的劳动力,他们不愿意完成企业师傅给他们安排的活儿。他们不尊重企业师傅,甚至师徒见面连招呼都不打。所以企业师傅 I 表示很失望,也不愿意和试点班的学生多打交道,对学生的指导也只是三言两语,不愿意和他们有更多的交集。

四、试点班多元联动的班级共同体构建路径

当信息安全技术应用专业 2019 级"卓越技术技能人才"试点班出现问题时,恰巧人工智能与大数据学院辅导员 K 申请了一个高职院校班级共同体建设的课题,她认为要解决试点班的问题,必须从加强班级共同体建设着手。经二级学院会议研究决定,将辅导员 K 调整为试点班辅导员。辅导员 K 就任试点班辅导员后,采取了"四进三融三协同"的班级共同体建设模式,并取得了相应的

班级建设成效。

（一）确立班级目标

辅导员通过"四进"，即走进专业人才培养方案、走进专任教师群体、走进学生群体、走进企业，深入摸排班级成员的发展需求，梳理出班级成员的发展需求脉络，找到班级成员需求的交点。通过班级成员的共同研讨，确立班级目标。

一进人才培养方案，了解国家和学校对人才培养的要求。专业人才培养方案是试点班开展人才培养工作的基本依据①，它既体现了国家对高职院校人才培养的要求，也体现了学校专业人才培养的目标，以及职业能力、课程设置、就业面向等方面的要求。班级是高职院校教育教学的最小单位，班级建设要服务于专业人才培养目标的实现。因此，通过学习和了解试点班专业人才培养方案，洞悉社会和学校对信息安全技术应用专业人才的要求，进而明确学校对班级建设的要求。组织班级成员学习该人才培养方案，了解具体的专业人才培养目标，以及因此而设置的课程体系、人才培养的路径、考核要求等信息，帮助班级成员全面感知试点班的专业人才培养目标，帮助班级成员定位和调适自己的个人发展目标。

二进专任教师群体，了解专任教师的发展需求。为了深入了解专任教师的个人发展需求，辅导员 K 深入教室、办公室等地方，先后与专任教师、企业师傅等进行了多次沟通和交流，并对其需求逐一做好记录。一是与专任教师做深度沟通。辅导员 K 先是与专任教师 A 做了深度沟通，了解试点班的人才培养目标、培养方案、阶段性培养任务和培养方法，同时也了解到专任教师 A 在世界技能大赛中看到的团队备赛的力量，所以专任教师 A 想通过试点班带动专任教师团队育苗、备赛，提升学生的技能水平和学校信息安全技术应用专业的影响力，探索出一条优化学校信息安全技术应用专业人才培养的路径。辅导员 K 在与专任教师 B、C 的沟通中发现，两位教授来试点班是因为学生成绩好和课时费

---

① 邹康锋,任江维,门亚玲."高本贯通"人才培养方案制订的逻辑审视与实践策略:以学前教育专业为例[J].中国职业技术教育,2022(1):92-96.

高。他们认为试点班的学生是经过挑选的学生，学习成绩比普通班好一些，可能好教一点，还有就是课时费比其他普通班要高一点。辅导员 K 事先了解了教授四级晋升三级的条件，在和两位教授交流时，也分析了他们晋升中所需要的条件。现在两位教授指导学生技能竞赛获奖已经满足晋升三级教授中的技能条件，只是在教改研究方面还缺少高级别的课题研究。其实试点班教学本身就是对教改的一次探索，加上有三位博士助阵，还是很有实力申报教育部的相关课题的。一旦课题申报下来，他们的职称晋升就指日可待了。两位教授很认可辅导员 K 的建议，愿意在试点班做一些教改尝试。在和专任教师 D、E、F 的交流中，辅导员 K 发现三位专任教师都是工学博士，他们参加试点班就是想通过带学生参加技能竞赛获奖，满足晋升教授的条件。这三名专任教师理论研究基础很扎实，但因为是从学校毕业后进入高职院校，其实践动手能力不足。尽管三位专任教师非常敬业，将晚自习、周六休息时间都投入到学生备赛中，但由于实践经验不足，动手能力不强，所以在以往的比赛中，并没有取得好成绩。

三进学生群体，了解试点班学生的发展需求。辅导员 K 在与试点班学生沟通的过程中发现，学生需求具有多样性和多层次性。学生们认为，他们报名试点班是抱着提升专业技能的目的来的，也想通过技能提升将来能找一份好工作，或者通过参加技能比赛获取专升本的免试资格。但是在试点班学习的这一学期里，学生觉得自己没有安全感。学生们认为，专任教师非常地专横、不讲道理，以技能训练为由无条件占用自己周一至周五的晚上和周六白天的时间。在这个时段内买东西、看病都需要请假，多请几次假专任教师还不高兴。学生们觉得自己的休息时间被占用，自己的自由受到了限制，没有安全感。有同学甚至说，行动自由都没有了，提升技能还有啥意义呢！在平时的训练中，专任教师对所有人的训练都是一样的，都是在一个档位机械重复地训练，训练了一学期也没见自己的技能有多少提升。同学之间竞争意识太强，也缺乏交流沟通，人际关系还不如以前在普通班，虽然成绩差点，但同学之间还经常互相关心，相互帮助。

四进企业，了解企业的发展需求。专业人才培养方案是试点班人才培养的指南，较为宏观。为了更清楚地了解企业对信息安全技术应用专业人才的岗位需求,对学生的能力要求,以及企业最急需的人才类型等,辅导员 K 带领学生走访校企合作企业,让学生真实感受企业文化,真切了解企业对信息安全岗位员工的能力需求。通过与企业师傅的交流,了解企业师傅的个人发展需求。企业师傅不愿指导高职学生的技能实践,是因为课酬低而且学生的技能水平也不高,教学工作也没有挑战性。由此可知,试点班企业师傅的需求就是获得高课酬,凸显自己的技能价值。

辅导员 K 通过"四进",即进专业人才培养方案、进专任教师群体、进学生群体、进企业,深入摸排班级成员的发展需求,梳理出班级成员的发展需求脉络。辅导员 K 对所有班级成员进行走访后发现,班级成员发展需求种类的多样性,如班级专任教师除了有提升学生技能水平的需求之外,还包括团队建设的需求,自身职称晋升和专业技能提升的需求,科学研究的需求等。班级成员的需求还具有多层次性,如试点班学生除了有技能提升的需求外,还有获得安全感、归属感的需求,被尊重的需求和自我实现的需求。经过梳理班级成员不同类型、不同层次的需求后发现,提升学生专业技能的需求是试点班班级成员聚合的主线,其余需求的实现均与之有关。专任教师通过指导学生专业技能提升或专业技能获奖,促进自己的专业化发展;学生通过专业技能提升获得相应的资格证书或竞赛获奖名次,增加就业竞争力或获取专升本免试资格;企业师傅通过促进学生技能提升获得相应的课酬,赢得学校对自己的尊重。由此可知,促进试点班学生专业技能提升是班级成员发展的共同需求,是班级成员一致的目标指向,可以成为班级成员共享的目标。

通过班级成员研讨,确立班级目标。辅导员 K 组织召开班会,邀请所有的班级成员,含班级专任教师、企业师傅和全体学生一起就班级目标进行研讨。由辅导员 K 开始,她诚恳地谈了自己希望通过试点班的班级建设,能够积累高职学生班级建设的经验,探索出一条高职院校班级建设的有效路径,推动班级建设课题的结题。紧接着试点班组建人、专任教师 A 谈了自己组建试点班的目的是提升信息安全技术应用专业学生的专业技能,探索出一种高职学生技能学习的新模式。当然,专任教师 A 也诚恳地跟同学们解释,由于是探索阶段,有一些方式方法还不够适用,所以请同学们多提意见,多帮助团队。紧接着,其他教师、班级成员都逐一发言,大家纷纷赞同将专业技能提升作为班级目标。围绕这个目标,班级成员畅所欲言,细化了每个阶段的班级目标和每名班级成员的班级目标。经过这次班会,全体班级成员就试点班的班级目标达成了共识,也将落实班级目标的任务细化到每个班级成员的身上。班级成员对如何实现班级目标积极建言献策,进行热烈的讨论,最后确定了班级目标、阶段性目标和每个成员的成长计划。会后,有学生感慨到,经过这次班会,深刻明白了自身发展对于班级建设的责任,也明白了班级发展对自身发展的意义。围绕该班级目标,学生个人与班级建立起了一种从未有过的紧密联系。

(二)落实班级目标

班级建设主体通过"三融"联动,将职业精神融入职业课程的学习,促进辅导员与专任教师的合作;通过职业知识融入职业技能,促进学生与专任教师的合作;通过校内学习融入校外实践,促进学生与企业师傅、学校与企业之间的合作。通过"三融"联动,促进班级成员之间的相互卷入,有利于班级成员构建多样化的社会关系,强化班级成员的身份认知,增强班级成员的归属感,在相互协作中实现共同发展。

一是将职业精神融入职业课程的学习,促进辅导员与专任教师的合作。《高等学校课程思政建设指导纲要》要求将思政元素融入每一门课程,推进专业课程的高质量发展。辅导员 K 是大学生思想政治教育专业硕士研究生,她利用自己的专业优势,主动申请加入集体备课。和试点班的专任教师一起整体设计思政元素、细化职业精神在专业课程中的融入,从而形成信息安全技术应用专业课程思政体系。每门专业课课程思政各有侧重,又相互呼应。同时,辅导员 K 还与专任教师一起研讨细化思政元素、职业精神在每个章节、每个课堂的有机融入,确保每一节课都富含职业精神的养料,让学生在专业课学习的过程中感受到职业精神带来的技术震撼,潜移默化地受到职业精神的熏陶,从而形成对职业精神的深刻理解和认同,并外化为自己的职业行为。同时还邀请学生参与教学研讨,从学生学习的实际情况、学生乐于接受的教学形式、学生对课程学习的期待等角度,帮助专任教师确立教学的重点和难点,优化专任教师的教学内容和教学手段,确保学生课堂学习有收获,专任教师教学有成就感。围绕班级目标,班级成员积极参与集体备课,增进了辅导员与专任教师、学生的相互了解,让彼此深刻感受到了班级成员相互合作、相互支持的重要性,见证了班级成员团队合作的力量,进一步拉近了辅导员与专任教师、学生的距离,增强了班级成员的凝聚力和归属感。

二是将职业知识融入职业技能,促进学生与专任教师的合作。试点班组建的目的是提升学生的职业技能水平。经过班级成员的充分讨论后大家一致决定将提升班级成员的技能水平作为班级目标,且每个成员都承担着相应的班级建设任务。专业课程教学作为提升学生技术技能水平的重要抓手,将专业技能训练有机融入课堂教学就显得十分重要了。因此,改变传统的高职院校理实分离的教学模式,立足岗位实践需求,在实践需求中激发学生理论知识学习的动力,在实践中深入理解理论知识对实践的指导意义。如在《计算机取证与司法鉴定》的集体备课过程中,专任教师就可以从信息技术安全岗位中实际出现的案例出发,抛出该工作岗位中遇到的信息技术安全问题,让学生思考并尝试解决,增强学生主动参与的意识,改变学生被动接受知识的状况。对学生在解决问题时出现的卡壳现象,专任教师要有针对性地进行引导,避免教学过程中的知识漫灌,提升学生独立解决问题的能力,增强学生的学习体验感和创造性。

三是将校内学习融入校外实践,促进专任教师、学生与企业师傅之间的合作。高职教育是与国家经济社会发展紧密相关的教育类型,担负着为国家建设提供德技并修高技术技能人才支撑的重要使命。试点班的专任教师通过多次与企业师傅沟通,将二级学院校企合作中遇到的问题进行分类整理。按照问题的种类,将其分为实训项目问题、典型工作任务问题和联合攻关项目问题。将信息安全管理技术岗位中遇到的一般性技术问题融入试点班的实训项目库,让学生通过实训项目中的技能操作,深化对校内知识学习的理解,感受信息技术安全岗位对职业技能和技术水平的要求。将信息安全管理技术岗位中的典型工作任务融入试点班的日常教学内容,让学生全面了解企业信息技术安全岗位的工作环境、工作任务、工作流程和工作要求。学生通过典型工作任务的学习,对照工作岗位需求进行专业知识的查漏补缺,主动向专任教师和企业师傅请教学习中的困惑。将企业面临的挑战性工作任务作为专任教师、企业师傅和学生联合攻关的项目,班级成员可向学校或企业提出立项申请,获取资金、设备等支持。联合攻关项目将专任教师的专业化发展需求、学生技能提升需求和企业师傅提升产能的需求进行有机结合,是对专任教师、企业师傅和学生三者专业知识、专业技能、综合应用能力的考验。共同的目标促使团队成员在项目攻关时展开积极的合作,充分发挥自己在项目推进中的主体性和创造性。班级成员经过反复研讨、反复实践,实现思维创新和优势互补,最大程度上形成技术攻关的合力。全国职业院校技能大赛更加注重职业教育服务企业需求的能力,在比赛中采用企业真实的岗位任务来检测高职学生的职业技能水平[①]。因此,技术攻关项目不仅仅是科研项目,也是为全国职业院校技能大赛做准备,这也进一步促进了专任教师、学生与企业师傅之间的合作。

(三)班级目标的落地

对班级主体活动实施"三保障",即实施制度保障、实训设备保障和信息平台保障,确保班级目标实施过程中的有序性,实训设备的实用性和班级文化的积淀性。

一是班级制度保障。古人云,没有规矩不成方圆。制度是调节班级成员关系,引导班级成员行为的指南。班级制度要服务于班级目标的实现,服务于班级成员的成长和发展。高职院校每个专业班的学生情况不一样,所以要根据班级的实际情况有的放矢地制定本班的班级制度,才能调动班级成员的积极性和创造性,才能保障教育教学活动的有序性和高效性[②]。由于班级成员具有多样性,既包括辅导员、专任教师、学生,还包括企业师傅,加之每个成员又有着不同的人生经历和生活习惯,所以为了确保班级成员行动的一致性,辅导员 K 召集全体班级成员制定了试点班的班级管理制度,如班级大会制度,班级成员考核

---

① 张科丽.全国职业院校技能大赛评价体系研究:以 2019 年技能大赛为例[J].中国高校科技,2020 (8):38-41.

② 崔克.如何搞好班级制度建设[J].职业技术教育,1994,15(1):44.

制度,班委选举、考核制度,班级联席会议制度等。

以班级成员考核制度为例,要求所有班级成员每学期期初从班级发展任务库里选择一定的任务作为本学期的发展目标。试点班的班级任务库是围绕班级目标,在细化班级阶段性发展目标的基础上所形成的任务库。它包含了常规任务、竞赛任务等多个板块,并根据任务实现的难易程度被赋予了不同的班级积分。班级成员完成任务后可获得相应的班级积分。为了鼓励班级成员的合作,班级任务库加大了团队合作项目的分值,增设了团队负责人对团队成员进行积分分配的权利。也就是说,对于团队合作项目,在项目完成后由团队负责人根据团队成员表现分配相应的积分,避免项目中团队成员合而不作、劳而不获的情况发生。按照班级考核制度的要求,每学期每名班级成员的班级任务积分不能少于 6 分。班级成员可根据班级考核要求和自己的实际情况,从班级任务库中选择任务,并在学习委员处登记。学习委员将所有班级成员的学期任务登记汇总后提交给班级大会进行审议。班级成员的学期任务经班级大会全体成员表决通过后正式生效,班级成员必须全力以赴去实现自己的学期目标。学期期末时会召开全体成员大会,公布本学期班级成员的积分情况,就班级成员是否完成本学期目标进行表决。对于积分排名前 10% 的班级成员颁发证书和予以物质奖励;对于考核未达标的同学,须在会上报告未达标的原因和下学期补齐本学期积分的整改措施。对于连续两学期考核未达标且排名倒数第一的班级成员予以劝退。该考核结果将运用于班级成员的评优评先、团内推优和竞赛人员推荐等方面。

班级制度是班级成员行动的指南,班级成员一旦达成制度共识,那么班级制度将成为约束和调适班级成员行为的准绳。如果有班级成员不遵守该制度,就会受到其他成员的谴责。班级制度让试点班变成了一个强大的能量场。在班级制度的指引下,试点班班级成员更加清楚自己的发展目标,更愿意为自己的目标而努力;在班级制度的指引下,班级成员更加在乎发展过程中的合作伙伴,更加注重班级成员的关系建设,班级成员间形成了一股强大的凝聚力;在制度的指引下,试点班班级成员更愿意相互帮助、共同发展,班级成员之间产生了很强的归属感。

　　二是实训设备保障。试点班是某校"卓越技术技能人才"试点班,其班级目标是要培养信息安全技术应用专业德技并修的高技术技能人才。信息安全技术应用专业的实践性很强,需要高职学生掌握操作系统,掌握网络交换、信息安全、数据存储等设备的配置与管理等技能①。因此,要想提升信息安全技术应用专业学生的技术技能水平,除了强化专业知识学习之外,还要有专门的实训设备和平台加以保障。人工智能与大数据学院为支持信息安全技术应用专业的试点班建设,为其配备了支撑信息安全实训的硬件设备、信息安全教学系统、信息安全竞赛系统和1+X训教系统,供其专业核心课程使用,帮助学生掌握网络规划、网络建设、网络维护、网络优化等能力,切实提升学生网络安全运维能力和网络攻防渗透能力。试点班学生不仅在实训课时可以使用这些实训设备,也可以根据自身技能训练的需要向专任教师A提出使用申请,增加课后使用的时间。实训设备和平台为学生创设了较为真实的工作环境,帮助学生深入理解、消化、吸收课堂上所学的专业知识;同时,由于实训平台提供的是较为复杂的工作环境,这就要求班级成员要综合运用所学知识去分析和解决较为复杂的问题,这就对班级成员的综合创新能力提出了新要求;加之,该实训平台采用的是信息安全类比赛的标准化训练系统,经过多次平台实训,班级成员更加熟悉比赛的标准,更能够抓住比赛中的得分点,为在信息安全相关赛事中取得好成绩奠定了基础。

　　三是信息平台保障。高职院校班级是一个复杂的系统,班级成员之间存在持续不断的物质、信息和能量交互。辅导员K在试点班班级建设过程中,充分利用了班级QQ群和微信公众号两种信息平台,加强班级成员的内部沟通和对外交流、传播。

　　关于班级QQ群,辅导员K利用班级QQ群拓展班级成员的共在空间,加强班级内部信息的沟通和交流。举例来讲,为了在短时间内让班级成员了解班级的重要信息,班级QQ群管理员可以利用QQ群的群公告功能,确保信息交流的

────────────────

① 鲁先志,胡海波.基于开源架构的虚拟网络安全实验平台[J].实验技术与管理,2015,32(7):120-123,155.

公平性和快捷性。群公告信息发布后,班级成员可以同时接收到信息并予以接收确认。这样班级管理员就可以迅速分辨出哪些成员还没接收到信息,然后进行有针对性的单独通知。辅导员 K 利用班级 QQ 群相册,存储班级成员在课堂学习、班会发言等活动中的照片、视频,丰富班级技艺库内容,增强班级凝聚力。这些视频和照片既是试点班班级成员日常学习和生活的写照,又勾勒出了班级成员成长的轨迹,见证了班级成员之间亲密的关系。班级成员通过翻阅这些照片,可以感受到自己的成长变化,促使自己更加努力学习;可以感受到其他班级成员对自己的关心和帮助,增强班级归属感和凝聚力。

关于微信公众号,辅导员 K 利用二级学院的微信公众号加强试点班与班级以外人员的交流。辅导员 K 会定期召集班级成员总结试点班阶段性学习情况,让试点班学生总结和分享自己在专业知识学习和技能提升方面的一些想法和做法。由班级成员共同讨论和投票,推选出对自己帮助最大的经验做法。然后将推选出来的好的经验做法,推报至二级学院的微信公众号。通过微信公众号的信息推送,可以让更多的人了解该经验,实现知识和经验的共享;通过微信公众号的信息推送,可以让学校领导了解试点班的教育教学情况,及时给予政策、设备等支持;可以让学院师生员工及时知晓试点班的建设进展情况,为班级教育教学提供借鉴;可以让合作企业跟进了解信息安全技术应用专业学生的培养质量,增加合作的投入,关注重点学生的成长,提振合作的信心;可以让家长及时关注自己孩子在班上的学习情况,提升对高职教育的认识和理解,增强对高职教育的认同。通过微信公众号的信息推送,全面真实地展现了试点班班级成员的生活样态。试点班学生积极向上的精神风貌,不仅提振了试点班班级成员的自我认同感、自信心,同时还潜移默化地为二级学院乃至全校学生树立了榜样,激励大家更加认真努力地学习。

五、试点班实施多元联动班级共同体构建的效果

(一)教学相长

通过构建多元联动班级共同体,试点班学生养成了刻苦钻研技术的习惯,学生的技能水平有了明显的提升。截至 2022 年 6 月,该班所有学生都获得了信息安全工程师等信息安全技术应用专业的职业资格证书;在专业技能大赛中,试点班学生的获奖率为 100%,其中有 8 名同学在国家级专业技能竞赛中获奖,有 25 名同学在市级专业技能竞赛中获奖,有 9 名同学在"互联网+"大学生创新创业大赛的国赛中获得二等奖。试点班学生职业资格证书的获取率和职业技能竞赛的获奖率远远高于信息安全技术应用专业的其他班级。专任教师专业化发展也向前迈出一大步。试点班学生认真学习专业知识和专业技能对教师的专业化水平提出了新要求,这就促使专任教师去思考、学习、探索信息安全技术应用专业前沿的理论和技术,助力专任教师科研成果的产出。在试点班成立的两年间,专任教师发表核心论文 5 篇;成功申报市级及以上纵向课题 3 项,完成企业委托项目研究 2 项;专任教师、学生、企业师傅合作,成功申报发明专利 2 项。同时,试点班专任教师在推动班级建设的过程中,注重学生的职业道德和职业精神的培育,构建起信息安全技术应用专业课程思政课程群,1 门课程被评为国家级课程思政示范课,试点班专任教师团队被认定为国家级课程思政团队。

(二)充满活力

试点班的多元联动班级共同体建设促进了班级成员之间的合作,学生的专业技能水平有了大幅提升,学生解决企业一线信息安全问题的职业能力进一步增强,得到了企业师傅和合作企业的高度认同。2022 年,试点班学生的就业率和专业对口就业率均超过了 96.7%。企业师傅和专任教师、学生合作,成功解

决了企业卡脖子的技术难题,其技术水平得到学校、企业领导和同事的认可。2021 年,试点班获得"某校先进班级"称号,辅导员 K 获得"某校优秀辅导员"称号。辅导员 K 的育人思路和育人成效得到了班级成员和学校的认可,这也增强了辅导员 K 对自己育人角色的认同感。

(三)凝聚力强

试点班在班级共同体建设过程中,班级成员围绕班级目标确立自己的个人发展目标,将个人发展融入班级发展。从合作发展规划的交集来讲,已经将个人发展与试点班班级发展画了一个同心圆。从实施的范围来讲,辅导员、专任教师、学生和企业师傅的合作已经不再是课本知识传授和一般专业技能的学习,而是要共同钻研新技术和共同探索新知识。正是这种对新知识、新技能的探索和研究,将班级成员凝聚成一个共同体,相互支持、相互依赖,潜移默化中增加了班级成员的归属感。

六、关于试点班班级共同体构建的经验借鉴与难点分析

(一)辅导员在班级共同体构建中的核心作用

经过将近两年的班级共同体建设,试点班学生的职业精神和职业技能都得到了明显的提升,学生职业资格证书的获取率以及职业技能大赛的获奖率都远超普通班。明显可以看出,试点班从组建时的专任教师不愿意教、学生不愿意学、辅导员不愿意带、企业师傅不愿意来的"四不"被动局面,到毕业时的获得感强、身份认同感强和归属感强的"三强"状态,在一定程度上证明了试点班"四进三融三保障"的多元联动班级共同体建设模式的有效性。从"四不"被动局面到"三强"状态,班级中只有一名班级成员发生了调换,那就是辅导员。由此可见,

辅导员作为班级建设的第一责任人①,肩负着班级管理和教育的责任②。辅导员是高职院校班级共同体建设的重要力量,深刻影响着高职院校人才培养质量的提升。辅导员主体性的发挥深深地影响着高职院校班级建设的成效。然而高职院校班级共同体建设过程中,辅导员如何找到与班级成员共同发展的契合点就显得非常重要了。如果辅导员在班级建设过程中获得感缺失,那么辅导员在班级共同体建设过程中的积极性和主动性将受到影响。因此,如何激发高职院校辅导员的主体性就成为高职院校班级共同体建设中的首个难点。

(二)专业课教师在班级共同体构建中的支撑作用

高职教育是职业教育的高级阶段,担负着为国家经济社会发展培养高技能人才的重要职责。班级作为高职院校教育教学活动的基本单位,培养德技并修高技能人才是高职院校班级共同体建设的基本价值指向。常言道,名师出高徒。教师是立教之本③,双师型教师是实现高职院校人才培养目标的根本保证④。试点班是由人工智能与大数据学院选聘信息安全技术应用专业最优秀的专任教师组建的师资队伍进行执教,其中包括了3名教授(本科)、3名副教授(博士)和2名讲师(硕士)。单从职称结构来看,该班级的师资配备可以算得上是高配了。在试点班班级共同体建设过程中,真正支撑起高职院校班级发展的不是专任教师的职称、不是专任教师的学历,而是专任教师的技术技能水平。试点班组建之初,三位专任教师D、E、F具有博士学位,专业理论知识扎实,但在教学实践过程中动手能力明显不足,不能很好地帮助学生解决实训课中出现的技术性问题。三位专任教师在指导学生实训时产生畏难情绪,一度出现了教师不愿意指导学生实训的情况。学生觉得专任教师的技术不强,上课学不到技术就不愿意去上课。不去上课,不学技术,学生的技术技能水平就很难

①　胡敏.高校辅导员责任冲突与选择[J].学校党建与思想教育(高教版),2012(7):92-94.
②　严长远.基于胜任力的高职辅导员专业化与职业化研究[J].黑龙江畜牧兽医,2016(12):239-241.
③　王琴.职业院校"双师型"教师胜任力结构探析[J].教师教育研究,2022,34(2):53-60.
④　贾文胜,梁宁森.基于校企共同体的高职院校"双师型"教师队伍建设[J].中国高教研究,2015(1):92-95.

提升。学习没收获,学生的学习积极性就容易受挫,对学习就越发没信心,就越不愿意去学习。这就容易造成师生关系的疏离。相比专任教师而言,企业师傅虽然没有高学历、高职称,但是企业师傅却能很好地指导学生实训、指导学生解决实际操作过程中的技术问题。

由此可知,技术是连接高职院校班级成员的纽带,职业技术技能提升成为班级成员的共同目标;技术学习和指导让班级成员之间产生了更多的交集,助力班级成员产生身份认同;在技术学习过程中的相互支持和帮助促进班级成员产生归属感。那么,如何提升专任教师的教学实践能力,成为高职院校班级共同体建设中的又一个难点。

(三)信息交互影响班级共同体成员的认知

信息交互对班级共同体建设有着非常重要的作用。首先通过班级成员之间的信息交流,能对班级成员的兴趣、爱好、需求等有进一步的了解;在了解中逐渐形成话题的交集,在交集中达成共识,促成共同需求的形成。由试点班案例可知,辅导员 J 就没有意识到班级成员之间沟通的重要性,将专任教师的教学反馈视为告状,视为对辅导员工作的不满,故而对专任教师产生抵触情绪。辅导员 J 有意减少或堵塞与专任教师交流的通道,造成双方信息不对称,无助于形成辅导员与专任教师之间的发展共识,无助于班级目标的形成。同时,还增加了双方的心理隔阂,削弱了其班级成员身份的认同,削弱了其班级归属感。而辅导员 K 的做法却刚好与辅导员 J 相反,她是主动去和专任教师沟通,主动增加沟通的范围,从了解学生课堂表现到了解专任教师的专业化发展需求,甚至主动增加沟通的深度,如辅导员 K 主动为教授的职称晋升出谋划策。辅导员作为班级建设的组织管理者,全方位了解班级成员的信息是把握班级建设方向、调整班级建设资源配置等的重要方式,是促进班级良性发展的必要条件。同时,辅导员 K 这种主动沟通的态度,拉近了班级成员之间的心理距离,让他们感觉到有人关心、有人支持,进而增强了他们的归属感。在这种友善的沟通氛围中,班级成员也愿意敞现自己的发展需求,愿意为班级发展进行协商且为之付出努力。

沟通不仅适合辅导员与专任教师,同样也适合于所有的班级成员。起初由于试点班专任教师与学生之间的沟通少,专任教师原本助力学生技能提升的实践课被学生误以为是压榨其劳动。也正是在辅导员组织的交流活动中,解开了专任教师与学生之间的误会,消除了隔阂,增强了班级凝聚力。因此,如何增强班级成员的信息交互能力是高职院校班级共同体建设中的又一个难点。

(四)实践活动是班级共同体构建的重要载体

自我效能感是一个人完成某项任务的自信程度[①],高职学生的自我效能感与学生的实践活动体验紧密相关[②]。丰富班级教育教学实践活动,让班级成员参与活动并获取成功的体验能有效提升其自我效能感[③]。"卓越技术技能人才"试点班是人工智能与大数据学院通过专业成绩测试和面试从信息安全技术应用专业选拔出来的优秀学生组建而成的。从一定程度上讲,试点班学生的学习成绩、学习能力比普通班级要强。所以,在试点班中学习能力强的学生,其自我效能感明显要强一些。他们更愿意和别人交流、合作,一起探索新知识、新技术,接受新挑战。如此一来,他们与辅导员、专任教师、同学、企业师傅等更容易产生交集,获得更多的发展机会,更容易完成自己的班级任务,更能促进班级目标的实现。而学习能力弱的学生,自我效能感也弱。这部分学生学习时畏手畏脚,因循守旧,不愿意学习新知识,不愿涉足自己不擅长的技能学习。

因此高职院校要根据学生特点因材施教,组织丰富多彩的实践活动,让学生都能在活动中体验成功、找到自信、提升自我效能感。如试点班的师生共备一堂课活动,学生参与备课讨论,其所提的建议被专任教师采纳,学生体验到建议被接纳而带来的成就感,就更加愿意参加类似的活动了。通过试点班的暑期三下乡社会实践活动,用信息技术帮助乡村振兴,让学生们体会到了信息技术的巨大能量,增强了自我价值感,促进了自我身份认同,激励他们更加努力地学

---

① 弗雷德·鲁森斯.组织行为学[M].王垒,等译.北京:人民邮电出版社,2003:218.
② 童星,缪建东.自我效能感与大学生学业成绩的关系:学习乐观的中介作用[J].高教探索,2019(3):16-21.
③ 韦耀阳,李瑄璐.影响大学生学习效能感的因素及对策[J].继续教育研究,2009(8):84-86.

习技能。由此可见,班级活动对高职院校班级共同体建设有着重要的作用。然而,如何优化实践活动,将成为高职院校班级共同体建设中的另一个难点。

七、本章小结

上一章从理论的角度阐释了高职院校班级共同体建构的理论框架,本章主要介绍了该理论框架在班级共同体建设中的实际应用。本章从试点班组建的背景开始谈起,介绍了某校"卓越技术技能人才"试点班面临的问题:专任教师与学生之间的不合作,辅导员与专任教师、学生之间的冲突不断,企业师傅与学生之间充满隔阂。然后讲到辅导员 K 尝试以多元联动的方式构建高职院校班级共同体,并结合试点班的实际情况,探索多元联动班级共同体建设模式在试点班的育人效果。经过一年半的建设,学生毕业时,试点班的班级目标超额完成,班级呈现出教学相长、充满活力、凝聚力强的样态。这在一定程度上证明了试点班多元联动班级共同体建设模式的有效性。最后,研究者总结了高职院校班级共同体建设过程中的四个重难点问题:如何发挥高职院校辅导员在班级共同体建设中的核心作用,如何提升高职院校专任教师在班级共同体建设过程中的支撑作用,如何让信息交互更能促进班级成员形成班级共识,以及如何让实践活动成为班级共同体建设的有效载体。采取何种措施对这四个难点进行突破,就成为下一步研究的内容。

第六章　高职院校班级共同体多元联动的策略

　　高职院校班级共同体建设是为了响应国家提升高职院校人才培养质量的一种有益尝试。鉴于高职院校试点班班级共同体建设过程中的实践探索,研究者将从班级共同体建设中班级多元育人力量的角色定位、班级目标管理、多元育人力量多场域联动场的创建、班级成员信息交互通道的架设以及班级文化氛围营造等角度提出了相应的策略。

一、高职院校班级共同体多元育人力量的角色管理

(一)确立辅导员的核心地位

　　首先,深化辅导员是班级共同体建设核心的角色认识,匡正辅导员在班级共同体建设中的核心地位。2008 年,教育部颁布的《高等学校辅导员队伍建设规定》中第四条对辅导员工作职责作出了明确规定,其首要职责就是加强学生班级建设和管理。2017 年,教育部颁布的《普通高等学校辅导员队伍建设规定》中第五条对高校辅导员的主要工作职责也进行了规定,将班级建设作为高校辅导员的第二大工作职责,紧跟在思想理论教育和价值引领职责之后。由此可见,加强班级建设是辅导员的一项非常重要的工作职责。也正因如此,班级建设组织者和引领者就成为了辅导员的主要工作角色。虽然辅导员在日常工作过程中花了大量时间处理学生的出勤、学习成绩、宿舍消防、饮食起居、人身

安全等各种事务性工作,仿佛扮演着"保姆""消防员"等多种角色,但这并不能替代、超越辅导员班级建设组织者和引领者的角色。班级共同体建设是班级建设的方式之一,因此在高职院校班级共同体建设过程中,辅导员理应担负起组织者和引领者的职责。

其次,强化高职院校辅导员班级管理方面的专项培训,切实提升辅导员在班级共同体建设中的组织、协调和管理能力。辅导员是高职院校班级共同体建设的核心力量,辅导员的组织管理能力将直接影响班级共同体建设的效果和班级育人的质量。高职院校生源较为复杂,包括了普通高考毕业生、春季单招的三校生(即中专生、职高生和技校生)、五年一贯制学生(其中又分为2+3、3+2考试招收的中专、中职生)以及与其他本科院校合办的专本贯通班的学生等。一些高职院校还存在着不同生源的混编班,如普通高考毕业生与春招生的混合编班。如何在生源背景复杂的情况下有效调动所有班级成员参与班级建设,把班级建设成为一个生机勃勃的共同体呢? 这就要求高职院校辅导员必须具备较强的班级管理能力。但是当前高职院校辅导员几乎都是毕业于普通高等学校,缺乏对职业教育的深入理解,没有系统掌握职校学生的成长特点和规律,尚不能对高职院校班级建设进行系统设计和有效管理。尽管辅导员对班级管理投入了大量的精力,但班级建设效果仍然不理想。所以,高职院校要加强对辅导员班级管理的专项培训,提升辅导员的班级组织协调管理能力,才能彰显和巩固其在班级共同体建设主体中的核心地位。

最后要多渠道调动高职院校辅导员的主体性。辅导员是大学生成长成才过程中的人生导师和健康生活的知心朋友。高职院校辅导员良好的精神面貌和主体性的积极发挥对高职院校班级共同体建设产生着重要的影响。他们的言行举止,极易成为高职学生的行为标杆和行为示范。他们积极高效的班级管理行为也将引领、带动班级专任教师和企业师傅投身于班级共同体建设。高校辅导员的主体性是指辅导员在工作中所表现出来的能动性、自主性和自为性①。

---

① 张华敏.高校辅导员主体性研究:兼论辅导员队伍可持续发展的路径[J].学校党建与思想教育,2016(10):68-70.

如果辅导员的主体性得到激发,那么辅导员在班级共同体建设过程中就会主动地思考问题、积极探索解决问题的办法。

高职院校辅导员作为学校育人过程中的重要力量,与学生、学校、家长、企业等有着紧密的联系,在实际工作中搭建起了纵横交错的育人网络。所以,高职院校一是要通过制度建设,确认辅导员的育人主体身份。根据教育部第43号令的相关规定,认同辅导员既是教师又是管理者的双重身份,匡正辅导员在班级建设中的核心地位。从学校层面摆正辅导员的位置,合理划分辅导员的岗位职责。只有辅导员的身份得到充分认同,职责得到明确,辅导员在高校生态系统中才能找准自己的生态位,才能从事务性工作中真正解脱出来;只有在此基础上,他们才能发挥自身的能动性,洞察、明晰自己周围的环境,才能进一步理顺与其他生态因子之间的关系,为学生的发展与自我价值的实现创造一个良好的生态环境。二是通过制度建设,认可辅导员的育人工作。目前,高职院校辅导员经济收入低是个不争的事实。辅导员带的学生多、干的事情杂,工作时间投入多,但付出与收入却不成正比。教育的价值是双向的、利己利他的。一味强调辅导员的辛勤付出和无私奉献,这是对人性的扭曲。这种单向的价值取向,久而久之,会影响辅导员的工作积极性,会出现工作散漫、职业倦怠等现象,这将直接影响辅导员对班级建设等方面的精力投入,降低班级育人的质量。在教育生态系统中,高校应适当提高辅导员的待遇,改善其物质生活条件。提高教师的地位,最重要的是提高他们的物质生活条件。从一定程度上讲,物质待遇的提升是对辅导员工作的一种认可和激励,能提升辅导员的职业认同感。有了对职业的高度认同,有了对本职工作的热爱,辅导员才会爱岗敬业,才会主动提升自己的育人育德质量,辅导员在班级共同体建设中的主体性才能得到充分地发挥。因此,要调动高职辅导员在班级共同体建设过程中的主体性,就要保障辅导员在发展过程中的合法权益。针对辅导员个人发展过程中出现的瓶颈问题,出台薪酬待遇、职称评审等政策,为辅导员的个人成长持续注入发展动力。三是通过制度建设,提升辅导员的话语权。虽然辅导员是高职院校班级共同体建设中的中坚力量,在班级建设过程中有着重要的行为示范作用,但与庞大的专任教师和行政人员队伍相比,辅导员队伍具有人数少、学历低、职称相对不高等特点,因此其主体性在高校管理中常常受到忽视,辅导员的发展权利也没有得到相应的保障。在学校的管理中,丧失了话语权的辅导员,只能被动地执行学校的管理制度。这不仅违背了大学民主治校的理念,严重挫伤了辅导员的工作积极性,而且也使学校的班级育人工作不知不觉被"落虚"了。因此,要从制度层面赋予辅导员一定的话语权,确保辅导员的主体地位,确保辅导员在教师民主大会和教代会中有一定的参会名额。赋予辅导员一定的话语权,让辅导员参与学校的民主管理,不仅能提升辅导员工作的自为性,让辅导员在工作中发挥其主人翁的作用,而且还能和谐辅导员与学校的关系,让学校的班级育人工作得到有效落实。多渠道调动辅导员的主体性才能全面激活辅导员在班级共同体建设中的组织协调力量,才能促进高职院校班级共同体建设的蓬勃发展。

(二)夯实任课教师的支撑地位

首先,深化专任教师是班级共同体建设主体的角色认识,明确专任教师在班级共同体建设中的支撑地位。本研究认为,班级共同体是以班级愿景为引领,以实现班级成员共同目标为导向,通过班级教育教学实践活动将班级成员聚合起来,通过班级成员间的共同交往、共同行动带动班级发展,形成班级成员的身份角色认同,增强班级成员的归属感,促进班级成员成长的具有稳定性的生命有机体。由此可知,教育教学活动是聚合班级成员力量、促进师生交往、带动班级共同体建设的基本路径。而专任教师是教学活动的组织者、设计者和管理者,因此专任教师理应成为班级共同体建设的支撑力量。

其次,完善专任教师培养制度,切实提升专任教师在班级教学过程中的凝聚力。高职教育是与生产劳动紧密结合的教育,注重学生职业能力的培养,具有职业性和实践性。从人才培养目标来看,高职院校是要培养德技并修的高技术技能人才,高职院校的课程安排以实践课程为主,且对高职院校教师的专业实践能力提出了较高的要求。因此,高职院校专业课教师应为双师型教师[①]。

① 郑秀英,周志刚,郑秀春.高职教师专业化:内涵、差距与策略[J].中国大学教学,2010(4):68-69.

双师型教师是高职院校教师特有的职业素质特征①,既要像一般学校专任教师那样懂教育,还要像行业从业人员一样有较强的实践操作能力和创新能力。由于高职院校的专任教师大多来自普通高校,不熟悉高职教育,没有企业工作经历,专业实践能力较弱。如果高职院校专任教师在班级教学过程中不能有效地指导学生进行专业实践,一方面会影响专任教师的自我身份认同,进而容易导致专任教师自我效能感低;另一方面也会影响学生对专任教师的身份认同,进而导致学生"不亲其师,不信其道",不愿跟专任教师学习,教学质量难以得到保证。针对这种情况,高职院校要建立健全教师培养制度体系②。只有强化对专任教师专业实践能力的培训,才能满足学生技能学习的要求,才能在教学中很好地吸引住学生,才能为学生将来的职业实践打下坚实的基础。常言道,亲其师,信其道。通过专任教师的课程吸引,增强学生对班级的归属感。从学习特点来看,高职学生的动手实践能力比较强,而文化基础知识相对薄弱。由此可知,实践课程或者课程中的实践活动更能吸引学生参与教学互动。如果专任教师,尤其是专业课教师,能够很好地设计班级教学活动,在实践教学中对学生给予及时的指导和帮助,让学生充分发挥自己动手能力强的特长,体验团队合作带来的支持,增强学生的学习自信,促进师生关系的和谐,增强学生的身份认同和班级归属感。

最后,打通专任教师职称评审制度的瓶颈,全面激活专任教师在高职院校班级共同体建设主体中的支撑力量。职称评审制度是高职院校教师专业化发展的指挥棒。以往职称评审制度中,注重学历、论文、项目成果等条件,没有将专任教师的专业实践技能水平作为职称评审的标准,出现了评审标准的偏差,误导了高职教师专业化发展的方向,打消了教师提升专业实践能力的积极性。因此,高职院校要完善教师职称评审制度,将专任教师专业实践能力(如参与新产品开发等)作为一项重要的评审指标,以此激励专任教师提升专业实践技能的意识,明确专业发展的社会价值,激发其职业认同,带动高职院校专任教师的

---

① 温希东,卿中全.高等职业院校教师专业化发展的策略探讨[J].中国职业技术教育,2010(33):54-57.

② 贺文瑾,石伟平.我国职教师资队伍专业化建设的问题与对策[J].教育发展研究,2005,(10):73-78.

专业化发展。同时,对于在参与企业实践过程中考核优秀的教师或双师型教师,在职称评审过程中予以一定的政策倾斜,促进教师参与教学实践、社会实践,锻炼和提升其专业实践能力。同时,强化职称评审结果的应用,将其作为课酬发放、职务晋升等的依据①。让职称评审条件指引专任教师专业化发展的方向,全面激活专任教师在高职院校班级教学活动中的活动凝聚力,从而为高职院校班级共同体建设提供强有力的支撑。

(三)确保企业师傅的牵引地位

首先,深化对企业师傅是班级共同体建设主体的认识,明确企业师傅在班级共同体建设中的牵引作用。职业教育是与国家经济社会发展密切相关的教育。职业教育具有跨界性,产教融合、校企合作是职业教育发展的必由之路。班级是校企合作的落脚点,企业师傅是校企合作的连接纽带。在班级共同体建设过程中,企业师傅与专任教师、辅导员一道助力高职学生职业道德和职业技能的提升。企业师傅是产教融合政策的一线实施者,根据产业、企业发展的需求指导高职院校制定人才培养方案、开发专业课程等工作,承担着将企业先进生产技术传授给高职学生的重要职责,同时也是指导高职学生将专业知识用于生产实践,向生产实践转化的引路人。因此,企业师傅在高职院校班级共同体建设中起着重要的牵引作用。

其次,尊重和满足企业师傅在班级共同体建设过程中的合理需求,全面激活企业师傅在班级共同体建设中的牵引力。企业师傅参与班级活动,受到内外两方面因素的影响:一是校企合作协议的约定,二是个人需求的驱动。校企合作协议规定了企业师傅参与高职院校班级教育教学活动的内容以及方式,是企业师傅参与班级活动的入场券。但真正激发企业师傅参与班级共同体建设的是其内在需求的驱动。有学者认为,企业师傅的理想利益不仅仅是获得经济报酬,同时还期望通过企业师傅的个人行为为其企业赢得产业界和教育界的认

---

① 彭谦.高职院校教师职称评审改革审视与路径探析[J].中国职业技术教育,2022(13):38-42.

同①。因此,高职院校要变革企业师傅单一课时取酬的方式,积极探索企业师傅多种方式获取报酬的薪酬管理办法。比如说,学校对企业师傅与学校专任教师联合申报项目、联合科技攻关、带学生参加行业比赛等给予经费支持。学校可鼓励企业师傅在校内创建技能大师工作站,高薪聘请企业师傅创建师生生产技术研发团队,将企业生产实践中的问题带进工作站,组织班级专任教师、学生等进行联合技术攻关,扩大企业师傅在企业、产业界的影响力。鼓励企业师傅根据企业、产业生产实践的需要,与专任教师进行专业知识研讨,调整优化高职学生人才培养的课程内容、教学方式等,让学生能参与到前沿技能知识的学习,开阔专业视野,提升学生的职业实践能力和职业技能水平,全面展示企业师傅在班级共同体建设中的牵引力。

(四)确保学生的主体地位

首先,深化学生是班级共同体建设主体的角色认识。高职院校班级共同体建设的起点是高职学生的成长需求,依靠全体班级共同体成员的努力促进学生的成长成才。作为高职院校班级共同体成员中人数最多的学生,理应成为高职院校班级共同体建设的主体,积极主动地参与班级共同体的建设。

其次,坚持以学生为中心深度挖掘学生的发展需求,聚合学生的主体力量。高职院校班级共同体建设的目的是促进学生的成长成才,学生的需求又为高职院校班级共同体建设注入内在动力。但与普通高等学校学生相比,由于高职学生缺乏自信,所以他们不愿意或不敢主动表达自己的需求。众所周知,高职学生大部分是迫于客观条件,如高考、中考失利等情况而选择了高职院校。在大众眼里,高职院校学生大多数文化基础知识薄弱,中学阶段学习不好的差生。受世俗偏见影响,这些学生进入高职院校之后,内心极度自卑,不愿意表达自己的发展需求。加之,高职学生很少思考自己的将来,不清楚自己的成长需求。部分高职学生是迫于父母的压力,而非自己喜欢某个高职院校或某个专业自愿就读的。所以,对所选学校、所选专业以及将来所要从事的职业及其发展趋势

---

① 钮丽.高职院校现代学徒制利益实现机制探究[J].教育与职业,2021(8):45-51.

都缺乏了解,不清楚自己以后能干什么。因此,在班级共同体建设过程中会遭遇学生不清楚或不愿表达自己需求的情况。这就需要辅导员、专任教师等其他班级成员为其创设民主平等的氛围,在交谈对话中让学生敞现其发展需求,去引导学生发现自己的需求。只有学生的发展需求与班级共同体的目标形成一个同心圆时,才能真正聚合起学生的主体力量。

最后,悉心关照学生,因材施教,全方位激活学生参与班级共同体建设的主体力量。学生是班级共同体建设中的主体,是个人发展需求的发起者和执行者。一是要积极唤醒学生的自我意识,引导学生对自我发展的关注。悉心关照学生,需要激发学生自我意识的觉醒。在高职院校的教育教学活动中,教师是信息的发出者,但该信息是否被接收,以及被接收后如何对该信息进行管理、解读和转化,均与学生的自我意识觉醒有关。如果学生是被动地接收教师的教学信息,其效果类似于教师在唱独角戏。学生除了形式上接受了教育教学信息,实际上,其内心深处没有或者极少参与这些信息的处理。如果没有信息的解读,就谈不上信息的执行了,也不会对学生既有的认识或者行为产生影响。因此,高职院校辅导员、专任教师、企业师傅要创设多种教学情境,鼓励学生积极参与教学活动。多样化的教学情境刺激学生感知周遭的事物,感知周遭的人际关系,更加直观感知自己在社会关系中的节点和价值,激发学生心中渴望发展、渴望自我提升的需求。二是引导学生全方位参与班级共同体建设,直观感受自己在班级共同体建设过程中的主体力量。高职学生的特长在于其实践操作能力。在辅导员的组织协调下,全体学生与其他专任教师、企业师傅等一起参与班级共同体建设目标的制定、实施方案的讨论,而后将班级共同体建设的目标细化融入实践项目或项目任务,让学生根据自身特长认领自己在班级共同体建设中的任务,参与整个项目的实施过程。通过学生全方位全过程参与班级共同体建设,让其真切感受到自己在班级共同体建设中的职责,感受到自己的行为对于班级其他成员和班级共同体建设的重要意义,让学生与班级其他成员产生行为互嵌,结为一张相互关联、相互影响的社会关系网,扭转学生以往被动接受管理,处于班级管理边缘的被动局面。学生在完成班级共同体建设任务的过程中与其他班级成员构建起一个含有多种关系类型、多种关系层次的立体交互网络,亲身感受到班级其他成员对自己行为或情感上的支持,建立起对班级共同体的身份归属和情感归属。全方位参与班级共同体建设,可以最大程度实现学生个人发展需求与班级共同体发展需求的契合,让学生在班级共同体建设中找到自己的定位,重拾自信心,实现自我价值。

二、高职院校班级共同体多元育人力量的目标管理

(一)达成班级目标的全员共识

首先,辅导员要全方位多渠道了解、激发班级成员的发展需求以及对班级共同体建设的期望。长期以来,在高职院校的班级建设中,班级成员的发展需求具有隐匿性。一是因为学生缺乏自信,不愿意表达自己的发展需求;二是因为受传统师道尊严的影响,班级目标是什么,班级目标怎么制定,通常是由辅导员一个人说了算,学生觉得没有必要表达自己的需求;三是专任教师一般上课来,下课走,课后与辅导员、其他专任教师以及学生的见面时间非常少,缺乏沟通和表达自己需求的机会;四是企业师傅觉得自己是一个外来人员,不便主动表达自己的需求。

在发掘班级成员成长需求时,辅导员起着重要的示范、引领和指导作用。辅导员是班级的组织者、教育者和指导者,是联系学生、专任教师、学校领导等进行教育活动的桥梁,所以在发掘班级成员发展需求的过程中,一是辅导员要率先垂范,主动向专任教师、学生表达自己作为班级成员在班级建设中的个人需求,唤醒班级成员表达个人需求的意识。二是通过辅导员与专任教师的交流沟通,激发专任教师表达自己的发展需求。辅导员利用课余时间,主动出击,从了解学生情况入手寻找与专任教师之间的共同话题,找到谈话的切入口,获得专任教师的接纳,而后在谈话中洞悉专任教师的发展需求。通过辅导员与专任教师的合作,促进两大建设主体之间的联动,在班级共同体建设过程中显示出一股积极向上的教育力量。三是增强与企业师傅之间的沟通与交流,可以通过

直接对话,也可以通过观察企业师傅的日常行为,或是通过走访合作企业,进一步了解企业师傅的发展需求,进而了解其在班级共同体建设中的期望。四是专任教师主动向学生表达自己作为班级成员所持有的个人发展目标,向学生释放出班级成员人人平等、人人参与班级建设的强烈信号。五是通过辅导员与专任教师的联动,营造民主的班级氛围,采用多种形式、多种渠道,主动与学生沟通,鼓励学生积极实现自己的发展目标。高职院校辅导员主动走进学生的学习和生活,发现学生的闪光点,点亮学生心中的梦想,鼓励学生表达自己的想法,借助班级的力量勇敢地追寻自己的梦想。

其次,以高职院校人才培养目标为统摄,多渠道沟通促成全体班级成员对班级目标达成共识。主体需求是主体行为的内在动力。在高职院校班级共同体建设过程中,只有体现了建设主体需求的班级目标,才能得到班级建设主体的认同,在班级共同体建设实践过程中才能得到充分的理解和实施,才不会被"虚化"或"落空"。受生活阅历、学习背景等的影响,班级共同体建设主体之间、班级成员之间具有不同的需求,甚至班级成员之间的需求相差甚远。作为班级共同体建设的核心力量,辅导员要立足于班级成员需求异质性的基础上,采取多种方式,多渠道了解不同类型建设主体的需求,深入了解每个班级成员的发展需求。由于高职院校班级共同体建设是为了更好地实现高职院校的人才培养目标,培养德技并修的高技术技能人才。因此,高职院校辅导员要以人才培养目标为统摄,分析整理班级成员的发展需求,寻找各类主体需求之间的共同点或关联点,寻找各类需求与人才培养目标之间的契合点。

最后,召开班级民主大会,协商班级成员的成长需求。由于高职院校的班级成员人数多,且其发展需求差别大,甚至是相互冲突的。面对有限的班级发展资源,面对班级成员千差万别的成长需求,如何才能满足班级成员的成长需求呢?这就需要辅导员组织召开全班的民主大会,对班级成员的发展需求进行协商。通过相互讨论,班级成员能够更加了解其他成员的发展需求,能够更加客观地评判或理解其他成员的成长需求,能够更好地找到班级成员的合作点,为建立良好的班级成员关系打下基础。正如杜威所说,"社会生活不仅和沟通完全相同,而且一切沟通(因而也就是一切真正的社会生活)都具有教育性。当一个沟通的接受者,就获得扩大的和改变的经验。一个人分享别人所想到的和所感到的东西,他自己的态度也就或多或少有所改变。传递的人也不是不受影响。"①在组织班级成员协商班级成员共同发展目标时,教师尤其是辅导员,要引导班级成员客观分析自己需求的合理性和可实现性,与他人需求之间的相似性或者竞争性,寻找班级成员成长目标的异同点。在自我客观分析、全员讨论的基础上,发现自我发展目标与他人发展目标之间的契合点,最终就班级目标达成全员共识。班级成员在充分发掘班级成员需求的基础上,共画班级成员发展需求的同心圆,求取班级成员发展需求的最大公约数。

(二)制定清晰、可操作的班级目标

经过民主协商后,班级成员就班级目标达成了共识。尽管从表面上看班级发展目标看似只有一个,但实质上是一个以该目标为焦点的目标体系。班级目标的实现往往不是一蹴而就的,而是班级发展需求与班级资源进行有效匹配后的结果。这里的班级资源既包括现有的资源,也包括通过班级成员努力后创生的新的班级资源。

要想实现班级目标,首先就要细化班级目标。将较为宏观或者抽象的班级目标分解成一个个可测量可观察的具体目标。比如说,在班级共同体建设过程中,有的班级将专升本作为班级目标。由于专升本的准备时间比较长、考试涉及的课程门数较多,且考点内容也很丰富,因此就可以将专升本这个班级目标细化为每门课需要学习掌握的知识目标、技能目标,每天每门课程的学习目标,完成几个考点的检测,学习中的重难点在什么地方,可以找谁进行讨论或者解答等。不仅要按照可实现原则对班级目标进行拆解、细化成可观察、可测量、可实施的子目标体系,而且在目标拆解时还要注意这些班级子目标与班级目标之间的关系,是否能支撑班级目标的实现;同时还要梳理这些子目标之间的逻辑关系,才能保持子目标与子目标之间的有机衔接或嵌入,才能真正构建起班级发展目标体系。

---

① 约翰·杜威.民主主义与教育[M].王承绪,译.北京:人民教育出版社,1990:6.

其次,落实班级目标的执行者。当然,在实施班级目标的过程中,无论是总目标还是子目标,都需要根据目标实现的条件、难易程度,挑选与之相匹配的班级成员来完成,才能确保班级目标的达成度。如果班级成员与目标任务匹配度低,班级目标的实现程度将大打折扣。为了确保班级目标与子目标,子目标与子目标之间的有机衔接,就需要合理规划出每个目标完成的时间节点,形成各个目标之间的良性互动。在班级目标的实施过程中,人人都是参与者,没有人是旁观者。充分地尊重班级成员的主体性,确保了个人目标与班级目标的同向性,更能促进班级成员在实现班级目标过程中的同向同行。

最后,需要物化班级目标。经过协商后的班级目标,将指引班级成员行动的方向,是规范调适班级成员行为的依据。由于班级目标是一个目标体系,涉及多个小目标和完成该小目标的相应的班级成员。班级目标体系的信息量较大,如果班级目标仅停留在口头层面,一是班级成员难以完整记住这么多的信息,二是随着时间的推移,班级成员容易忘记这些信息。所以为了让班级成员长时间共享班级目标,将协商后的班级目标以文字等形式进行物化就显得格外重要了。在教室、实训室、生产车间等场地张贴班级目标,便于班级成员清楚记住自己的任务,同时也提醒班级成员担负起自己在班级共同体建设中的职责,帮助班级成员调适自己的班级行为。

(三)对班级目标的实施过程加强监控

高职院校班级目标实施的主体类型多,且高职学生的目标更迭频繁,为了确保班级目标能够高效达成,因此需要对班级目标的实施过程进行监控。首先,辅导员可通过信息化平台全方位监控班级目标的实施情况。辅导员将达成共识的班级目标体系导入智慧校园平台。该平台将根据任务节点向相应的责任人推送信息,确保其知晓自己的任务。班级成员打开智慧校园平台后,会清楚看到自己需要完成的任务清单、时间节点,以及共同完成任务的合作伙伴。班级成员要在规定的时间内完成相应的任务,并上传相应的佐证材料。辅导员可以在智慧校园系统内设置预警信息,即根据班级成员任务完成的程度进行分级预警。如在规定时间内对于任务完成度不足50%的目标,将提前一月进行红色预警;对任务完成度不足 70% 的目标提前半个月进行橙色预警;对于任务完成度不足 90% 的目标将提前一周进行黄色预警。同时,根据需要辅导员可以设定智慧校园平台预警信息推送的对象,如任务责任人、此任务上一个节点的责任人,以及专任教师等。通过系统推送预警信息,提醒与此条任务相关的人员关注任务的实施过程,加快实施节奏。其次,辅导员可通过信息化平台的信息反馈,发现班级目标实施过程中的难点问题并及时跟进解决。辅导员处于智慧校园平台班级目标管理的高层节点,能够全方位了解班级目标的实施进度、班级成员对待班级目标的态度、班级成员实施的难点问题等信息。通过智慧校园平台的后台信息,可以对实施过程中出现的问题进行大数据分析,可以对出现的问题进行精准画像,可以快速、客观、真实地呈现问题出现的时间点以及关涉的人员,避免了以往班级建设过程中出现的问题不清、信息不准、责任人员不明等情况。辅导员可据此调配班级建设过程中的可用资源,精准解决问题,减少了资源浪费,提升资源的利用率。

三、班级目标统摄下多元育人力量协同联动场的创建

(一)创建师生互动协同的教学场

首先,专任教师课前要积极开展本班学生的学情收集,寻找课程学习与学生需求之间的契合点。专任教师在备课阶段,要主动联系学生,听取学生对本门课程或下一堂课的学习期待,如学生想要学习的课程内容、乐于接受的讲授语言或讲授方式、学生在预习过程中所遇到的难点或困惑等。而后对学生的学习情况进行整理分析,较为准确地判断出学生对将要学习的课程内容、技能的"已知、已会"和"未知、未会"情况,预判下一堂课学生的"想知、想会"和"能知、能会"的内容。对标人才培养目标和课程标准,结合班级学生的实际情况,预设师生之间在教学活动中可能有的契合点。

　　其次,专任教师课中要以实践项目为抓手,以任务为驱动吸引学生参与教学活动,促进师生、生生之间的项目合作。在任务驱动下完成活动的过程就是参与学习活动的过程①。高职院校是以培养技术型高级专门人才为目标②,是高等教育中具有较强职业性和应用性的一种特定的教育③。由此可知,实践性是职业教育的根本特征。这一特征决定了高职院校的人才培养目标、教学内容和教学方式的实践性。如果没有实践教学,就没有高职教育④。实践教学是高职学生实现职业认知,掌握职业技能,认同职业角色,增强专业知识和文化素养,全面提升分析解决实际问题能力的根本途径。只有将班级教学由传统的系统知识传授转向实践项目时,才会让学生真正参与到教学活动中来,课堂教学才能焕发出勃勃生机⑤。

　　在课堂教学中,专任教师将根据课程标准、课堂教学目标,将课程知识学习设计成一系列学习任务,启发和鼓励学生自主分析问题、自主探索解决问题的办法。在项目实践中,专任教师由以往的"课堂主宰者"变为项目参与者,让学生真正成为课堂学习的主角。专任教师通过项目实践教学,引导学生积极开展项目讨论、项目合作,提升技能感知。围绕实践项目,师生、生生之间产生了讨论的焦点。生生之间激烈的讨论,引发了学生与学生之间的思维冲突,在思维碰撞的过程中相互得到启发。同伴之间在理解别人想法的基础上减少或消除了自己的认识盲区,整合同伴的想法后产生顿悟,在相互交流中深化对所学知识和技能的理解,进而形成智慧共享。项目实践让师生在教学实践中去验证理论的合理性,深化对理论应用的认识。任务驱动的项目实践教学虽聚焦问题的解决,但并没有限制问题解决的路径和方法。这就给专任教师和学生探索多路径解决问题提供了动态的教学环境,有助于学生在项目实践中自主思考问题、自主解决问题。通过项目实践教学,让师生在实践中创新思路,丰富和完善理

① 赵健.网络环境下城乡互动教师学习共同体构建与运行研究[D].兰州:西北师范大学,2011:89.
② 陈厚丰.高等教育分类的理论逻辑与制度框架研究[M].广州:广东高等教育出版社,2011:9.
③ 潘懋元,王伟廉.高等教育学[M].2版.福州:福建教育出版社,2007:86.
④ 苏培庆.关于加强高职实践教学的哲学思考[J].教育与职业,2008(33):158-159.
⑤ 毛景焕.班级作为一个共同体:成员的相互平等和资源共享[J].教育研究与实验,2003(2):24-28.

论知识。师生通过多次实践教学活动,找到感觉、积累经验、悟出道理、把握规律,启发其思考优化实践的方式方法,探寻解决问题的新办法、新路径,从而将师生锻造成理论知识和专业技能均过硬的技能型人才。

最后,师生通过项目评议、反思总结,增强专任教师的专业化能力和学生的专业实践能力,促进师生教学相长。专任教师与学生之间的教学互动并不会因为下课铃的响起而结束。学生在完成课后作业时,既是对课堂教学内容的回顾,也是对所学知识或技能掌握情况的信息反馈,也是在专任教师的启发和引导下实现知识迁移的过程。在项目实践教学中,专任教师的教学设计、对学生的引导行为,以及课堂教学反思等都是专任教师主体性参与的重要表现,也是专任教师专业化发展的必由之路①。专任教师根据学生在课堂上的表现以及课后作业的完成情况,对教学内容和教学方式的适切性进行反思和调整,以便在下一次的课堂教学中更好地促进学生的课程学习。所以说,师生互动协同构建课堂学习场的过程也是教学相长的过程。

(二)创建辅导员、教师、学生互动协同的第二课堂活动场

高职教育的目标,在于培养德技并修的高技术技能人才,在于培养"准职业人"②。高职院校班级共同体建设具有典型的实践性和职业性。学生综合素质和专业技能提升需要通过第一、第二课堂的紧密协作才能完成。因此,除了建立师生互动协同的教学场之外,还要创建辅导员、专任教师、学生互动协同的第二课堂活动场,提升学生对社会关系的感知,激发学生的专业学习兴趣,拓展学生专业实践的应用领域。

首先,辅导员、专任教师将围绕主线"准职业人"开发设计高职学生三年的第二课堂活动。一是从设计上促进第一课堂和第二课堂的融合。一方面,辅导员通过与学生、专任教师的交流,及时发现学生在课堂学习中的长处与不足。

---

① 王长纯.教师专业化发展:对教师的重新发现[J].教育研究,2001,22(11):45-48.
② 梁耀相."准职业人"视域下高职第二课堂活动体系的构建[J].高等工程教育研究,2012(5):166-170.

另一方面,辅导员根据学生的学习情况,与专任教师一道在人才培养目标的统摄下,系统设计第二课堂活动。将第一课堂的知识技能学习与第二课堂活动进行深度融合,设计开发第二课堂活动项目,让学生在愉快的第二课堂活动中深化对专业课程和专业实践的认识,提升学生对专业的喜爱。与此同时,学生还可以通过邮件等方式,向辅导员提出开设某项课外活动的需求。辅导员将根据学生的需求,整合团委、学工、教务、企业等各方面的资源,发挥人员优势,进一步丰富学生第二课堂活动,促进课程学习与课外活动的同频共振,进而帮助学生提升职业道德与职业技能①。第二课堂活动是高职院校实践育人的重要路径,学校可将第二课堂活动的成绩作为学生的综合素质学分,纳入高职学生毕业的基本条件。二是从层次上要满足不同学生技能学习的需求。开设基本技能训练的第二课堂活动,帮助学生了解和掌握基本的专业技能,激发学生的专业学习兴趣。也可根据学生的学习需求,拓展专业技能在其他学科领域应用的活动。通过技能拓展活动,开拓学生专业技能应用的新视野,提升学生认识和解决复杂问题的能力,促使学生思考和优化自己的职业生涯规划。另外,课外技能竞赛活动是实践教学的助推器。高职院校可以根据学生课外学习的需求,依托校内实训基地或实训室组建竞赛小组。通过技能竞赛训练,强化学生的动手能力,培养学生自主学习的习惯和能力。通过技能竞赛训练,帮助学生深化专业知识学习,提升技能综合应用能力;通过技能竞赛活动,在与对手的不断较量中,实现"会技能"到"精技能"的转变②,培养学生精准作业的工匠精神。

其次,围绕"职业人"开展丰富多彩的学习交流活动。邀请劳模进校园,营造技能宝贵、劳动光荣的氛围。劳模亲口讲述其成长的心路历程,让高职学生明白坚韧的毅力在技能学习中的重要性。学生们与劳模零距离接触,真切感受平凡人的不平凡事迹,真切感受榜样的力量。这将有助于学生树立正确的职业观。邀请企业、行业专家进校园,破解专业学习过程中的难题。他们从企业、行

---

① 周国桥."三全育人"视阈下高校第二课堂育人的创新探索[J].学校党建与思想教育,2020(10):52-54.

② 金璐,任占营.依托职业技能大赛培育"工匠精神"的实践与探索[J].中国职业技术教育,2017(10):59-62.

业的角度介绍专业技术发展的前景和未来的发展趋势,帮助学生了解所学专业的前沿动态,克服技能学习中的盲目性,便于找准自己职业发展的方向和生长点;帮助学生拓宽专业视野,引导学生树立职业规划意识,提升职业生涯规划的能力,调整优化自己的职业发展目标,进行有针对性的学习,从而提升自己的就业核心竞争力。邀请优秀校友回校园,树立专业发展品牌。校友是学校人才培养质量的形象品牌①,校友的奋斗精神、职业发展业绩和人生感悟可以给予在校学生成长的养料。校友的亲和性带动学生的向师性②,共同的老师,共同的专业学习背景,相似的学习环境等让校友具有很强的亲和力,吸引学生向校友学习。校友进校园,为高职学生提供了成长示范,带动学生自觉学习专业知识和专业技能。校友的成长史也是一段积极奋斗的历史,潜移默化影响着高职学生的人生观。通过暑期三下乡等社会实践活动,引导学生走出校园,参观企业、科技扶贫乡村,直观感受科技改变生活,深刻理解科学技术与经济社会发展的关系,更加坚定自己的职业目标和职业理想。

最后,围绕"技能学习的我们"开展班级活动。促进自我统合是班级辅导的重要内容③,帮助学生认识自己、认识周围的环境是高职院校班级共同体建设的一项重要任务。通过组织班级活动,如举办摄影展等活动,调动班级成员去发现身边的人或事,用手机、相机记录下他们认真学习的瞬间,让学生在欣赏他人的时候产生见贤思齐的积极情感体验。被拍下来的照片是对学习者学习精神的展示,会让被拍下来的人产生被关注、被支持、被认同的感觉,从而感到温暖,增强了其班级归属感。通过每周开展经验学习交流活动,讨论学习中的难点问题,倾听他人的学习建议,协商问题解决的路径,分享和总结学习过程中好的方法和技能技巧,形成实践智慧,提升班级成员的专业自信和资源共享度。通过每月技能之星评选活动,增强学生技能学习和技能创新的意识,提升学生的专业实践能力;同时也树立了学习榜样,在班级成员之间形成比学赶超的学习氛围。通过第二课堂实践活动,让学生持续浸润在浓郁的技能学习氛围中,充分

---

① 周建松,郭福春.以校友资源为纽带促高职教育新发展[J].中国高等教育,2008(1):56-57.
② 杨晓慧.高职院校校友进思政课堂的育人功能及其开发[J].教育与职业,2015(25):104-106.
③ 程肇基.团体活动:班级育人的重要途径[J].高教探索,2017(11):119-123.

感受技能文化带来的精神滋养。

（三）创建企业师傅与学生互动协同的生产实践场

在我国高职院校人才培养过程中，企业实践项目供给度低，学生参与企业实践的机会少、时间短是造成学生职业能力不强的重要原因[1]。高职教育具有职业性和实践性，必须与行业企业紧密合作，积极创建企业师傅与学生互动的生产实践场，才能更好地提升学生的职业技能，满足地方经济发展的需求，才能促进学生在岗位上成才。

首先，从时间维度上，在校企合作中采用交互式人才培养模式。高职院校可以采取"1.5（校）+0.5（企）+1.5（校）+0.5（企）+0.5（校）+0.5（企）+1（校）"的交互培养模式，即在学生大一、大二两个学年均安排了 1.5 个学期进行校内专业知识学习和专业技能训练，在这两个学年均安排了 0.5 个学期让学生到校企合作企业进行实践。在大三第一学期拿出 0.5 个学期进行在校学习，剩下的0.5 学期进行企业实践，大三最后一个学期为校内学习。企业实践期间，学生跟随企业师傅观摩、学习、参与生产实践。交互式人才培养模式改变了以往单一时段在企业实习或实践的方式，增加了企业师傅与学生共处的时间段。交互式人才培养模式遵循了"理论—实践—反思—理论—实践"的认知过程，帮助学生深入理解专业知识，更好地将专业知识用于指导实践，同时在实践中进行反思、补充、完善和发展专业知识。

其次，从人员关系上，采用现代学徒制的实践指导方式，提升实践效果。学徒制是指在实际工作场景中师傅通过言传身教"手把手"带徒弟的方式帮助其全方位感知职业精神、习得职业技能[2]。学徒制中，师傅不仅向徒弟传授技能知识、技能实践，还与学生在同一工作场景中相互配合完成工作任务。也即是说，师傅与徒弟不仅是师生关系，还是共同讨论、共同工作、共同完成任务的合作伙伴。企业师傅不仅给徒弟传授自己的工作经验，还在生产实践中对徒弟的工作

---

① 　张启富.高职院校试行现代学徒制：困境与实践策略[J].教育发展研究,2015,35(3):45-51.
② 　谢俊华.高职院校现代学徒制人才培养模式探讨[J].职教论坛,2013(16):24-26.

技能实施精准指导,帮助学生积攒宝贵的工作经验,进而使学生从工作任务的外围逐渐走向工作任务的中心。师徒关系促进了高职学生职业生涯的发展,增强了学生的职业核心能力,进而增强了学生的就业竞争力。优化企业实践供给,让学生深度参与企业实践获得最真实的技能培养①,真真正正提升学生的职业能力,促成学生在岗位上成才;同时也让企业需求与学校人才培养无缝对接,增强职业教育的吸引力②。

(四)创建多元育人力量互动协同的研究场

高职院校班级共同体的建设,从一定程度上讲就是通过建设主体间不断的交互行为而形成的紧密的育人网络系统。每一个主体都是这张育人网络中的一个节点。育人网络中节点的确立、节点育人力量的大小,对高职院校班级共同体建设都有着重要的影响。因此,在高职院校班级共同体建设过程中的首要任务就是要增强节点的育人能力。

首先,建立辅导员工作室,定期研讨班级共同体建设中存在的管理问题。辅导员工作室通过在全校,甚至全市高校招募会员的形式,将辅导员聚集在一起,聚焦班级发展中的困难和疑惑;通过沙龙等形式开启工作室成员间的平等对话;通过主题研讨等方式共享成长经验,群策群力地解决班级中存在的问题。同时,工作室也会根据其成员的专长,将其划分为不同的小组,通过小组协同,优势互补,提升工作室解决班级建设问题的能力。工作室负责人通过老带新等方式,让辅导员与辅导员之间结对子,营造互帮互助的人际关系氛围。在持续不断的研讨中,丰富和提升辅导员的管理能力和育人能力。

其次,建立专任教师课程研究团队,通过集体备课的形式,提升专任教师课堂教学实践能力。教师团队集体备课是基于教学的最优化而进行的一种合作探究。专任教师们通过集体研讨课程,共享优秀专任教师教学经验的同时,结

---

① 唐瑾.论职业教育吸引力的缺失及其提升路径[J].湖南社会科学,2015(5):199-202.
② 王碗,吕莉敏.新形势下提升职业教育吸引力的反思与建议[J].中国职业技术教育,2016(27):41-45.

合自身的教学实践生成教学智慧,在课堂教学中能够更好地满足学生对课程学习的需求,增强专任教师的教学亲和力,密切师生关系,增加课程对学生的吸引力,进而提升学生对班级的归属感。

再次,强化企业师傅与班组成员之间的合作。生产实践是一个复杂的过程,如何让学生能够更加直观地了解生产的过程,如何实现学生的专业知识向生产实践的迁移等,这些问题都需要企业师傅与班组人员进行商量和讨论后才能有效解决。在增强建设主体育人能力的基础上,辅导员要定期组织召开联席会研讨、反馈班级共同体建设过程中所出现的问题。通报学生在学习场域、活动场域、生产场域中出现的问题,而后就此问题进行班级研讨,形成解决的方案,分工协作,形成多场域协同育人,增强班级共同体的育人合力。

四、本章小结

上一章讨论了高职院校多元联动班级共同体构建的试点情况,发现了高职院校班级共同体建设中存在的问题,本章就此从高职院校班级共同体多元育人力量的角色管理、班级目标管理以及创建班级目标统摄下多元育人力量协同联动场的角度,提出了高职院校班级共同体建设的三点策略。首先,从班级共同体多元育人力量的角色管理来看,辅导员是班级共同体构建的组织者和管理者,是班级共同体构建过程中的核心力量;专任教师是学生知识学习和技能提升的支撑者,是班级共同体构建的支撑力量;企业师傅是学生走向生产实践场的领路人,是班级共同体构建的牵引力量;而促进学生成长是班级共同体建设的价值指向,故而学生是班级共同体构建的主体力量。其次,在班级共同体多元育人力量的目标管理方面,要协商班级目标,制定清晰、可操作的班级目标,加强班级目标实施的过程监控。再次,在班级目标的统摄下创建多元育人力量协同联动场。通过创建师生互动协同的教学场,辅导员、专任教师、学生互动协同的第二课堂活动场,企业师傅与学生互动协同的生产实践场以及多元育人力量互动协同的研究场,实现班级共同体育人力量的多元联动,全面激发班级成员的生命活力,形成教学相长、师生关系和谐、凝聚力强的共生共荣的生命场。

结　语

高职教育与国家经济社会发展紧密相连。而今中国经济由高速增长转向高质量发展,对高技术技能人才的需求,比以往任何时候都更为迫切。高职教育也随之从规模扩张转向内涵建设,着力培养德技并修的高技术技能人才,为中国经济发展提供人才支撑。班级是高职院校人才培养的最小单位,是学校教育教学管理的细胞,真实展现着师生共同生活学习的生命样态。因此,高职院校班级建设将成为提升高职院校人才培养质量的着力点。回看高职院校班级建设的模式,无论是班集体模式还是导师模式,始终都没有摆脱高职院校学生不爱学、专任教师不愿教、辅导员不愿意带学生的困境。构建高职院校班级共同体实际上是通过促进班级成员产生更多行为交互,进而促进共同发展的过程,以期达到班级育人有成效、育人质量有提升的目的。因此,高职院校班级共同体的构建应当从高职院校班级主体交互中存在的问题出发,在文献综述的基础上,以理论溯源——班级现状调查——班级多元诉求——班级多元联动的理想样态——班级共同体建构的试点与分析——提出构建策略为主线,开展班级共同体构建研究。

本研究对高职院校班级多元主体交互行为进行调查时发现,班级主体交互目标模糊、主体间的作用力弱、主体关系松散、主体归属感差的原因在于班级主体缺乏群体意识、缺乏目标同构、缺乏行为上的多重互嵌,以及班级评价制度的失当。这就要求高职院校要立足班级多元主体的内在需求,共建班级目标,统整多元价值诉求、增强多场域育人力量的协同和主体行为的多重嵌入,重新构建具有生命活力的班级共同体,使之成为班级成员共生共荣的生命有机体、共在的生命场和共赢的能量场。本研究描绘了高职院校多元联动班级共同体的理想样态,勾勒出班级主体共享班级目标、共构身份认同和共获归属感的理想表征,阐释了班级共同体多元联动的机理和联动图景。紧接着,研究者选择了一所"双高"院校双高专业群的"卓越技术技能人才"班作为试点班,这一具有典型性和代表性的班级进行多元联动班级共同体建设的试点,更加立体直观展示其构建过程的全貌以及重难点。最后,研究者在班级共同体构建试点的基础上提出了高职院校多元联动班级共同体的构建策略。通过共同体多元主体的角色管理、目标管理以及多元主体协同联动场的创建,促进班级主体之间的有序联动,充分发挥高职院校多元主体的育人效能。唯有班级主体都共同有序地着力于班级共同体的构建,才能真正提升高职院校班级的生命活力。班级是高职院校的最基层组织,只有激活高职院校班级成员的活力,才能充分彰显高职院校的生命活力。只有高职院校充满生命活力,才能真正培养出德技并修的高技术技能人才,国家的"双高"计划和"提质培优"行动计划才能真正落到实处,见到实效,高职院校的人才培养质量才能迈上一个新的台阶。

诚然,本研究还有一些不足之处,需要在今后的研究中继续深化。一是关于高职院校班级共同体建设的班际研究。班级是高职院校人才培养的基本单位,班级与班级之间相互作用影响着高职院校的教育生态。本研究是在单个行政班的基础上讨论了班级共同体的构建。但如何增强单个班级共同体的班际影响力,以此带动不同年级、不同二级学院的班级共同体建设,营造积极向上的校园学习氛围,形成技能成才、技能光荣的校园文化,进而促进整个高职院校人才培养质量的提升,这还有待于进一步思考和研究。二是关于班级共同体建设的校际合作研究。本研究主要着力于一所高职院校的班级共同体研究,尚未对高职院校班级共同体建设的校际合作进行研究。事实上,虽然各个高职院校在班级共同体建设时面临着很多的问题,但有一部分是高职院校班级共同体建设的共性问题。因此,非常有必要加强班级共同体建设的校际合作研究,如成立高职院校班级共同体建设指导委员会、高职院校班级共同体建设协同研究中心、高职院校班级共同体研究联合会等组织,搭建一个跨学科、跨专业、跨学校的研究平台,鼓励更多的高职院校师生、企业师傅等一起来思考、研究、解决高职院校班级共同体建设中的难题,一起打通高职院校人才培养质量过程中的瓶颈,提升高职院校社会服务能力,增强高职教育的吸引力。

　　人是教育的起点,是教育的主体,也是教育的归宿。毫不怀疑地讲,在高职院校的教育教学中,人是最关键的因素。高职院校班级共同体建设的起点是"为了人",即为了促进人的发展。如果高职院校班级共同体建设过程中,没有以人的需求、人的发展为立足点,那么这样的班级共同体建设就失去了班级成员的支持,失去了建设的根基。高职院校班级共同体建设抓手是"依靠人",即依靠班级成员的共同努力。班级成员对高职院校班级目标的认识、理解、优化调整等都有赖于他们对班级共同体的认知、有赖于他们共同参与的实践活动以及实践经验的总结等。每个班级成员都可能为班级共同体建设注入一些创新性资源。高职院校班级共同体建设的最终目的是"发展人",即提升班级成员的职业道德、职业技能,促成学生成为德技并修的高技术技能人才,促进专任教师的专业化发展,促成企业师傅获取经济报酬和社会声誉。由此可见,班级共同体建设正是通过唤醒班级成员的内在需求,依靠班级成员的共同实践,最终形成班级成员共同成长的生命能量场,促成班级成员的共生共荣。研究者希望通过高职院校班级共同体建设,充分调动班级成员的主体性,创设和丰富班级育人资源,协调班级成员关系,形成"1+1>2"的班级育人合力,以满足学校和社会对高职院校高质量人才培养的要求。

附　录

附录1

高职院校班级建设现状调查问卷

亲爱的老师/同学：

　　您好！感谢您抽出宝贵时间接受这次问卷调查。本调查旨在了解高职院校班级在建设过程中存在的问题，以便提出相应的对策。本问卷采用匿名作答方式，请根据您的实际感受，如实填写问卷。感谢您的支持与合作！

基本信息

　　您就读/就职的学校名称：_____学院(学校)

　　您就读/任教的年级：_____年级

A 大一

B 大二

C 大三

　　答题说明：以下均为单项选择题，请直接在对应的方框内画○，请注意正反两面都有题目，请勿遗漏。谢谢！

题号	项目内容	A 非常不符合	B 比较不符合	C 一般符合	D 比较符合	E 非常符合
1	我认为,高职院校班级成员应包括班上所有学生、辅导员/班主任、专任教师和教学实习实训过程中的企业师傅	1	2	3	4	5
2	课堂上,老师讲授的时间多,学生动手实践的时间少	1	2	3	4	5
3	总体而言,专任教师布置的书面作业多,实践作业少	1	2	3	4	5
4	在班级项目实践中,老师、同学都能主动发表自己的意见,主动进行沟通和交流	1	2	3	4	5
5	在班上,取得进步的同学总会受到大家的表扬	1	2	3	4	5
6	擅长沟通的同学,能获得更多的合作机会	1	2	3	4	5
7	所有班级成员,都能参与设计、组织、实施班级课外活动	1	2	3	4	5
8	在班上,没有遵守班规的人,会受到相应的处罚	1	2	3	4	5
9	在教学实践中,我感受到了班级其他成员对我的支持和鼓励	1	2	3	4	5
10	在班级实践活动中,我觉得自己有收获	1	2	3	4	5
11	在与班级其他成员的项目合作中,我感觉到了他们对我的信任	1	2	3	4	5
12	在班上,我觉得大家对我非常友善	1	2	3	4	5
13	每次看到班级活动的照片,都能引发我对班级的美好回忆	1	2	3	4	5
14	在班上,班级成员总是主动表达他们自己的想法	1	2	3	4	5

续表

题号	项目内容	A 非常 不符合	B 比较 不符合	C 一般 符合	D 比较 符合	E 非常 符合
15	班级目标跟我的个人发展目标有交集（有共同的地方）	1	2	3	4	5
16	教室、班级 QQ 空间等显著位置,都贴有我们班的班级目标	1	2	3	4	5
17	班级目标总是给予我行动的力量	1	2	3	4	5
18	我们班会定期公布班级目标的达成情况	1	2	3	4	5
19	每个班级成员都要对自己在实现班级目标中的努力进行自我评价	1	2	3	4	5
20	每个班级成员都要对其他成员在实现班级目标中的努力进行评价	1	2	3	4	5
21	我会因班级取得荣誉而感到开心,因班级受到批评而感到情绪低落	1	2	3	4	5

附录 2

高职院校班级建设访谈提纲（学生版）

亲爱的同学：

您好！感谢您参加这次访谈。本次访谈旨在了解高职院校班级的一些情况，以优化今后的班级建设。您回答的信息仅做学术研究之用，且会严格保密，请您放心回答每一个问题。感谢您的支持与合作！

一、基本信息

1. 您就读的学校名称：＿＿＿＿＿＿＿＿＿＿＿＿＿＿＿＿＿＿＿学院（学校）

2. 您现在就读的年级：＿＿＿＿＿＿＿＿年级

您所学的专业：＿＿＿＿＿＿＿＿＿

您所在班级学生人数：＿＿＿＿＿＿＿＿＿人

二、访谈提纲

1. 您觉得一个优秀的班级应该是什么样子？需要通过哪些方面的努力才能建成优秀班级？如果要进行优秀班级建设，您觉得最重要的因素是什么？

2. 对您来说，优秀班级意味着什么？您觉得您可以为这样的班级做出什么努力？是什么促使您愿意/不愿意这么做？

3. 跟以前的班级相比，现在的班有哪些不一样呢？大家在班上相处的时间、场地、谈论的内容、师生关系等有变化吗？您喜欢这种变化吗？为什么？

4. 您喜欢参加班级活动（包括班级课堂教学活动、课外第二课堂活动等）吗？您觉得班级活动吸引同学们参加的原因是什么？怎样才能吸引班上的老师、企业师傅和同学都参加班级活动呢？

5. 您喜欢主动跟老师、企业师傅或同学交流沟通吗？促使您跟同学交流或回避跟同学交流的原因是什么？怎样看待班级里同学之间的竞争关系？当您和同学之间关系紧张时，您会怎么处理？

6. 请您用一个词或一句话来概括您所在的班。

附录 3

高职院校班级建设访谈提纲（辅导员版）

尊敬的老师：

您好！感谢您参加这次访谈。本次访谈旨在了解高职院校班级的一些情况，以优化今后的班级建设。您回答的信息仅做学术研究之用，且会严格保密，请您放心回答每一个问题。感谢您的支持与合作！

一、基本信息

1. 您就职的学校名称：_____学院（学校）

2. 您所带班年级：_____年级

所带学生人数：_____人

所带学生的专业：_____年级

二、访谈提纲

1. 您觉得一个优秀的班级应该是什么样子？需要通过哪些方面的努力才能建成优秀班级？如果要进行优秀班级建设，您觉得最重要的因素是什么？

2. 对您来说，优秀班级意味着什么？您觉得您为这样的班级做出了哪些努力？是什么促使您愿意/不愿意这么做？

3. 在班上，您一般怎么组织班级活动？专任教师和学生愿意参加班级活动吗？您觉得是什么原因让他们愿意/不愿意参加这些班级活动呢？通常情况下，您会怎么处理这种情况？

4. 当您面对一个学习态度消极的班，您一般会怎么做？效果怎么样？您满意吗？

5. 师生关系是班级中最重要的人际关系。您会经常和学生、专任教师、企业师傅沟通吗？沟通的内容有哪些？您觉得沟通的效果怎么样？你们会保持长期的沟通吗？为什么？

6. 请就如何优化高职院校班级建设谈谈您的想法。

附录4

高职院校班级建设访谈提纲(专任教师版)

尊敬的老师:

您好! 感谢您参加这次访谈。本次访谈旨在了解高职院校班级的一些情况,以优化今后的班级建设。您回答的信息仅做学术研究之用,且会严格保密,请您放心回答每一个问题。感谢您的支持与合作!

一、基本信息

1.您就职的学校名称:＿＿＿＿＿＿＿＿＿＿＿＿＿＿＿＿＿＿＿学院(学校)

2.您所授课程:＿＿＿＿＿＿＿＿＿＿

授课学生的专业:＿＿＿＿＿＿＿＿＿

授课学生年级:＿＿＿＿＿＿＿＿＿年级

二、访谈提纲

1.您觉得一个优秀的班级应该是什么样子? 需要通过哪些方面的努力才能建成优秀班级? 如果要进行优秀班级建设,您觉得最重要的因素是什么?

2.对您来说,优秀班级意味着什么? 您觉得您为这样的班级做出了哪些努力? 是什么促使您愿意/不愿意这么做?

3.您授课的班组织班级活动,您愿意参加吗? 您觉得是什么原因让您愿意/不愿意参加这些班级活动?

4.当您授课的班是一个学习态度消极的班,您一般会怎么做呢? 效果怎么样? 您满意吗?

5.师生关系是班级中最重要的人际关系。您会经常和学生、辅导员、企业师傅沟通吗? 沟通的内容有哪些? 您觉得沟通的效果怎么样? 你们会保持长期的沟通吗? 为什么?

6.请就如何优化高职院校班级建设谈谈您的想法。

附录 5

高职院校班级建设访谈提纲（企业师傅版）

尊敬的师傅：

您好！感谢您参加这次访谈。本次访谈旨在了解高职院校班级的一些情况，以优化今后的班级建设。您回答的信息仅做学术研究之用，且会严格保密，请您放心回答每一个问题。感谢您的支持与合作！

一、基本信息

1.您所在企业名称：＿＿＿＿＿＿＿＿＿＿＿＿＿＿＿＿＿＿＿＿

2.您所授课程：＿＿＿＿＿＿＿＿＿＿＿＿＿＿＿＿

授课学生的专业：＿＿＿＿＿＿＿＿＿＿＿＿＿＿＿

授课学生年级：＿＿＿＿＿＿＿＿＿＿＿＿＿＿＿年级

二、访谈提纲

1.您觉得一个优秀的班级应该是什么样子？需要通过哪些方面的努力才能建成优秀班级？对您来说，优秀班级意味着什么？

2.您授课的班级的学生喜欢上您的课吗？您觉得是什么原因让学生喜欢/不喜欢上您的课呢？

3.您愿意给现在高职院校班级的学生上课吗？是什么原因让您愿意/不愿意给高职学生上课呢？

4.您觉得怎样才能培养出优秀的高职学生？其关键点是什么？

5.您会参加授课班级的活动吗？会主动和辅导员、专任教师、学生进行沟通吗？原因是什么？

6.请就如何优化高职院校班级建设谈谈您的想法和需求。